传统农区工业化与社会转型丛书

传统农区工业化与社会转型丛书
丛书主编／耿明斋

# 黄河下游农区工业化与社会转型研究

耿明斋 等 ◇ 著

Study on the Path of Industrialization and the Economic and Social Transformation in the Lower Reaches of the Yellow River

社会科学文献出版社
SOCIAL SCIENCES ACADEMIC PRESS (CHINA)

# 总　序

如果不考虑以渔猎、采集为生的蒙昧状态，人类社会以18世纪下半叶英国产业革命为界，明显地可分为前后两个截然不同的阶段，即传统的农耕与乡村文明社会、现代的工业与城市文明社会。自那时起，由前一阶段向后一阶段的转换，或者说社会的现代化转型，已成为不可逆转的历史潮流。全世界几乎所有的国家和地区都曾经历或正在经历从传统农耕与乡村文明社会向现代工业与城市文明社会转型的过程。中国社会的现代化转型可以追溯到19世纪下半叶的洋务运动，然而，随后近百年的社会动荡严重阻滞了中国社会全面的现代化转型进程。

中国真正大规模和全面的社会转型以改革开放为起点，农区工业化潮流是最强大的推动力。正是珠三角、长三角广大农村地区工业的蓬勃发展，才将越来越广大的地区和越来越多的人口纳入工业和城市文明发展的轨道，并成就了中国"世界工厂"的美名。然而，农耕历史最久、农耕文化及社会结构积淀最深、地域面积最大、农村人口最集中的传统平原农区，却又是工业化发展和社会转型最滞后的地区。显然，如果此类区域的工业化和社会转型问题不解决，整个中国的现代化转型就不可能完成。因此，传统平原农区的工业化及社会转型问题无疑是当前中国最迫切需要研究解决的重大问题之一。

使我们对传统农区工业化与社会转型问题产生巨大兴趣并促使我们将该问题锁定为长期研究对象的主要因素，有如下三点。

一是关于工业化和社会发展的认识。记得五年前，我们为申请教育部人文社科重点研究基地而准备一个有关农区工业化的课题论证时，一位权威专家就对农区工业化的提法提出了异议，说"农区就是要搞农业，农区的任务是锁定种植业的产业结构并实现农业的现代化，农区工业化是个悖论"。两年前我们组织博士论文开题论证时，又有专家提出了同样的问题。其实对这样的问题，我们自己早就专门著文讨论过，但是，一再提出的疑问还是迫使我们对此问题做更深入的思考。事实上，如前所述，从社会转型的源头上说，最初的工业都是从农业中长出来的，所以，最初的工业化都是农区工业化，包括18世纪英国的产业革命，这是其一。其二，中国20世纪80年代初开始的大规模工业化就是从农区开始的，所谓的苏南模式、温州模式不都是农区工业发展的模式么？现在已成珠三角核心工业区的东莞市30年前还是典型的农业大县，为什么现在尚未实现工业化的农区就不能搞工业化了呢？其三，也是最重要的，工业化是一个社会现代化的过程，而社会的核心是人，所以工业化的核心问题是人的现代化，一个区域只有经过工业化的洗礼，这个区域的人才能由传统向现代转化，你不允许传统农区搞工业化，那就意味着你不允许此类地区的人进入现代人的序列么？这无论如何也是说不过去的。当然，我们也知道，那些反对农区搞工业化的专家是从产业的区域分工格局来讨论问题的，但是要知道，这样的区域分工格局要经过工业化的洗礼才会形成，而不能通过阻止某一区域的工业化而人为地将其固化为某一特定产业区域类型。其四，反对农区工业化的人往往曲解了农区工业化的丰富内涵，似乎农区工业化就是在农田里建工厂。其实，农区工业化即使包含着在农区建工厂的内容，那也是指在更广大的农区的某些空间点上建工厂,并不意味着所有农田都要变成工厂,也就是说,农区工业化并不意味着一定会损害乃至替代农业的发展。农区工业化最重要的意义是将占人口比例最大的农民卷入社会现代化潮流。不能将传统农区农民这一占人口比例最大的群体排除在中国社会的现代化进程之外,这是我们关于工业化和社会发展的基本认识,也是我们高度重视传统农区工业化问题的基本原因之一。

二是对工业化发生及文明转换原因和秩序的认识。从全球的角度看,现代工业和社会转型的起点在英国。过去我们有一种主流的、被不断强化的认识,即中国社会历史发展的逻辑进程与其他地方——比如说欧洲应该是一样的,也要由封建社会进入资本主义社会,虽然某一社会发展阶段的时间起点不一定完全一致。于是就有了资本主义萌芽说,即中国早在明清乃至宋代就有了资本主义萌芽,且迟早要长出资本主义的大树。这种观点用另一种语言来表述就是:即使没有欧洲的影响,中国也会爆发产业革命,发展出现代工业体系。近年来,随着对该问题研究的深入,提出并试图回答类似"李约瑟之谜"的下述问题越来越让人们感兴趣,即在现代化开启之前的1000多年中,中国科学技术都走在世界前列,为什么现代化开启以来的最近500年,中国却远远落在了西方的后面?与工业革命联系起来,这个问题自然就转换为:为什么产业革命爆发于欧洲而不是中国?虽然讨论仍如火如荼,然而一个无可争议的事实是:中国的确没有爆发产业革命,中国的现代工业是由西方输入的,或者说是从西方学的。这一事实决定了中国工业化的空间秩序必然从受西方工业文明影响最早的沿海地区逐渐向内陆地区推进,不管是19世纪下半叶洋务运动开启的旧的工业化,还是20世纪80年代开启的新一轮工业化,都不例外。现代工业诞生的基础和工业化在中国演变的这一空间秩序,意味着外来的现代工业生产方式和与此相应的经济社会结构在替代中国固有的传统农业生产方式和相应的经济社会结构的过程中,一定包含着前者对后者的改造和剧烈的冲突。而传统农耕文明历史最久、经济社会乃至文化结构积淀最深的传统农区，一定也是现代工业化难度最大、遇到障碍最多的区域。所以，将传统农区工业化进程作为研究对象，或许更容易发现两种不同文明结构的差异及冲突、改造、替代的本质和规律，从而使得该项研究更具理论和思想价值。

三是对我们所处的研究工作环境和知识积累的认识。我们中的很多人都来自农民家庭，我自己甚至有一段当农民的经历，我们工作的河南省又是全国第一人口大省和第一农民大省，截至2008年末，其城市化率也才不到40%，也就是说，在将近1亿人口中，有近7000万人是农民，所以，我们对农民、农业、农村的情况非常熟悉，研究农区问题，我们最容易获得第一手资料。同时，我们这些土生土长的农区人，对该区域的现代化进程最为关注，也有着最为强烈的社会责任感，因此，研究农区问题我们最有动力。还有，在众多的不断变化的热点经济社会问题吸引相当多有抱负的经济学人的情况下，对事关整个中国现代化进程的传统农区工业化和社会转型问题进行一些深入思考可能是我们的比较优势。

我个人将研究兴趣聚焦到农区工业化上来始于20世纪90年代中期，进入21世纪以来，该项研究占了我越来越多的精力和时间。随着实地调查机会的增多，进入视野的令人感兴趣的问题也越来越多。与该项研究相关的国家社科基金重点项目、一般项目以及教育部基地重大项目的相继立项，使研究的压力也越来越大。值得欣慰的是，该项研究的意义越来越为更多的学者和博士生及博士后研究人员所认可，研究队伍也越来越大，展开的面也越来越宽，研究的问题也越来越深入和具体。尤其值得一提的是日本大学的村上直树教授，他以其丰厚的学识和先进的研究方法，将中国中原地区的工业化作为自己重要的研究方向，且已经取得了重要进展，并打算与我们长期合作，这给了我们很大的鼓舞。

总之，研究对象与研究领域已经初步锁定，研究队伍已聚集起来，课题研究平台在不断拓展，若干研究也有了相应的进展。

今后，我们要做的是对相关的研究方向和研究课题做进一步的提炼，对研究队伍进行优化整合，对文献进行更系统的批判和梳理，做更多的实地调查，力争从多角度来回答若干重要问题，比如：在传统农业基础上工业化发生、发育的基础和条件是什么？工业化究竟能不能在传统农业的基础上内生？外部的因素对传统农区工业化的推进究竟起着什么样的作用？从创业者和企业的行为方式看，工业企业成长和空间演进的轨迹是怎样的？在工业化背景下，农户的行为方式会发生怎样的变化，这种变化对工业化进程又会产生怎样的影响？县、乡等基层政府在工业化进程中究竟应该扮演何种角色？人口流动的方向、方式和人口居住空间结构调整演进的基本趋势是什么？这是一系列颇具争议但又很有研讨价值的问题。我们将尝试弄清楚随着工业化的推进，传统农业和乡村文明的经济社会结构逐步被破坏、被改造、被替代，以及与现代工业和城市文明相适应的经济社会结构逐步形成的整个过程。

按照目前的打算，今后相当长一个时期内，我们的研究都不可能离开传统农区工业化与社会转型这一领域，我们也期望近期在若干主要专题上能有所突破，并取得相应的研究成果。为了将所有相关成果聚集到一起，以便让读者了解到我们所研究问题的全貌，我们决定编辑出版"传统农区工业化与社会转型丛书"。我们希望，随着研究的推进，每年能拿出三到五本书的相关成果，经过3~5年，能形成十几乃至二十本书的丛书规模。

感谢原社会科学文献出版社总编辑邹东涛教授，感谢该社皮书出版分社的邓泳红，以及所有参与编辑该套丛书的人员，是他们敏锐的洞察力、强烈的社会责任感、极大的工作热情和一丝不苟的敬业精神，促成了该套丛书的迅速立项，并使出版工作得以顺利推进。

耿明斋

2009年6月14日

# 前言

一百多年前，面对外来工业文明的冲击和国内动荡的时局，李鸿章感言：中国正经历"数千年未有之变局！"一百多年来，革命高潮迭起，政权数度更替，发展模式几经变换，变化不可谓不大。但多数变化往往仅限于上层建筑和社会宏观形式表层，社会基础层面和内在结构变化不多。就像一棵大树，历经狂风暴雨，树冠或许反复摇晃，甚至折断，但树根仍深扎故土，被牢牢固定在原处，纹丝不动。真正引起社会基础层面和内在结构迅速变化的，仅仅是改革开放以来三十多年中发生的事情。这种变化由东向西，由南向北，由沿海向内地，由城市向乡村。

社会基础层面和内在结构的深刻变化集中表现在农民就业结构非农化、居住空间结构的城市化、村落组织结构的弱化和淡化等，表现在在传统农耕文明基础上沿袭几千年的经济和社会结构的破坏，以及适应现代工业文明的经济和社会结构的逐步形成。因此，观察社会基础层面和内在结构变动的过程，描述其变动轨迹，概括其规律，最好的方式和便捷的途径就是把农村和农民作为参照系，尤其是把传统农耕文明延续最久、积淀最深的传统农区作为剖析对象。

正是基于这一认识，从20世纪90年代中期开始，我和我的团队就把研究的主要领域锁定在了传统农区，围绕"工业化与社会转型"这一核心议题，设定了多个专题，承担了多个课题，发表了多篇论文，出版了多部著作。① 即将付梓的这本著作，是我们承担的教育部人文社科重点研究基地（河南大学黄河文明与可持续发展研究中心）重大项目的结项成果，也是"传统平原农区工业化与社会转型路径研究"这一领域系列研究的一项新成果。本研究突出了黄河下游这一区域视角，首先依据地理学和区域经济学的相关理论知识，对黄河下游农区做出了科学界定，并概括分析了该区域的经济社会发展水平及其结构特征；接着对黄河下游农区工业化进程做了综合评价，并研究了其演变路径；然后分别从劳动力转移、城镇化、农业经营组织变迁和户籍及公共服务均等化等多个角度，深入探讨了黄河下游农区由工业化引发的经济社会结构演化过程。该研究反映了我们在该领域研究的最新进展。

本项研究由我主持，基本思路和研究框架由我提出，各专题由团队成员分别完成。从分工研究到最终定稿持续了较长时间，经多次讨论，数易其稿，数据也多次更新。全书共分七章，各章作者如下：第一章和第二章，郑祖玄、余萍；第三章，张建秋；第四章，李恒；第五章，刘涛；第六章，蔡胜勋；第七章，宋丙涛（梅瑞江、赵冬梅、史洁琼、潘美薇）。在资料收集和初稿撰写的过程中，王一鸣、朱焕焕、余卓芮、李娜等也不同程度地参与

---

① 承担的项目主要有：国家社科基金重点项目"欠发达平原农区经济结构调整与工业化发展模式研究"（项目编号：01AJY002）、国家社科基金一般项目"传统平原农区工业化与经济社会转型研究"（项目编号：08BJL040）等；代表性著作主要有：《平原农业区工业化道路研究》，《南开经济研究》1996年第4期；《中国经济社会转型探索》，社会科学文献出版社，2008；《中国农区工业化路径研究：以欠发达平原农区为例》，社会科学文献出版社，2009；《中原经济区现代化之路》，人民出版社，2012；《中原经济区竞争力报告》（2011）(2012)(2013)，社会科学文献出版社；等等。

了相关工作。在最后的成书阶段，纪鸿超审阅了全稿，提出了有价值的评价和建议。刘琼仔细通读了书稿，纠正了许多错讹之处，并更新了所有数据，提升了书稿的质量。在此一并向他们表示感谢。

耿明斋

2014 年 7 月 28 日

# 目录

Contents

第一章　导论 …………………………………………………… 1
　第一节　研究背景 …………………………………………… 1
　第二节　研究对象的界定 …………………………………… 2
　第三节　研究思路与框架 …………………………………… 6

第二章　黄河下游农区经济社会发展水平的衡量 …………… 9
　第一节　社会经济发展指标的设定 ………………………… 9
　第二节　指标分析与评价 …………………………………… 19

第三章　黄河下游农区工业化进程的综合评价与
　　　　演变路径研究 ………………………………………… 36
　第一节　工业化的内涵和度量方法评述 …………………… 36
　第二节　工业化进程的综合评价与特征分析 ……………… 41
　第三节　黄河下游农区工业化进程演变的内在机制 ……… 57

第四章　黄河下游农区工业化过程中劳动力转移与
　　　　社会结构变迁 ………………………………………… 77
　第一节　农村劳动力转移与社会转型问题研究综述 ……… 77

第二节　黄河下游农区农村劳动力转移的现状、结构与
　　　　发展诉求 …………………………………… 85
第三节　黄河下游农区农村劳动力转移与社会分层 …… 95
第四节　黄河下游农区农村劳动力转移与农耕经济的
　　　　结构变迁 …………………………………… 100
第五节　促进农村劳动力转移的政策建议 ……………… 111

## 第五章　黄河下游农区城市化与社会转型 ……………… 119
第一节　国内外城市化研究文献评述 …………………… 120
第二节　黄河下游农区城市化历史及发展现状 ………… 133
第三节　城市化是经济社会发展的基本趋势 …………… 146

## 第六章　黄河下游农区农业现代化与组织结构变迁 …… 158
第一节　农业现代化的界定 ……………………………… 158
第二节　农业现代化的相关文献 ………………………… 163
第三节　黄河下游农区农业现代化的实践探索 ………… 166
第四节　黄河下游农业经济及社会组织结构的变迁 …… 175
第五节　黄河下游农区农业现代化进程中的障碍
　　　　因素分析 …………………………………… 195
第六节　推进黄河下游农区农业现代化的相关政策建议 …… 202

## 第七章　黄河下游农区的现代社会结构与制度架构构建 …… 211
第一节　黄河下游农区现代化的制度障碍
　　　　——户籍制度与二元结构造成的城乡分割 …… 211
第二节　黄河下游农区现代化的目标
　　　　——公共服务均等化与社会福利制度改革 …… 224
第三节　黄河下游农区现代化进程中的土地制度变迁与
　　　　社会结构改造 ……………………………… 250

# 第一章 导论

## 第一节 研究背景

黄河下游农区是我国具有悠久农耕历史和深厚传统文化积淀的地区，人口密集，"三农"问题突出。一方面，这一区域的经济结构和社会结构存在稳定性，工业化所需要的内部动力和外部条件一直未能得到满足，根深蒂固的传统文化强化了制度变迁中的路径依赖性质，从而导致这一区域的劳动生产率低下，经济发展水平长期处于生存经济状态。另一方面，黄河下游农区的农耕文明具有可持续发展和向现代工业文明转型的要求，并且在一些地区已经出现了一些实验性质的尝试，取得了一些成功的经验，但这一过程究竟是强调以市场本身的机制来推动，还是强调以政策手段进行人为设计，仍然存在争论。历史上，一些区域如西欧的社会转型是借助顺市场的机制设计来实现的，而另一些区域如日韩的社会转型则是依赖政府规划的力量来实现的。但无论如何，它们在强调启动工业化并协调好其与社会转型之间的关系方面是一致的。显然，以工业化的启动方式入手来理解和研究传统农耕文明向现代工业文明的转型极为重要，我们认为，要理解落后农区工业化与社会转型非同一般的性质，既需要在把握已有理论的基础上区分不同区域的发展过程，又需要针对具体问题提出可操作的方案。因此，本项研究的学术价值在于：系统探索传统农耕文明向现代工业文明转型的路径，通过研究黄河下游农区这样一个典型区域的工业化与社会转型问题，研究外部市场因素对区域内部结构和发展模式的作用机理、区域内部传统结构解构和向现代结构转型的过程和规律，从而探索欠发达农区实现工业化、市场化和社会转型的理论与调控政策。

同时，本研究兼具实践意义，表现在两个方面：①通过深入的实际调研，揭示黄河下游农区经济社会发展状况和社会制度结构特征，从经济、社会、制度和文化等多角度探索黄河下游农区"三农"问题产生的根源，并提供具有针对性的解决方案；②以启动农区工业化入手，建立欠发达农区社会转型模型，并在此基础上构建政策体系，提出具体实施措施，对欠发达农区的社会转型进行实时调控，同时提供技术手段支持。

## 第二节 研究对象的界定

界定黄河下游农区范围的目的，在于讨论黄河下游农区的工业化问题，为这一问题提供一个明确的研究对象。因此，这一部分的讨论离不开对自然地理的界定，当然也离不开对工业化发展阶段的界定，而初步划定黄河下游的范围，主要依赖于地理学的技术与方法。

### 一 文献及评述

地理学意义上的黄河下游的研究大多来自相关研究者的直接界定。如许炯心等（2009）指出：黄河下游河道，上起于铁谢，下止于利津，长为764千米。但并未对这一定义做出合适的解释。考虑到他们的研究在于考察黄河下游的泥沙沉积问题，对黄河下游的界定完全属于自然地理学范畴的界定，并且也没有给出黄河下游的区域概念，因此难以适于本研究。

给出黄河下游区域概念的研究者往往也缺乏明确的区域界定，如朱桂香（1990）所指出的那样：黄河下游地区系指黄河曾流经的地方，包括河南、山东及河北、安徽、江苏等省的一部分，是华北大平原的主要组成部分。显然，这一界定并不具备明确的边界。朱桂香对这一地区的总结同样包含了两部分的内容，其自然地理特点是："这里属暖温带半湿润气候区，气候温暖，光照充足，年平均气温13～14℃，极端最高气温38～42℃，极端最低气温-21～-11℃，无霜期200～210天，年平均降雨量在600～800毫米，水热同步，植物资源丰富，光、热资源条件好，可供作物一年两熟，适宜于粮食、经济作物的栽培及乔、灌、草结合的林牧渔业生产。"其经济社会特点是："该区在我国农业发展方面具有重要的战略地位，是我国粮、棉、油的重要产区，天然的粮食基地。这里人口稠密，交通方便，工农业生产甚为发达，油气储量大，采掘业发展迅速，且具有一定的规模，也是我国重要的经济发展区。"但朱桂香对这一地区经济社会特点的评价亦未能形成明确的观点，仅是强调了这一地区在我国农业中的地位。

此外，与本研究有关联的一个重要概念是黄河下游引黄灌区，但其面积及范围是个相对变化的概念，原因在于其面积随着水利工程量的变化而不断变化，目前缺乏完整的统计。较近期的可得数据指出：黄河下游引黄灌区跨黄河、淮河及海河三大流域，涉及豫、鲁两省78个县域，总面积达8.16万平方千米，总耕地面积为488万公顷。黄河下游地区是我国重要的商品粮、棉花和油料生产基地。20世纪60年代中后期以来，黄河下游引黄灌区开始迅速发展，面积不断扩大，为我国农业生产发挥了巨大作用（张亮、徐建新，2007）。

张志明（2003）认为黄河下游引黄灌区包括河南、山东共87个引黄县（市、区），规划总土地面积为64076平方千米（其中河南19973平方千米、山东44103平方千米），耕地5836万亩

（其中河南1944万亩、山东3892万亩）。张志明按照各地自然地理（尤其是水系）及行政区划等因素，将黄河下游引黄灌区划分成6个分区：豫北区（河南黄河北岸灌区）、豫中豫东区（河南黄河南岸区）、鲁北区（山东黄河北岸灌区）、鲁湖西区（山东东平湖、梁济运河以西灌区）、鲁黄坟区（山东东平湖与济南之间山前提水灌区）、鲁小清河区（济南以下黄河河段与小清河之间灌区）。

如果本研究的内容局限于黄河下游农业发展的话，那么黄河下游引黄灌区将是本研究必须研究的对象，但是本研究的主要内容是黄河下游农区的工业化与社会转型问题，因此不宜将黄河下游引黄灌区作为研究对象。

不少研究区域经济或人文地理的学者关注另一个相关概念——黄河下游滩区。其研究的角度不仅包括该地区的水利建设和农业发展，而且涉及这一地区的经济发展及区域经济政策等。姜法芹（2002）甚至提出了黄河滩区经济带的概念，指出黄河滩区经济带西起河南省洛阳市的孟津县，东至山东省黄河入海口的垦利县，由河南、山东两省的15个地级市42个县域组成。其中，在河南境内涉及洛阳、郑州、开封、焦作、新乡、濮阳6个地级市的18个县（市、区），共177个滩区；在山东境内涉及菏泽、济宁、泰安、聊城、德州、济南、淄博、滨州、东营9个地级市的24个县（市、区）。但黄河滩区的形成，并不决定于一个地区区域经济发展的状态，而决定于黄河水文状况等自然地理因素。因此，这一概念也不适用于本研究的分析。

在本研究所收集的文献当中，我们比较赞同从区域经济角度出发定义出的黄河下游概念。其中，张金萍、秦耀辰、张丽君、闵祥鹏（2012）将桃花峪作为黄河中游和下游的分界点，认为"黄河下游沿岸"为黄河下游引黄灌区所覆盖的县域范围，涉及河南、山东、河北三省19个地级市，覆盖109个县（市、区），土地总面积10.3万平方千米。该区是国家重要的粮食主产区之一，在《全国主体功能区规划》中被定位为"限制开发的农产品主产区"。但这一概念所涉及的基础经济单元以县域为单位,有过小的嫌疑。而张复明、仪庆林、徐保根、安详生(1999)提出划分黄河下游综合开发和外向型经济区,其主体部分由山东省及河南省中东部组成。这一观点所涉及的区域经济单元以省为单位,又显得过大了。类似的还有段先志(1996)所提出的观点,他从全国的角度出发,将全国分为10个经济区,其中黄河下游经济区包括京、津、冀、鲁、豫五个省份。这一观点可能过大地考虑了黄河下游的范畴。至少在区域经济上,发达的京津地区如果也列入黄河下游,不甚妥当。

## 二 黄河下游农区的大体轮廓

考虑到我们的研究对象为黄河下游农区,作为一个区域经济的概念,它应当具有一定的地域范围。如前文所述,黄河下游流域面积被约束在黄河大堤之内,[①] 不宜用流域面积作为区域经济概念上的黄河下游地区。

另一个可选的指标是将属于黄河下游地区的引黄灌区作为研究对象。但是,引黄灌区更多的只是一个与农业生产相关的概念,反映了历史上和当前农业生产过程中引灌黄河水发展农业的情况。黄河下游农区并不仅指引黄灌区,它是一个社会经济发展的综合概念,其内涵不仅包括农业生产状态,而且包括工业化发展水平较低这一发展经济学概念。用一个简单的例子来说,黄淮平原在地质史上是黄河和淮河冲积而成的,黄河冲积部分使它应当属于黄河下游的范畴,但是黄淮平原中相当大的地区不属于黄河灌区,如周口。

黄河下游农区在地理学上的概念既不能是流域,又不能是黄河灌区,最恰当的地域范围应当是什么呢?我们认为,最恰当的

---

① 黄河下游河段南岸东平湖至济南为低山丘陵。

地域范围应当包含完整的区域经济单元——地级市。之所以采用地级市这一指标，有两方面的考虑：其一，区域经济单元在国民经济统计上应当存在意义，这是研究对象数据可得性方面的要求；其二，区域经济单元应当是一个完整的行政区划，这是区域经济发展状况评价应具备完整性的要求。

根据对以往文献的回顾，我们比较认可将桃花峪作为黄河中游和下游分界点的观点。河南郑州桃花峪以下的黄河河段为黄河下游，河长786千米，流域面积2.3万平方千米，占全流域面积的3%；下游河段总落差93.6米，平均比降0.12‰。在黄河下游河段中，利津以下的河段为黄河河口段。

黄河下游流经的河南地级市首先应当属于我们的研究对象（地理学意义上的）。而那些黄河并未流经，但距黄河河道较近的地级市，同样也应当被归入黄河下游地级市的范畴。综合考虑上述两方面的因素，课题组认为以下地级市应列入黄河下游地级市的范畴：郑州、许昌、漯河、新乡、鹤壁、安阳、开封、周口、商丘、濮阳、邯郸、沧州、亳州、菏泽、聊城、济宁、德州、济南、泰安、莱芜、滨州、淄博、东营、潍坊。其中，河南10市、河北2市、安徽1市、山东11市。所有这些地级市距离黄河河道都在150千米之内（见图1-1）。

## 第三节 研究思路与框架

本研究的研究对象"黄河下游农区"是一个模糊的概念，因为"黄河下游农区"这一概念包含了"黄河下游"及"农区"两个要素。前者是一个自然地理概念，同时也是一个社会文化概念；后者是一个发展经济学概念。全书内容安排如下：第一章主要从地理学角度提出"黄河下游"地区的划分问题；第二章从社会经济发展角度提出一系列指标，旨在从"黄河下游"地区中提炼出工业化水平偏低的"农区"，从总体上阐述黄河下游农区经济社会

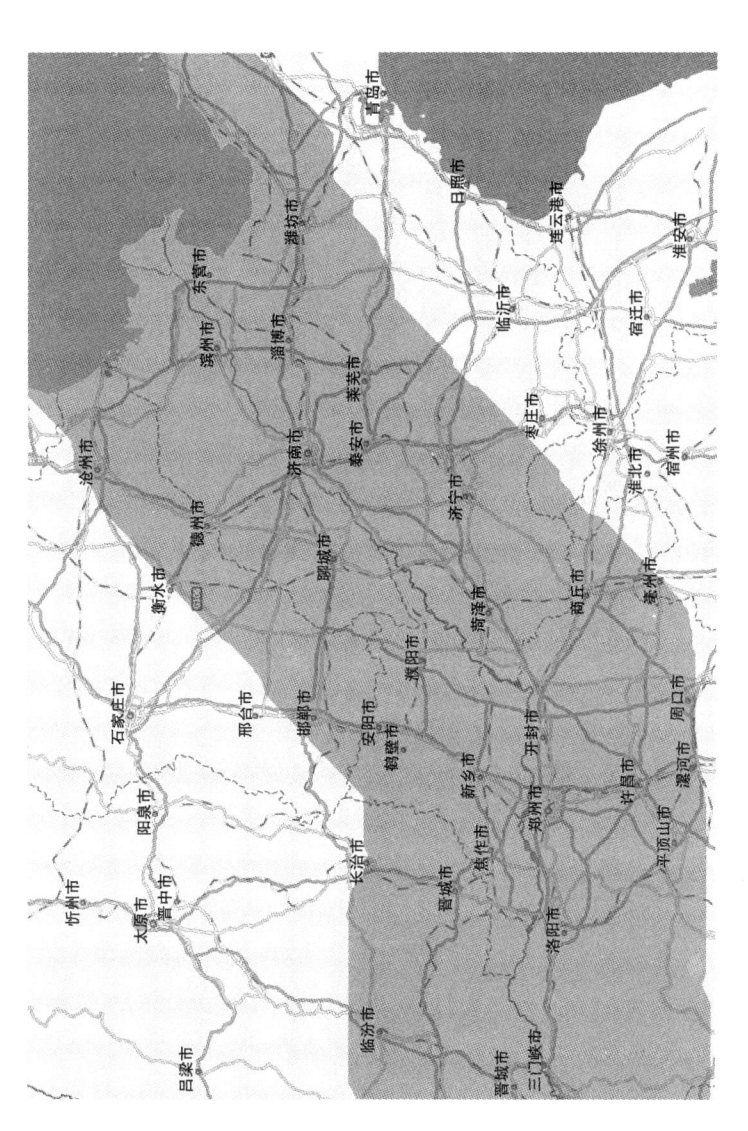

图 1-1 黄河下游两岸 150 千米以内地级市示意

发展整体水平状况；第三章从工业化的内涵和度量方法、工业化进程的综合评价与特征等方面，探讨黄河下游农区工业化进程演变的内在机制，进而分析农区工业化的一般路径；第四章从黄河下游农区农村劳动力转移的现状、结构与发展诉求、社会分层等方面，探讨了黄河下游农区劳动力转移与社会结构变迁的逻辑关系；第五章探讨了黄河下游农区城镇化与社会转型的关系，提出城镇化是经济社会发展的基本趋势；第六章通过分析黄河下游农区农业现代化过程中遇到的障碍，探讨了传统农业的转型之路；第七章着重分析了黄河下游农区工业化过程中的社会结构与制度架构构建。

## 参考文献

[1]〔美〕威廉·阿瑟·刘易斯：《二元经济论》，北京经济学院出版社，1989。

[2] 段先志：《关于中国经济区划之我见》，《南昌职业技术师范学院学报》1996年第2期。

[3] 高世中：《黄河下游滩区安全建设及相关政策研究》，中国农业大学硕士学位论文，2005。

[4] 耿明斋、李燕燕：《中国农区工业化路径研究：以欠发达平原农区为例》，社会科学文献出版社，2009。

[5] 姜法芹：《关于黄河滩区经济带范畴的探讨》，《经济师》2002年第3期。

# 第二章　黄河下游农区经济社会发展水平的衡量

## 第一节　社会经济发展指标的设定

如前文所述，单纯地理学意义上的黄河下游不足以界定我们的研究对象。黄河下游农区作为一个区域经济发展问题的研究对象，更应当被重视的是其经济社会发展状况。从经济社会发展状况来界定研究对象也更有价值，需要将黄河下游农区从工业化程度较好、城市化水平较高的区域经济中区别出来。因此，本章将考虑设计多个方面的经济社会指标，以区分黄河下游地区中较发达的区域经济单元（工业化区域）和欠发达的区域经济单元（农区）。

综合考察相关文献，结合我国实际情况，本研究确定了以下六大类指标体系。

### 一　经济发展水平

#### 1. 人均 GDP

人均 GDP 是反映一个国家或地区国民富裕程度的综合指标，它和工业化水平有着直接的关系。工业化水平越高，劳动生产率和人均 GDP 就越高。因此，将人均 GDP 作为划分工业化阶段的重要指标是比较合理的。在《工业化和经济增长的比较研究》一书中，美国经济学家 H. 钱纳里（H. Chenery）利用 1950～1970 年 101 个国家的统计资料进行了归纳分析，对各种不同类型国家人均 GDP 水平和经济发展水平的相互关系进行了统计分析，建立了多国模型。根据人均 GDP 指标，他将不发达经济到成熟工业经济的整个变化过程划分为三个阶段六个时期。三个阶段分别为初级产品生产阶段、工业化阶段、发达经济阶段。其中，初级产品生产阶段又叫工业化准备期；工业化阶段又分为工业化初期、工业化中期、工业化后期三个时期；发达经济阶段又分为发达经济初期和发达经济高级期两个时期。每个阶段对应的经济发展水平（人均 GDP）如表 2-1 所示。

表 2-1 经济发展水平（人均 GDP）与工业化阶段

| 人均 GDP 变动范围（美元） | | | | 时期 | 发展阶段 | |
| --- | --- | --- | --- | --- | --- | --- |
| 1964 年 | 1970 年 | 1992 年 | 2000 年 | | | |
| 100～200 | 140～280 | 946～1893 | 574～1148 | 1 | 工业化准备期 | 初级产品生产阶段 |
| 200～400 | 280～560 | 1893～3786 | 1148～2296 | 2 | 工业化初期 | 工业化阶段 |
| 400～800 | 560～1120 | 3786～7571 | 2296～4592 | 3 | 工业化中期 | |
| 800～1500 | 1120～2100 | 7571～14196 | 4592～8610 | 4 | 工业化后期 | |
| 1500～2400 | 2100～3360 | 14196～22714 | 8610～13776 | 5 | 发达经济初期 | 发达经济阶段 |
| 2400～3600 | 3360～5040 | 22714～34070 | 13776～20114 | 6 | 发达经济高级期 | |

资料来源：〔美〕H. 钱纳里等《工业化和经济增长的比较研究》，吴奇、王松宝等译，上海三联书店、上海人民出版社，1989。

人均 GDP 的不断提高是工业化的自然结果，它综合反映了工业化的经济效益。因此，钱纳里多国模型已成为评价工业化阶段的标准理论，在我们的研究中也将这一指标作为重要的界定指标。

**2. GDP 增长率**

与人均 GDP 不同的是，GDP 增长率反映了一个国家或地区的经济增长速度。尽管这一指标不是直接的经济发展水平,却是与经济发展水平有重要联系的。依据罗斯托的经济起飞理论,现代化是一个国家或地区从农业社会向工业社会转变的过程,这个过程可以分为传统阶段、起飞准备阶段、起飞阶段、成熟阶段、高额消费阶段、追求生活质量阶段六个阶段。各个阶段的经济增长速度是有明显差异的,而 GDP 增长率及投资率可以反映一个国家或地区所处的工业化阶段。

### 3. 人均固定资产投资

这一指标与 GDP 增长率有较强的关联度。设定这一指标的目的在于我们用它从侧面衡量经济增长的特征——在同样的 GDP 增长率条件下,人均固定资产投资越多,意味着经济增长越依赖于资本积累而不是劳动投入。工业化不同阶段经济增长的性质是有区别的。依赖于劳动投入的增长还是依赖于资本投入的增长,反映了一个国家或地区的要素禀赋特征,工业化区域与农区存在重大的差别。

### 4. 人均财政收入

对欠发达国家和地区的工业化来说,其发展路径往往依赖于公共部门的强制储蓄,这一特征在中国尤其明显。这种投资结构尽管不尽合理,但对快速实现工业化具有重要意义。20 世纪 90 年代以来,中国各级政府大规模的基础设施投资被认为是推动中国经济高速增长的重要动力之一。因此,考虑人均财政收入的目的在于衡量不同区域经济单元经济增长的能力。这也是我们研究经济发展水平的一个重要二级指标。

## 二 经济结构

钱纳里多国模型描述了一个国家或地区工业化推进过程的总体蓝图,但是经济发展水平(人均 GDP)只是工业化的总体表现形式,并没有反映这一过程中结构变动的一般规律,而对结构变迁的追求,才是理解工业化内涵的本质所在。H. 钱纳里等

(H. Chenery, et al., 1986) 证明经济增长是生产结构转变的一个方面，麦迪森（Maddison, 1996）的实证分析也证明了结构变化是经济增长的一个重要独立源泉。这种结构变动首先表现在三次产业结构逐渐高级化，体现的是追求资源配置与经济总体水平双重提高的过程（林毅夫，2003）。

**1. 霍夫曼系数**

在考察经济结构的二级指标中，我们首先选定了霍夫曼系数。德国经济学家霍夫曼对工业化问题进行了许多富有开创性的研究，他分析了工业化结构演进的一般模式。霍夫曼利用了近20个国家的工业结构方面的时间序列资料，重点分析了制造业中消费品工业和资本品工业的比例关系，得出了霍夫曼系数，该系数揭示了一个国家或地区工业化进程中制造业结构演变的规律。该系数共分四个阶段：第一阶段，消费品工业占主导地位，霍夫曼系数为5（±1）；第二阶段，资本品工业的增长快于消费品工业的增长，但总量上仍低于消费品工业，霍夫曼系数为2.5（±0.5）；第三阶段，资本品工业继续快速增长，并已达到和消费品工业规模相平衡的状态，霍夫曼系数为1（±0.5）；第四阶段，资本品工业规模大于消费品工业规模，资本品工业占主导地位，实现了工业化，霍夫曼系数为1以下。霍夫曼系数越大，工业化水平越低；霍夫曼系数越小，资本品工业规模越大，工业结构乃至整个产业结构高度越高，工业化水平就越高。

表2-2 霍夫曼系数及工业化阶段划分

| 阶段 | 第一阶段 | 第二阶段 | 第三阶段 | 第四阶段 |
| --- | --- | --- | --- | --- |
| 霍夫曼系数 | 5(±1) | 2.5(±0.5) | 1(±0.5) | 1以下 |

目前学术界直接应用霍夫曼系数的情况较少，重要的原因在于其提出的时间较早，其所用的消费品工业和资本品工业与我们后来所熟知的三次产业结构有很大差异，且没有相应的统计指标，

只能用轻重工业近似替代,这削弱了该指标的代表意义。但本研究更关心霍夫曼系数的横向对比关系,而不关心其绝对值,因此,可在一定程度上反映这一指标的经济意义。

**2. 三次产业比例**

20世纪50年代以来,学者们对工业化过程中产业结构的演变做了大量的实证研究,逐渐形成了目前为我们所熟知的产业结构的国际标准模式,一般包括库兹涅茨法则和钱纳里标准模型两部分(见表2-3)。库兹涅茨根据对57个国家(地区)原始资料的处理结果,整理出了1958年以人均GDP为基准在工业化过程中各个生产部门的产值在总产值中的份额变化。H. 钱纳里在库兹涅茨的基础上,利用101个国家1950~1970年的统计资料,对工业化进程中产业结构变动的一般趋势进行了更加深入的研究,设计了一个国家生产总值的市场占有率模型(任保平、洪银兴,2004)。二者都证实了工业化演进过程可通过三次产业的产值结构变动表现出来。

表2-3 三次产业结构演变的国际标准模式

单位:美元,%

| 两种主要研究结果 | 人均GDP | 比重 | | |
|---|---|---|---|---|
| | | 第一产业 | 第二产业 | 第三产业 |
| 库兹涅茨法则 | 70 | 45.8 | 21.0 | 33.2 |
| | 150 | 36.1 | 28.4 | 35.5 |
| | 300 | 26.5 | 36.9 | 36.6 |
| | 500 | 19.4 | 42.5 | 38.1 |
| | 1000 | 10.9 | 48.4 | 40.7 |
| 钱纳里标准模型 | 300 | 39.4 | 28.2 | 32.4 |
| | 500 | 31.7 | 33.4 | 34.6 |
| | 1000 | 22.8 | 39.2 | 37.8 |
| | 2000 | 15.4 | 43.4 | 41.2 |
| | 4000 | 9.7 | 45.6 | 44.7 |

资料来源:转引自周叔莲、郭克莎《中国工业增长与结构变动研究》,经济管理出版社,2000。

我们的研究也将遵循这一理论的要求,考察黄河下游各区域经济单元的三次产业比例,从而为确定黄河下游农区这一概念服务。

### 3. 三次产业就业人数比例

从三次产业就业结构方面来对工业化的进程进行划分,也是重要的方法。库兹涅茨在对57个国家(地区)的原始资料进行整理从而得出工业化产业结构变动趋势的基础上,进一步考察了劳动力在三次产业中所占的份额,得出了类似的结论。而就其原因的解释,甚至可以追溯到威廉·配第。威廉·配第在17世纪就发现了世界各国的国民收入水平差异的原因在于产业结构的不同,通过进一步考察,他得出结论:比起农业来,工业收入多,而商业收入又比工业多,即工业比农业、服务业比工业的附加值高。威廉·配第认为,随着社会经济的发展,从事农业生产的人数与从事工业生产的人数相比将减少,而从事工业生产的人数与从事服务业工作的人数相比又将减少。英国经济学家克拉克(1940)在此基础上,首先使用若干国家间的横截面数据和时间序列数据,计量和比较了不同收入水平下就业人口在三次产业中分布结构的变动趋势,印证了威廉·配第的观点。后人把这一发现称为配第-克拉克定理(见表2-4)。我们的研究显然也会将其作为一个重要判别指标。

表2-4 配第-克拉克定理工业化阶段划分标准

单位:美元,%

| 工业化阶段 | 1982年人均GDP | 第一产业就业比重 | 第二产业就业比重 | 第三产业就业比重 |
| --- | --- | --- | --- | --- |
| 第一阶段 | — | 80.5~100 | 0~9.6 | 0~9.9 |
| 第二阶段 | 357 | 63.3~80.5 | 9.6~17 | 9.9~19.7 |
| 第三阶段 | 746 | 46.1~63.3 | 17~26.8 | 19.7~27.1 |
| 第四阶段 | 1529 | 31.4~46.1 | 26.8~36 | 27.1~32.6 |
| 第五阶段 | 2548 | 17~31.4 | 36~45.6 | 32.6~37.4 |
| 第六阶段 | 5096 | 0~17 | 45.6~100 | 37.4~100 |

资料来源:转引自袁天凤等《中国西部工业化进程与继续工业化途径——基于四川的实证分析》,《经济体制改革》2010年第4期,数据经作者进一步整理而得。

## 三 农业生产条件和现状

与本研究直接相关联的一个重要问题是农业生产条件和现状。这一问题也是判别一个国家或地区工业化水平和所处阶段的重要指标。本研究设定了以下四个二级指标。

**1. 人均农作物播种面积**

农作物播种面积指实际播种或移植农作物的面积。凡是实际种植农作物的面积，不论种植在耕地上还是种植在非耕地上，均包括在农作物播种面积中。在播种季节基本结束后，因遭灾而改种和补种农作物的面积，也包括在内。目前，农作物主要包括粮食、棉花、油料、糖料、麻类、烟叶、蔬菜与瓜类、药材和其他九大类。对于一个不断工业化的地区，这一指标的值应当表现为日益下降的趋势。但在传统农区，则可能随着"四荒地"的开发而有所增加。使用人均指标，则有利于横向比较。

**2. 人均有效灌溉面积**

有效灌溉面积指灌溉工程设施基本配套，有一定水源，土地较平整，一般年景下当年可进行正常灌溉的耕地面积。在一般情况下，有效灌溉面积应等于灌溉工程或设备已经配备、能够进行正常灌溉的水田和水浇地面积之和，它是一个反映我国耕地抗旱能力的重要指标。我国的人均耕地面积从全球来看并不多，而有效灌溉面积更少。本研究使用人均有效灌溉面积这一指标的目的，在于考察黄河下游各地级市农业生产条件的差别。

**3. 人均主要粮食产量**

黄河下游农区与黄淮海平原有所重合，为中国重要的粮仓。农业是国民经济的基础，而粮食又是农业的基础。黄河下游农区的工业化研究离不开这一重要课题。统计资料上的主要粮食产量主要包括谷物（如稻谷、小麦、玉米）、豆类（主要是大豆），以及红薯的产量。这一指标的设定有利于描述农业生产的现状。

### 4. 人均农林牧副渔业增加值

农林牧副渔业增加值指扣除了在生产过程中消耗或转移的物质产品和劳务价值后的，以货币表现的农林牧副渔业产品的总量。它反映了一定时期内农业生产的总规模和总成果。而这一指标的人均量则充分反映了一个国家或地区的人均农业生产水平。

## 四 城市化水平

城市化，也有的学者称为城镇化、都市化，是由农业为主的传统乡村社会向以工业和服务业为主的现代城市社会逐渐转变的历史过程，具体包括人口职业的转变、产业结构的转变、土地及地域空间的变化。不同的学科从不同的角度对城市化有不同的解释，就目前来说，国内外学者对城市化的概念分别从人口学、地理学、社会学、经济学等角度予以了阐述。本研究也从以下几个方面对这一问题进行研究。

### 1. 城市化率

著名经济学家 H. 钱纳里和 M. 塞尔奎因在 1975 年提出了城市化与工业化的"发展模型"，该模型认为工业化与城市化的发展历程是一个由紧密到松弛的过程。发展之初，城市化是由工业化推动的，在工业化率与城市化率共同达到 13% 左右的水平以后，城市化开始加速，并明显超过工业化。到工业化后期，制造业占 GDP 比重的增速逐渐下降，工业化对城市化的贡献也开始表现为逐渐减弱的趋势（见表 2-5）。

从钱纳里-塞尔奎因发展模式来看，工业化率与城市化率在 13% 左右的时候二者大致持平，但在此后，城市化率提高速度快于工业化率。由于诸多条件的约束，中国目前二者的走势是完全相反的，城市化率明显滞后于工业化率。城市化作为工业化提供要素集聚和与此相伴的结构转换的平台，已经不能适应经济社会发展的需要，可以说，城市化的水平决定了未来经济发展的高度和广度。而界定黄河下游农区及其发展阶段，显然要用到这一指标。

表 2-5　钱纳里-塞尔奎因发展模式的城市化与工业化的关系

单位：%

| 1964年人均GNP(美元) | 城市化水平 | 制造业占GDP的比重 | 工业从业人员比重 |
|---|---|---|---|
| <100 | 12.8 | 12.5 | 7.8 |
| 100 | 22.0 | 14.9 | 9.1 |
| 200 | 36.2 | 21.5 | 16.4 |
| 300 | 43.9 | 25.1 | 20.6 |
| 400 | 49.0 | 27.6 | 23.5 |
| 500 | 52.7 | 29.4 | 25.8 |
| 800 | 60.1 | 33.1 | 30.3 |
| 1000 | 63.4 | 34.7 | 32.5 |
| >1000 | 65.8 | 37.9 | 36.8 |

注：工业化的两个重要参考量为制造业占GDP的比重与工业从业人员比重。

资料来源：〔美〕H.钱纳里、M.塞尔奎因《发展的型式（1950~1970）》，经济科学出版社，1998。

### 2. 市区人口密度

城市化率反映了一个国家或地区的城市人口与农村人口数量上的对比关系。但是在我国，这一统计指标存在天然的缺陷：因为无论是以户籍人口还是以常住人口为计算标准，其统计标准都是以行政区划为基础的。以行政区划为基础的统计，将某一行政区划内的全部户籍人口（或常住人口）全部统计为城市人口或者农村人口，而并不按这些人口的真实生活状态和工作性质来划分。我们在数据研究的过程中也可以发现这样的现象。如一些城市在"撤县设区"后，将大量的原农村人口直接统计为城镇人口。因此，为了更全面地反映一个地区的城市化水平，我们设定市区人口密度这一指标，用以衡量这一地区中心城市的市区人口密度，部分地抵消可能存在的数据失真的影响。

### 3. 城市建成区面积

与市区人口密度类似，我们也可以用城市建成区面积来反映一个国家或地区的城市化水平。事实上，一个城市的市区人口密度足够大，可能的原因是建成区面积太小。鉴于此，有必要设定这一指标。

**4. 城镇居民人均可支配收入**

与城市化水平联系在一起的是城镇居民人均可支配收入。依据刘易斯（Lewis，1954）的二元经济理论模型，二元经济结构转换的关键问题是"剩余劳动"的转换问题。这意味着在二元经济中，城市经济应当带给居民更高的收入。使用城镇居民人均可支配收入这一概念，有利于我们区分真正的城市经济与农村经济。

## 五 社会发展水平

界定工业化的水平与所处阶段，对某些经济学家（如英克尔斯）来说，更好的方法是使用综合指标。英克尔斯提出了由11个指标组成的指标体系和评价标准，包括：①人均GDP在3000美元以上；②农业产值占GDP的比例低于15%；③服务业产值占GDP的比例在45%以上；④农业劳动力占总劳动力的比重在30%以下；⑤成人识字率在80%以上；⑥在校大学生占适龄人口的比例在10%~15%以上；⑦每名医生的服务人数在1000人以下；⑧人的平均预期寿命在70岁以上；⑨城市人口占总人口的比例在50%以上；⑩人口自然增长率在1%以下；⑪婴儿死亡率在3%以下。该标准除了本研究提及的那些经济发展指标外，多属于社会发展水平方面的指标。

根据数据的可得性及对社会发展水平的综合认识，我们分别从教育、科研和文化各方面设定如下指标。①万人中小学专任教师数。这一指标足以反映一个国家或地区的基础教育水平，万人中小学专任教师数相对于人均教育经费之类的指标效果更好。②R&D经费占GDP比重。这一指标可以较好地反映一个国家或地区在科学研究方面的支出能力。③城镇居民人均文化娱乐支出和农村居民人均文化娱乐支出，我们用这两个指标来考察一个国家或地区居民的生产状态和生活水平。

### 六 县域经济发展水平

县域经济是指在县级行政区划的地域内统筹安排和优化经济社会资源而形成的开放的、功能完备的、具有地域特色的区域经济。也就是说，首先，县域经济属于区域经济范畴，是一种行政区划型区域经济，它以县城为中心，以乡镇（尤其是建制镇）为纽带，以广大农村为腹地，城乡兼容。其次，县域经济有一个较完整的市场调控主体，有一定的相对独立性，并有一定的能动性，且具有地域特色，这种地域特色与其地理区位、历史人文、特定资源相关联。再次，县域经济以市场为导向，随着市场经济的发展，在更大的区域内进行资源配置，获取竞争优势，具有开放性。最后，县域经济是国民经济的基本单元，是功能完备的综合性经济体系，其活动涉及生产、流通、消费、分配各环节，以及三次产业各部门，县域经济的发展要注重发挥比较优势，突出重点产业。

需要强调的是，县域经济以农业和农村经济为主体，工业化、城镇化、现代化是县域经济的发展主题和方向，这正是本研究的主题。因此，界定黄河下游农区同样也要认真地研究县域经济发展水平。县域经济发展水平主要取决于以下一些指标：人均GDP、人均财政总收入、人均固定资产投资、人均全社会消费品零售总额。

## 第二节 指标分析与评价

本部分依据第一节设定的各个社会经济发展指标，对初步选定的黄河下游农区24个地级市进行数据对比与衡量。首先对这24个区域经济单元的各单项数据进行描述性统计，然后再通过SPSS软件，对这些数据进行聚类分析（cluster analysis），从而将这24个区域经济单元划分为不同经济社会发展水平的四类地区。

本研究所使用的数据均为官方的统计数据。但正是由于对数据权威性的要求，我们才不得不降低对数据时效性的要求。到本研究结项之时，可以得到的最新统计年鉴依然只是2011年的，其中的数据只是2010年的。考虑到这一部分的内容并不十分强调时效性，[①] 因此，本研究认为使用2010年的数据也是可接受的。另外，由于对研究对象的考察着重于横向的比较研究，本研究仅使用了可得的、最新的截面数据。由于本章的内容不涉及经验回归方面的研究，单纯的截面数据就完全可以满足研究的需要，因而不必去发掘和研究面板数据。

## 一 经济发展水平

经济发展水平的数据如表2-6所示。需要额外解释的是，各个数据的人均值均为原始数据的总量除以当年该地级市的常住人口数。而河南省的人均GDP数据则直接来自《河南统计年鉴（2011）》。GDP增长率数据根据2011年统计年鉴公布的2010年GDP增长指数，经笔者换算而得。

从表2-6中可以看到，24个地级市经济发展水平的人均指标差距较大，而发展速度差距并不太大。这集中表现在数据的标准差上，无论是人均GDP，还是人均固定资产投资，抑或人均财政收入，数据的标准差相对于原序列值普遍显得大。另外，我们也可以发现人均GDP及人均财政收入的中位数和算术平均数差别较大，显示序列分布很不平均，看来序列中极端数值的影响颇大。这一点从最大值和最小值上也可以得到基本的印象：山东的东营与安徽的亳州两地在人均GDP上差距巨大，前者为后者的近11倍；同时，东营的人均财政收入比周口高了近12倍。

---

[①] 一个区域经济单元的社会经济发展水平不可能在一两年内发生根本性变化。

表 2-6 黄河下游各地级市经济发展水平

单位：元，%

| 地级市 | 人均 GDP | GDP 增长率 | 人均固定资产投资 | 人均财政收入 |
|---|---|---|---|---|
| 郑州 | 47608 | 13.00 | 33940 | 4781 |
| 开封 | 19750 | 12.20 | 10778 | 788 |
| 安阳 | 25330 | 13.50 | 17239 | 1253 |
| 鹤壁 | 28531 | 13.40 | 23751 | 1477 |
| 新乡 | 21196 | 14.60 | 21589 | 1256 |
| 濮阳 | 21787 | 11.40 | 14950 | 847 |
| 许昌 | 30536 | 13.60 | 19243 | 1333 |
| 漯河 | 26974 | 14.70 | 16030 | 1037 |
| 商丘 | 15085 | 11.10 | 11156 | 567 |
| 周口 | 12944 | 11.10 | 8574 | 404 |
| 沧州 | 30842 | 14.50 | 20272 | 1278 |
| 邯郸 | 25702 | 13.10 | 19973 | 1261 |
| 亳州 | 10615 | 13.80 | 5579 | 479 |
| 济南 | 57947 | 12.66 | 26043 | 3903 |
| 淄博 | 63384 | 13.71 | 28683 | 3583 |
| 东营 | 116404 | 13.37 | 46633 | 5149 |
| 潍坊 | 34260 | 13.28 | 21695 | 2226 |
| 济宁 | 31541 | 12.88 | 17168 | 2092 |
| 泰安 | 37376 | 13.70 | 23106 | 2127 |
| 莱芜 | 42392 | 12.03 | 24741 | 2719 |
| 德州 | 29858 | 12.90 | 19918 | 1308 |
| 聊城 | 28444 | 13.15 | 15311 | 1216 |
| 滨州 | 41643 | 13.49 | 23619 | 2772 |
| 菏泽 | 14829 | 14.26 | 5741 | 1020 |
| 最大值城市 | 东营 | 漯河 | 东营 | 东营 |
| 最大值 | 116404 | 14.70 | 46633 | 5149 |
| 最小值城市 | 亳州 | 商丘、周口 | 亳州 | 周口 |
| 最小值 | 10615 | 11.10 | 5579 | 404 |
| 算术平均数 | 33957 | 13.14 | 19822 | 1870 |
| 几何平均数 | 29321 | 13.10 | 17774 | 1496 |
| 中位数 | 29194 | 13.33 | 19946 | 1293 |
| 标准差 | 21952 | 1.00 | 9003 | 1321 |

资料来源：《河南统计年鉴（2011）》《河北经济年鉴（2011）》《安徽统计年鉴（2011）》《山东统计年鉴（2011）》。

## 二 经济结构

在我们最初的研究设计当中，经济结构的数据应当包括霍夫曼系数、三次产业比例及三次产业就业人数比例。但遗憾的是地级市一级的官方统计资料严重不全。其中，《河南统计年鉴（2011）》较为全面，可以使用替代的办法计算出霍夫曼系数及第一产业就业人数比例。但河北、安徽及山东的数据则不能计算出霍夫曼系数和第一产业就业人数比例。好在第一产业比例的数据可以令人满意，使得经济结构的分析不致成为空话。

需要强调的是，第一产业比例越高，意味着这一区域经济单元的工业化程度越低。因此，这一指标是反向指标。事实上，霍夫曼系数和第一产业就业人数比例也是工业化水平的反向指标。

表 2-7 黄河下游各地级市经济结构状况

单位：%

| 地级市 | 第一产业比例 | 地级市 | 第一产业比例 |
| --- | --- | --- | --- |
| 郑州 | 3.08 | 潍坊 | 10.69 |
| 开封 | 23.65 | 济宁 | 12.60 |
| 安阳 | 12.09 | 泰安 | 9.52 |
| 鹤壁 | 11.38 | 莱芜 | 7.07 |
| 新乡 | 13.21 | 德州 | 12.70 |
| 濮阳 | 13.88 | 聊城 | 13.66 |
| 许昌 | 11.39 | 滨州 | 10.02 |
| 漯河 | 12.73 | 菏泽 | 17.94 |
| 商丘 | 26.19 | 最大值城市 | 周口 |
| 周口 | 29.77 | 最大值 | 29.77 |
| 沧州 | 11.47 | 最小值城市 | 郑州 |
| 邯郸 | 13.04 | 最小值 | 3.08 |
| 亳州 | 26.75 | 算术平均数 | 13.15 |
| 济南 | 5.50 | 几何平均数 | 11.27 |
| 淄博 | 3.67 | 中位数 | 12.35 |
| 东营 | 3.70 | 标准差 | 7.17 |

注：由于数据的不可得性，此处仅使用第一产业比例一个指标。

资料来源：《河南统计年鉴（2011）》《河北经济年鉴（2011）》《安徽统计年鉴（2011）》《山东统计年鉴（2011）》。

从表 2-7 中可以看到，24 个地级市的经济结构指标差距不小。但是这种差距显然比不上人均 GDP 的差距。不过考虑到这些数据均是百分比数据，所以这种差距可能被百分比"压缩"了。数据的标准差相对于原序列值依然较大。而最大值（周口，29.77%）与最小值（郑州，3.08%）相比差距是极为明显的。好在中位数与算术平均数差别并不太大，数据分布的偏度并不很严重。

## 三 农业生产条件和现状

农业生产条件和现状数据的可得性较好。同样需要强调的是，这一组数据在某些时候也可以被认为是工业化的反向指标。因为随着工业化的不断推进，越来越多的农业用地将转化为工商业用地，这必然带来人均农作物播种面积、人均有效灌溉面积、人均主要粮食产量，以及人均农林牧副渔业增加值的减少。但是我们注意到，《中原经济区建设纲要》称：率先走出一条不以牺牲农业和粮食、生态和环境为代价的"三化"协调科学发展路子。如果真可以实现这一发展路径，那么此类指标将不再是反向指标。我们期望在未来的时间序列数据中发现这一点。

表 2-8 黄河下游各地级市农业生产条件和现状

| 地级市 | 人均农作物播种面积(公顷) | 人均有效灌溉面积(公顷) | 人均主要粮食产量(吨) | 人均农林牧副渔业增加值(万元) |
|---|---|---|---|---|
| 郑州 | 0.0589 | 0.0226 | 0.1925 | 0.1438 |
| 开封 | 0.1702 | 0.0689 | 0.5464 | 0.4689 |
| 安阳 | 0.1441 | 0.0575 | 0.6463 | 0.3076 |
| 鹤壁 | 0.1217 | 0.0531 | 0.7103 | 0.3107 |
| 新乡 | 0.1376 | 0.0575 | 0.6674 | 0.2752 |
| 濮阳 | 0.1371 | 0.0610 | 0.6973 | 0.2990 |
| 许昌 | 0.1389 | 0.0553 | 0.6381 | 0.3480 |
| 漯河 | 0.1449 | 0.0590 | 0.6592 | 0.3400 |

续表

| 地级市 | 人均农作物播种面积(公顷) | 人均有效灌溉面积(公顷) | 人均主要粮食产量(吨) | 人均农林牧副渔业增加值(万元) |
|---|---|---|---|---|
| 商丘 | 0.1876 | 0.0815 | 0.8141 | 0.4073 |
| 周口 | 0.1901 | 0.0670 | 0.8096 | 0.4090 |
| 沧州 | 0.1590 | 0.0485 | 0.6659 | 0.3537 |
| 邯郸 | 0.1175 | 0.0597 | 0.5182 | 0.3352 |
| 亳州 | 0.2130 | 0.0638 | 0.9504 | 0.2821 |
| 济南 | 0.0911 | 0.0362 | 0.4245 | 0.3156 |
| 淄博 | 0.0678 | 0.0278 | 0.3871 | 0.2323 |
| 东营 | 0.1371 | 0.0813 | 0.3896 | 0.4290 |
| 潍坊 | 0.1241 | 0.0585 | 0.5747 | 0.3635 |
| 济宁 | 0.1317 | 0.0543 | 0.5744 | 0.3960 |
| 泰安 | 0.1149 | 0.0459 | 0.5643 | 0.3552 |
| 莱芜 | 0.0703 | 0.0292 | 0.2139 | 0.2972 |
| 德州 | 0.1966 | 0.0806 | 1.2633 | 0.3776 |
| 聊城 | 0.1840 | 0.0846 | 0.8968 | 0.3823 |
| 滨州 | 0.1637 | 0.0816 | 0.7880 | 0.4144 |
| 菏泽 | 0.1792 | 0.0607 | 0.6805 | 0.2652 |
| 最大值城市 | 亳州 | 聊城 | 德州 | 开封 |
| 最大值 | 0.2130 | 0.0846 | 1.2633 | 0.4689 |
| 最小值城市 | 郑州 | 郑州 | 郑州 | 郑州 |
| 最小值 | 0.0589 | 0.0226 | 0.1925 | 0.1438 |
| 算术平均数 | 0.1409 | 0.0582 | 0.6364 | 0.3379 |
| 几何平均数 | 0.1340 | 0.0552 | 0.5900 | 0.3293 |
| 中位数 | 0.1383 | 0.0588 | 0.6528 | 0.3440 |
| 标准差 | 0.0414 | 0.0173 | 0.2318 | 0.0710 |

资料来源：《河南统计年鉴（2011）》《河北经济年鉴（2011）》《安徽统计年鉴（2011）》《山东统计年鉴（2011）》。

从表2-8中可以看到，24个地级市的农业生产条件指标差距较小，农业生产现状指标的差距显得更小，特别是人均农林牧副渔业增加值这一项。其实这样的结果较容易理解：地区工业化水平的差别最终体现在非农产业方面，农业本身不可能有太大的差别。在黄河下游的 24 个地级市当中，郑州算得上是工业化水平很高的大城市，其农业生产条件和现状在各地级市中排名最后，这并不出乎意料。

## 四 城市化水平

同样，城市化水平方面的数据也存在不同省份统计口径有别的情况。河南省的各地级市直接地给出了城市化数据。而其他省各地级市的数据依赖于其他数据的二次加工。另外，市区人口密度及城市建成区面积仅指某一地级市的中心城市，而不包括其他县城或城镇；城镇居民人均可支配收入，在各省的统计年鉴中均有此项目，数据的横向可比性较强。

表 2-9 黄河下游各地级市城市化水平

| 地级市 | 城市化率（%） | 市区人口密度（人/平方千米） | 城市建成区面积（平方千米） | 城镇居民人均可支配收入（元） |
|---|---|---|---|---|
| 郑州 | 63.6 | 11386 | 343 | 18897 |
| 开封 | 45.3 | 7188 | 94 | 13695 |
| 安阳 | 38.6 | 4605 | 76 | 16394 |
| 鹤壁 | 48.0 | 3212 | 51 | 15059 |
| 新乡 | 41.1 | 7291 | 97 | 15752 |
| 濮阳 | 31.5 | 8720 | 51 | 15138 |
| 许昌 | 39.1 | 4569 | 80 | 15171 |
| 漯河 | 39.2 | 5086 | 60 | 14769 |
| 商丘 | 29.8 | 9369 | 60 | 14178 |
| 周口 | 29.7 | 3000 | 51 | 12678 |
| 沧州 | 41.4 | — | 44 | 16116 |
| 邯郸 | 42.8 | — | 102 | 17562 |
| 亳州 | 29.1 | 3836 | 40 | 15538 |
| 济南 | 63.3 | 2331 | 347 | 25321 |
| 淄博 | 67.9 | 1954 | 225 | 21784 |
| 东营 | 67.1 | 596 | 108 | 23796 |
| 潍坊 | 61.5 | 1060 | 140 | 19675 |

续表

| 地级市 | 城市化率（%） | 市区人口密度（人/平方千米） | 城市建成区面积（平方千米） | 城镇居民人均可支配收入(元) |
|---|---|---|---|---|
| 济宁 | 56.8 | 1371 | 89 | 19826 |
| 泰安 | 64.4 | 2222 | 107 | 19953 |
| 莱芜 | 73.0 | 1045 | 58 | 20988 |
| 德州 | 59.9 | 1129 | 60 | 17410 |
| 聊城 | 62.0 | 1491 | 69 | 17889 |
| 滨州 | 61.3 | 1314 | 86 | 19686 |
| 菏泽 | 53.5 | 1987 | 77 | 14419 |
| 最大值城市 | 莱芜 | 郑州 | 济南 | 济南 |
| 最大值 | 73.0 | 11386 | 347 | 25321 |
| 最小值城市 | 亳州 | 东营 | 亳州 | 周口 |
| 最小值 | 29.1 | 596 | 40 | 12678 |
| 算术平均数 | 50.4 | 3853 | 105 | 17571 |
| 几何平均数 | 48.4 | 2815 | 86 | 17293 |
| 中位数 | 50.8 | 2666 | 78 | 16902 |
| 标准差 | 13.9 | 3098 | 83 | 3277 |

资料来源：《河南统计年鉴（2011）》《河北经济年鉴（2011）》《安徽统计年鉴（2011）》《山东统计年鉴（2011）》。

从表2-9中可以看到，24个地级市的城市化率相差还是较大的。最大值（莱芜）高达73.0%，这一水平已经达到发达国家城市化水平；[①] 而最小值（亳州）仅有29.1%，表现为典型的农业区特征。有意思的是，未经加权的城市化率的算术平均数刚好为50.4%，与我国的加权平均城市化率基本一致。至于市区人口密度、城市建成区面积、城镇居民人均可支配收入的最大值，没有疑问地被两大城市郑州和济南瓜分，相应的最小值则分别是东营、亳州和周口。

---

① 这不能不让人怀疑城市化率这一数据的统计口径是否有问题。

## 五　社会发展水平

社会发展水平方面的数据难以令人满意，仅河南省的数据比较全面；河北两地级市沧州和邯郸四项二级指标数据均没有；安徽亳州缺少万人中小学专任教师数这一教育方面的关键数据；山东诸地级市缺乏城镇居民人均文化娱乐支出数据，令人不解的是，可以查到山东诸地级市农村居民人均文化娱乐支出数据。

从表2-10中可以看到，最令人吃惊的指标是万人中小学专任教师数，经济发展水平较为落后的商丘最终得了第一，高达114.70人，而这一地区的大城市济南和郑州则分别得了倒数第一和倒数第二。不过尽管在意料之外，但也在情理之中，我们不断听说大城市中"上学难"，相对来说，中小城市"上学难"的境况可能好一些。不过，教育资源不能仅从数量上来衡量，还应当从质量上来衡量。调研组了解的情况是，各省教学条件和教学质量最好的中小学均集中在省会。

表2-10　黄河下游各地级市社会发展水平

| 地级市 | 万人中小学专任教师数(人) | R&D经费占GDP比重(%) | 城镇居民人均文化娱乐支出(元) | 农村居民人均文化娱乐支出(元) |
|---|---|---|---|---|
| 郑州 | 72.71 | 1.42 | 1314.94 | 382.00 |
| 开封 | 87.44 | 0.79 | 954.49 | 278.37 |
| 安阳 | 84.12 | 0.55 | 1042.38 | 329.92 |
| 鹤壁 | 87.28 | 0.47 | 1431.29 | 252.08 |
| 新乡 | 83.94 | 1.61 | 973.93 | 660.55 |
| 濮阳 | 100.97 | 0.79 | 1020.35 | 297.88 |
| 许昌 | 98.36 | 1.26 | 1005.85 | 351.27 |
| 漯河 | 83.78 | 0.58 | 1341.12 | 304.85 |
| 商丘 | 114.70 | 0.35 | 758.31 | 182.11 |
| 周口 | 103.59 | 0.28 | 906.98 | 179.00 |
| 沧州 | — | — | — | — |
| 邯郸 | — | — | — | — |
| 亳州 | — | 0.25 | 1135.90 | 165.47 |

续表

| 地级市 | 万人中小学专任教师数(人) | R&D经费占GDP比重(%) | 城镇居民人均文化娱乐支出(元) | 农村居民人均文化娱乐支出(元) |
|---|---|---|---|---|
| 济南 | 68.56 | 1.86 | — | 416.79 |
| 淄博 | 79.04 | 1.42 | — | 613.22 |
| 东营 | 93.10 | 1.40 | — | 415.24 |
| 潍坊 | 84.44 | 1.61 | — | 601.81 |
| 济宁 | 77.26 | 0.86 | — | 436.38 |
| 泰安 | 75.12 | 1.14 | — | 516.50 |
| 莱芜 | 91.49 | 1.76 | — | 551.59 |
| 德州 | 82.97 | 0.37 | — | 225.19 |
| 聊城 | 74.53 | 1.22 | — | 389.07 |
| 滨州 | 83.02 | 1.59 | — | 438.95 |
| 菏泽 | 91.26 | 0.64 | — | 354.60 |
| 最大值城市 | 商丘 | 济南 | 鹤壁 | 新乡 |
| 最大值 | 114.70 | 1.86 | 1431.29 | 660.55 |
| 最小值城市 | 济南 | 亳州 | 商丘 | 亳州 |
| 最小值 | 68.56 | 0.25 | 758.31 | 165.47 |
| 算术平均数 | 86.56 | 1.01 | 1080.50 | 379.22 |
| 几何平均数 | 85.89 | 0.85 | 1063.14 | 352.47 |
| 中位数 | 84.12 | 1.00 | 1020.35 | 368.30 |
| 标准差 | 11.19 | 0.53 | 205.13 | 143.48 |

资料来源:《河南统计年鉴(2011)》《河北经济年鉴(2011)》《安徽统计年鉴(2011)》《山东统计年鉴(2011)》。

## 六 县域经济发展水平

县域经济发展水平的评价也遇到了一些困难。河南和河北的县域经济数据比较全面;安徽亳州缺少人均固定资产投资数据。而山东诸地级市缺乏人均GDP及人均固定资产投资两项指标的数据。人均财政总收入及人均全社会消费品零售总额两项县域经济单元的数据均有,这为我们的聚类分析提供了支持。

从表 2-11 中可以看到，在县域经济发展水平诸指标中，人均 GDP、人均固定资产投资两项指标的冠军均为郑州，这与郑州拥有较发达的、工业化程度较高的郊县实际情况相符。而东营则取得了人均财政总收入冠军，这也不意外，因为东营的县域经济离不开石油开采的支撑，自然资源类企业的税收价值也更大一些，实属正常。比较意外的是莱芜在人均全社会消费品零售总额指标上竟然力压郑州，取得冠军，多少有些令人不解。至于县域经济发展水平统计指标中的四项最小值，安徽的亳州和河南的周口各占两项，这完全正常，因为这两个地级市属于典型的欠发达农业区。

表 2-11 黄河下游各地级市县域经济发展水平

单位：元

| 地级市 | 人均 GDP | 人均财政总收入 | 人均固定资产投资 | 人均全社会消费品零售总额 |
| --- | --- | --- | --- | --- |
| 郑州 | 50460.83 | 2058.25 | 35708.67 | 14156.24 |
| 开封 | 18911.31 | 387.96 | 9300.00 | 5229.74 |
| 安阳 | 24587.36 | 661.94 | 16418.67 | 4622.11 |
| 鹤壁 | 29133.61 | 496.67 | 15293.21 | 4693.87 |
| 新乡 | 20189.17 | 748.25 | 19325.46 | 4506.08 |
| 濮阳 | 17532.71 | 318.35 | 12846.48 | 5958.67 |
| 许昌 | 29403.10 | 1262.66 | 24011.17 | 9058.52 |
| 漯河 | 22095.98 | 440.35 | 13279.48 | 6730.04 |
| 商丘 | 14332.49 | 395.69 | 10735.24 | 4618.37 |
| 周口 | 12633.03 | 309.32 | 8285.00 | 4919.16 |
| 沧州 | 25337.16 | 783.55 | 15780.83 | 7285.38 |
| 邯郸 | 22873.06 | 731.80 | 15358.30 | 6086.60 |
| 亳州 | 7764.33 | 328.71 | — | 3387.09 |
| 济南 | — | 1698.32 | — | 12728.13 |
| 淄博 | — | 2270.78 | — | 13182.19 |
| 东营 | — | 3018.14 | — | 13533.84 |
| 潍坊 | — | 1925.60 | — | 11294.92 |
| 济宁 | — | 1381.59 | — | 9376.80 |
| 泰安 | — | 1624.80 | — | 10836.75 |
| 莱芜 | — | 2787.70 | — | 14369.79 |

续表

| 地级市 | 人均 GDP | 人均财政总收入 | 人均固定资产投资 | 人均全社会消费品零售总额 |
| --- | --- | --- | --- | --- |
| 德州 | — | 806.47 | — | 9557.35 |
| 聊城 | — | 843.62 | — | 8630.41 |
| 滨州 | — | 2208.40 | — | 9972.27 |
| 菏泽 | — | 733.42 | — | 6463.05 |
| 最大值城市 | 郑州 | 东营 | 郑州 | 莱芜 |
| 最大值 | 50460.83 | 3018.14 | 35708.67 | 14369.79 |
| 最小值城市 | 亳州 | 周口 | 周口 | 亳州 |
| 最小值 | 7764.33 | 309.32 | 8285.00 | 3387.09 |
| 算术平均数 | 22711.8569 | 1175.9308 | 16361.8758 | 8383.2238 |
| 几何平均数 | 20699.4756 | 916.6894 | 15115.8152 | 7682.3932 |
| 中位数 | 22095.98 | 795.01 | 15325.7550 | 7957.8950 |
| 标准差 | 10447.0448 | 828.7853 | 7463.2874 | 3490.0920 |

资料来源:《河南统计年鉴2011》《河北经济年鉴2011》《安徽统计年鉴2011》《山东统计年鉴2011》。

## 七 聚类分析及结果

对于所有可得的数据,我们最终使用聚类分析的方法将其分类,从而科学地在"黄河下游地区"中区别"黄河下游农区"这一社会经济发展概念。

**1. 数据与分析方法说明**

本研究在因子分析的基础上,使用 SPSS 软件,将样本地级市的统计数据作为聚类变量,进行分层聚类来划分等级。本研究采用系统聚类,运用类平均法,选择欧氏距离平方方法,最终得到聚类谱系图,从而将黄河中下游地区的 24 个城市的经济社会发展水平区分为不同的梯度等级。本研究聚类分析用到的数据来自河南、河北、山东和安徽四省的统计年鉴。

**2. 聚类分析过程**

在软件中输入经过标准化处理的黄河下游地区 24 个地级市经

济社会发展水平相关指标的原始数据，这些指标均来自本章已经解释和描述过的基本统计量。剔除了部分数据不全的项目后，得到表 2-12。

表 2-12 黄河中下游地区各地级市相关经济指标

| 编号 | 地级市 | 第一产业比例 | 人均农作物播种面积 | 人均有效灌溉面积 | 人均主要粮食产量 | 人均农林牧副渔业增加值 | 城市化率 | 城市建成区面积 |
|---|---|---|---|---|---|---|---|---|
| 1 | 郑州 | 3 | 0.06 | 0.02 | 0.19 | 0.14 | 63.6 | 343 |
| 2 | 开封 | 24 | 0.17 | 0.07 | 0.55 | 0.47 | 45.3 | 94 |
| 3 | 安阳 | 12 | 0.14 | 0.06 | 0.65 | 0.31 | 38.6 | 76 |
| 4 | 鹤壁 | 11 | 0.12 | 0.05 | 0.71 | 0.31 | 48.0 | 51 |
| 5 | 新乡 | 13 | 0.14 | 0.06 | 0.67 | 0.28 | 41.1 | 97 |
| 6 | 濮阳 | 14 | 0.14 | 0.06 | 0.70 | 0.30 | 31.5 | 51 |
| 7 | 许昌 | 11 | 0.14 | 0.06 | 0.64 | 0.35 | 39.1 | 80 |
| 8 | 漯河 | 13 | 0.14 | 0.06 | 0.66 | 0.34 | 39.2 | 60 |
| 9 | 商丘 | 26 | 0.19 | 0.08 | 0.81 | 0.41 | 29.8 | 60 |
| 10 | 周口 | 30 | 0.19 | 0.07 | 0.81 | 0.41 | 29.7 | 51 |
| 11 | 沧州 | 11 | 0.16 | 0.05 | 0.67 | 0.35 | 41.4 | 44.34 |
| 12 | 邯郸 | 13 | 0.12 | 0.06 | 0.52 | 0.34 | 42.77 | 102 |
| 13 | 亳州 | 27 | 0.21 | 0.06 | 0.95 | 0.28 | 29.1 | 40.48 |
| 14 | 济南 | 6 | 0.09 | 0.04 | 0.42 | 0.32 | 63.28 | 347 |
| 15 | 淄博 | 4 | 0.07 | 0.03 | 0.39 | 0.23 | 67.94 | 224.5 |
| 16 | 东营 | 4 | 0.14 | 0.08 | 0.39 | 0.43 | 67.1 | 108.08 |
| 17 | 潍坊 | 11 | 0.12 | 0.06 | 0.57 | 0.36 | 61.54 | 140 |
| 18 | 济宁 | 13 | 0.13 | 0.05 | 0.57 | 0.40 | 56.76 | 88.9 |
| 19 | 泰安 | 10 | 0.11 | 0.05 | 0.56 | 0.36 | 64.43 | 106.8 |
| 20 | 莱芜 | 7 | 0.07 | 0.03 | 0.21 | 0.30 | 72.98 | 58 |
| 21 | 德州 | 13 | 0.20 | 0.08 | 1.26 | 0.38 | 59.85 | 60 |
| 22 | 聊城 | 14 | 0.18 | 0.08 | 0.90 | 0.38 | 62.01 | 69 |
| 23 | 滨州 | 10 | 0.16 | 0.08 | 0.79 | 0.41 | 61.3 | 85.5 |
| 24 | 菏泽 | 18 | 0.18 | 0.06 | 0.68 | 0.27 | 53.5 | 76.6 |

续表

| 编号 | 地级市 | 城镇居民人均可支配收入 | 人均GDP | GDP增长率 | 人均固定资产投资 | 人均财政收入 | 人均财政总收入 | 人均全社会消费品零售总额 |
|---|---|---|---|---|---|---|---|---|
| 1 | 郑州 | 18897 | 47608 | 113.0 | 33940 | 4781 | 2058 | 14156 |
| 2 | 开封 | 13695 | 19750 | 112.2 | 10778 | 788 | 388 | 5230 |
| 3 | 安阳 | 16394 | 25330 | 113.5 | 17239 | 1253 | 662 | 4622 |
| 4 | 鹤壁 | 15059 | 28531 | 113.4 | 23751 | 1477 | 497 | 4694 |
| 5 | 新乡 | 15752 | 21196 | 114.6 | 21589 | 1256 | 748 | 4506 |
| 6 | 濮阳 | 15138 | 21787 | 111.4 | 14950 | 847 | 318 | 5959 |
| 7 | 许昌 | 15171 | 30536 | 113.6 | 19243 | 1333 | 1263 | 9059 |
| 8 | 漯河 | 14769 | 26974 | 114.7 | 16030 | 1037 | 440 | 6730 |
| 9 | 商丘 | 14178 | 15085 | 111.1 | 11156 | 567 | 396 | 4618 |
| 10 | 周口 | 12678 | 12944 | 111.1 | 8574 | 404 | 309 | 4919 |
| 11 | 沧州 | 16116 | 30842 | 114.5 | 20272 | 1278 | 784 | 7285 |
| 12 | 邯郸 | 17562 | 25702 | 113.1 | 19973 | 1261 | 732 | 6087 |
| 13 | 亳州 | 15538 | 10615 | 113.8 | 5579 | 479 | 329 | 3387 |
| 14 | 济南 | 25321 | 57947 | 112.7 | 26043 | 3903 | 1698 | 12728 |
| 15 | 淄博 | 21784 | 63384 | 113.7 | 28683 | 3583 | 2271 | 13182 |
| 16 | 东营 | 23796 | 116404 | 113.4 | 46633 | 5149 | 3018 | 13534 |
| 17 | 潍坊 | 19675 | 34260 | 113.3 | 21695 | 2226 | 1926 | 11295 |
| 18 | 济宁 | 19826 | 31541 | 112.9 | 17168 | 2092 | 1382 | 9377 |
| 19 | 泰安 | 19953 | 37376 | 113.7 | 23106 | 2127 | 1625 | 10837 |
| 20 | 莱芜 | 20988 | 42392 | 112.0 | 24741 | 2719 | 2788 | 14370 |
| 21 | 德州 | 17410 | 29858 | 112.9 | 19918 | 1308 | 806 | 9557 |
| 22 | 聊城 | 17889 | 28444 | 113.2 | 15311 | 1216 | 844 | 8630 |
| 23 | 滨州 | 19686 | 41643 | 113.5 | 23619 | 2772 | 2208 | 9972 |
| 24 | 菏泽 | 14419 | 14829 | 114.3 | 5741 | 1020 | 733 | 6463 |

采用相关系数测量技术，先显示各变量间的相关系数，这对后面选择典型变量是十分有用的。表2-13显示了聚类的凝聚过程。从中可以看出各个组别中最相似的城市，而且可以得出聚类的过程和过程的联系程度。从合并过程可以看出这样一个规律：位于黄河下游区域的同一省份的城市，发展情况最为类似。如聚

合度最高的潍坊、泰安、济宁、滨州最先聚合后,再和德州、聊城聚合,以上城市都在山东境内;再如第四类中的开封、商丘、周口最先聚合,再和濮阳聚合,以上四市都在河南境内。

表 2-13 聚类的凝聚过程

| 阶 | 群集组合 | | 系数 | 首次出现阶群集 | | 下一阶 |
| --- | --- | --- | --- | --- | --- | --- |
| | 群集1 | 群集2 | | 群集1 | 群集2 | |
| 1 | 17 | 19 | 0.606 | 0 | 0 | 6 |
| 2 | 9 | 10 | 1.258 | 0 | 0 | 12 |
| 3 | 8 | 11 | 1.911 | 0 | 0 | 7 |
| 4 | 3 | 12 | 2.736 | 0 | 0 | 5 |
| 5 | 3 | 4 | 3.941 | 4 | 0 | 9 |
| 6 | 17 | 18 | 5.317 | 1 | 0 | 14 |
| 7 | 7 | 8 | 6.813 | 0 | 3 | 10 |
| 8 | 21 | 22 | 8.379 | 0 | 0 | 19 |
| 9 | 3 | 5 | 10.114 | 5 | 0 | 10 |
| 10 | 3 | 7 | 13.224 | 9 | 7 | 18 |
| 11 | 14 | 15 | 16.853 | 0 | 0 | 15 |
| 12 | 2 | 9 | 20.534 | 0 | 2 | 16 |
| 13 | 13 | 24 | 24.743 | 0 | 0 | 18 |
| 14 | 17 | 23 | 29.262 | 6 | 0 | 19 |
| 15 | 1 | 14 | 35.239 | 0 | 11 | 17 |
| 16 | 2 | 6 | 41.943 | 12 | 0 | 22 |
| 17 | 1 | 20 | 52.771 | 15 | 0 | 20 |
| 18 | 3 | 13 | 66.002 | 10 | 13 | 21 |
| 19 | 17 | 21 | 80.239 | 14 | 8 | 21 |
| 20 | 1 | 16 | 109.218 | 17 | 0 | 23 |
| 21 | 3 | 17 | 138.839 | 18 | 19 | 22 |
| 22 | 2 | 3 | 177.373 | 16 | 21 | 23 |
| 23 | 1 | 2 | 322 | 20 | 22 | 0 |

通过聚类分析,黄河下游地区地级市可分为四类:第一类是济南、淄博、郑州、莱芜、东营;第二类是潍坊、泰安、济宁、滨州、德州和聊城;第三类是漯河、沧州、许昌、安阳、邯郸、鹤壁、新乡、亳州和菏泽;第四类是商丘、周口、开封、濮阳。

### 3. 聚类分析结果

我们分析认为,第一类显然为工业化程度较高的发达地区,包括了济南和郑州这样的省会,也有淄博、莱芜这样的工业化水平已经很高的城市,当然还有东营这样的新兴石油工业城市,这一类已经较难归入"农区"这一概念。第二类为工业化程度尚可的地区,有潍坊、泰安、济宁、滨州、德州和聊城。严格意义上的黄河下游农区不应包含这一类地级市,但宽泛意义上的黄河下游农区可以包含这一类地级市。第三类和第四类城市含漯河、沧州、许昌、安阳、邯郸、鹤壁、新乡、亳州、菏泽、商丘、周口、开封、濮阳,这些城市所处地区是严格意义上的黄河下游农区(见表2-14)。

表2-14 黄河下游农区所含地级市

| 省份 | 黄河下游农区(严格意义) | 黄河下游农区(宽泛意义) |
| --- | --- | --- |
| 河南 | 漯河、许昌、安阳、鹤壁、新乡、商丘、周口、开封、濮阳 | 漯河、许昌、安阳、鹤壁、新乡、商丘、周口、开封、濮阳 |
| 河北 | 邯郸、沧州 | 邯郸、沧州 |
| 安徽 | 亳州 | 亳州 |
| 山东 | 菏泽 | 菏泽、潍坊、泰安、济宁、滨州、德州、聊城 |

需要说明的是,这里是从"黄河下游"这一地理概念和"农区"这一经济概念出发,在严格的科学意义上对"黄河下游农区"的区域范围做出的界定。这样做的目的,一是体现学术研究严谨的一面,二是希望为某些较为严谨的计量统计分析提供相应的基础。然而,在人们的日常概念体系中,甚至在政策意义上,"黄河下游农区"又是一个区域范围大体明确,但区域边界并不严格的经济地理概念,所以,下面相关章节有关问题的讨论一方面大体遵循这里严格界定的"黄河下游农区"概念;另一方面根据具体问题的需要及资料可得性的情况,在宽泛意义上使用"黄河下游农区"的概念。

**参考文献**

[1] 耿明斋、李燕燕：《中国农区工业化路径研究：以欠发达平原农区为例》，社会科学文献出版社，2009。

[2] 〔美〕H. 钱纳里、M. 塞尔奎因：《发展的型式（1950～1970）》，经济科学出版社，1988。

[3] 〔美〕H. 钱纳里等：《工业化和经济增长的比较研究》，吴奇、王松宝等译，上海三联书店、上海人民出版社，1989。

[4] 刘俊芳：《重庆市新型工业化评价指标体系构建及其测度》，重庆工商大学硕士学位论文，2011。

[5] 吕政、郭克莎、张其仔：《论我国传统工业化道路的经验与教训》，《中国工业经济》2003年第1期。

[6] 〔美〕W. 罗斯托：《经济增长的阶段：非共产党宣言》，郭熙保、王松茂译，中国社会科学出版社，2001。

[7] 马崇明：《中国工业化进程统计测度与实证》，《江西财经大学学报》2002年第4期。

[8] 任才方、王晓辉：《新型工业化指标体系探索》，《中国统计》2003年第5期。

[9] 谭崇台：《发展经济学》，上海人民出版社，1989。

[10] 陶树人：《技术经济与管理文集》，石油工业出版社，2002。

[11] 〔美〕西蒙·库兹涅茨：《各国的经济增长》，商务印书馆，1999。

[12] 张金萍、秦耀辰、张丽君、闵祥鹏：《黄河下游沿岸县域经济发展的空间分异》，《经济地理》2012年第3期。

[13] 张亮、徐建新：《黄河下游引黄灌区高效运行管理模式研究》，《水利科技与经济》2007第3期。

[14] 张志明：《黄河下游引黄灌区节水研究》，西安理工大学硕士学位论文，2003。

[15] 朱桂香：《黄河下游地区生态农业建设探讨》，《生态经济》1990年第4期。

# 第三章 黄河下游农区工业化进程的综合评价与演变路径研究

## 第一节 工业化的内涵和度量方法评述

### 一 工业化本身就意味着结构性变迁过程

对中国尤其是黄河下游农区来说,"工业化"是一个外来概念,对工业化的理解必然带有某种中国化的因素,这些因素在黄河下游农区工业化过程中扮演什么样的角色、起到什么样的作用,仍然是值得探讨的问题。对这些问题理解的偏差很大程度上是因为人们对工业化内涵的理解存在偏差。对工业化内涵进行全面梳理,有可能纠正我们观念之中的某些偏差,正视工业化应有的经济社会效益,从而把黄河下游农区工业化道路纳入一般性的分析框架。

"工业化"是经济学中最富有想象力的名词之一,包罗万象而又富有争议,学术界至今尚无统一的定义和结论。目前比较有代表性的工业化定义有以下三大类。

第一,将工业化锁定在工业生产领域自身的变化,包括生产工具、生产组织形式、分工和组织化程度等。工业化发端于英国的产业革命,以蒸汽机为代表的生产工具改变了生产组织形式,进一步促使分工和组织化程度加深,整个社会的变化首先表现在工业生产领域的变革。"只是在机器时代破晓以后,随着纺织的机械化,随着蒸汽机作为新动力的应用,随着从单件生产过渡到系列生产、过渡到大规模生产,人类社会才开始了巨大的变化,我们称之为工业化",因此,"工业化就是以机器生产取代手工操作,并以此为起源的现代工业的发展过程"(吕贝尔特,1983)。"工业化的特征是专业化和劳动分工","是经济中各行业企业的生产组织运用技术、机械、电力来补充和代替人的劳动,它也是现代的、一体化的"(帕垂克,1983)。帕垂克已经注意到了工业化不仅仅是工业内部自身的变化,伴随这种变化而来还有服务于工业的城市的大规模发展。另外,我国学者对工业化的定义凸显了计划经济和重工业优先发展的烙印,如"工业化就是机器大工业在国民经济发展中占统治地位的过程"(《辞海·经济分册》,1980),类似的定义还有"工业化就是使大工业在国民经济中取得优势地位的过程"(许涤新,1980)。

第二,着重于经济社会的结构性变革,重点从实际案例中归纳出以机器大工业为基本特征的工业化所带来的经济结构变动的一般过程。这种结构性变革首先应该发生在农业和非农业之间,工业化"是产品的来源和资源的去处从农业活动转向非农业生产活动的一种过程"(库兹涅茨,1989),"是由落后的农业国向现代工业国或工业-农业国转化的一种过程"(辜胜阻,1991)。在"农业-工业"结构转化的过程中,"一种明确的工业化过程的一些基本特征是:首先,一般来说,国民收入(或地区收入)中制造业活动和第二产业所占比例提高了。其次,在制造业和第二产业就业的劳动人口的比例也有增加的趋势,同时,整个人口的人均收入也增加了"(《新帕尔格雷夫经济学大辞典》,1992),在这一过程中,生产方法、新产品式样在不断变化,城市化提高,资本形成,消费等开支所占比例发生变化(《新帕尔格雷夫经济学大辞典》,1992)。《新帕尔格雷夫经济学大辞典》对工业化的解释是比较权威和全面的,不仅包括工业份额不断提高,而且包括与工业化相伴而生的生产方式、生活水平和方式的变化，以及城市化等经济社会经济特征，充分反映了经济增长的结构主义思潮（雍红月、李松林，2002）。因此，"工业化是指以各种不同的要素供给组合去满足类似的各种需求增长格局的一种途径"（H. 钱纳里，1996）。我国学者对工业化的定义更超出了上述的国民收入和就业比例的变化，把工业化对体制变革的冲击也纳入定义。刘伟（1992）认为，"工业化是指在特定的历史去建立，内含着经济结构、经济类型、经济体制根本变化的经济发展过程"。

第三，将工业化定义为社会生产方式的变革，它是由不断的技术进步和创新引致的生产函数的变化，重点强调创新和技术进步对工业化的支撑和驱动作用。如堪称发展经济学先驱之一的我国著名经济学家张培刚教授所言，工业化是"国民经济中一系列基要的生产函数（或生产要素组合方式）连续发生由低级到高级的突破性变化（或变革）的过程"，"这些基要的创新或生产函数的变化，更进一步地加强了伴随现代工厂制度、市场结构及银行制度之兴起而来的组织上的变化"（张培刚，2002）。

可见，工业化是一个国家或地区经济发展过程中所经历的以工业扩张、结构变动、产出增长、城市化及农业现代化为基本特征的特殊历史阶段，其结果是经济从不发达状态进入发达状态（耿明斋，1996）。工业化至少包含如下内容：①分工协作和生产过程的规模化和组织化程度不断提升；②替代人力的各种生产手段在生产过程中得到应用；③社会分工和市场交换的规模不断扩大；④第二产业和由其衍生出的第三产业的产值比重与就业比重不断上升，第一产业的产值和就业比重不断下降；⑤农业剩余劳动力和农村居民不断向非农产业与城市转移，城市不断发展，城市化率不断提高；⑥农业的现代化水平和劳动生产率大幅度提升；⑦公民的受教育程度和文明素质、社会道德水平越来越高；⑧社会的民主化和法制化程度越来越高（耿明斋，2009）。

## 二　工业化度量方法评价与具体应用评述

可以看出，经典工业化理论认为，工业化是一国（或地区）随着工业的发展，人均收入和经济结构发生连续变化的过程，而人均收入的增长和经济结构的转换是工业化推进的主要标志（陈佳贵、黄群慧、钟宏武，2006）。工业化主要表现为：①国民收入中制造业所占比例逐步提高，乃至占主导地位；②制造业内部的产业结构逐步升级，技术含量不断提高；③在制造业部门就业的劳动人口比例也有增大的趋势；④城市这一工业发展的主要载体的数量不断增加，规模不断扩大，城市化率不断提高；⑤在上述指标增长的同时，人均收入不断增加（约翰·伊特韦尔等，1996；库兹涅茨，1999）。根据经典工业化理论，衡量一个国家或地区的工业化水平，一般可以从经济发展水平、产业结构、工业结构、就业结构和空间结构等方面来进行。其中第二章已经详细介绍过的霍夫曼系数、H. 钱纳里和库兹涅茨等人的产业结构国际标准模式、配第－克拉克定理、H. 钱纳里的城市化率标准等颇具影响。

目前学术界直接应用霍夫曼系数的情况较少：一方面是因为其提出的时间较早，前文已有所阐述；另一方面是因为该指标是自由市场经济体由农业社会向工业社会自然转变的经验总结，并不能衡量转型经济体或次生工业化经济体工业化进程的现实。以中国为例，霍夫曼系数的历史性转折点即该比例向小于1转变，不是发生在工业化进程的高级阶段，而是发生在工业化初期。这是由于中国的工业化进程是在消费品工业尚未起步或发展水平很低的基础上，政府采取重工业化战略，使霍夫曼系数实现了超前转换。这在很大程度上是依靠抑制消费需求和向资本品工业部门倾斜的政府投资行为与政策来维持的。但随着中国工业化进程的推进，工业化道路最终会被纳入"轻纺工业－轻工业－重工业"的一般工业生产方式的变动轨迹（杨海军、肖灵机、邹泽清，2008）。所以该指标在实际应用的时候需要进行调整，杨海军等

(2008)在考察了英国、美国等发达经济体的工业化历程后，提出了修正措施，并以江西、江苏两省为例验证了修正后的数据更符合中国工业化的实际。而朱应皋和王遐见（2002）应用了加以修正的计算方法，计算出江苏的工业化水平与现实情况差别较大。

在结构指标的衡量上，由于受诸多因素的影响，H.钱纳里和M.塞尔奎因的城市化率标准在学术界应用较少，笔者查的文献中只有袁天凤等（2010）以四川为例探讨西部工业化问题时简单地用到过。在现有文献中，用得更多的是H.钱纳里的多国模型、产业结构的国际标准模式、配第-克拉克定理等。这一方面是因为这些指标建立在标准的三次产业结构基础上，数据的可得性与可比性较强，便于进行国际（区际）对比；另一方面是因为这些指标所揭示的是产业结构变动的一般模式，反映了各个国家或地区产业结构变动的基本趋势。在具体的研究中，郭克莎（2000）从我国工业化进程的特殊性出发，着眼于人均收入水平、三次产业结构与工业内部结构，诠释中国的工业化进程，其中，工业内部结构主要分为重工业化阶段、高加工度阶段和技术集约化阶段三个阶段，最后得出的结论是我国的工业化只处于高加工度阶段的上半期，产业结构偏差和工业结构升级缓慢影响了工业化进程中经济的持续增长和增长质量的提升。韩兆洲（2002）构造了内涵相似但表现形式不同的工业化进程指标，其数值是劳动生产率提高的过程、第二产业与第一产业增加值比例提高的过程、三次产业劳动力构成优化三者的加权平均数，得出来的结论是我国工业化水平东高西低，区域差距较大。而陈佳贵等（2006）则从经济发展水平、产业结构、工业结构、就业结构和空间结构（城市化率）五个方面进行综合衡量，其中工业结构并不是霍夫曼意义上的轻重工业结构，而是利用制造业增加值占总商品生产部门增加值比重来表示，结论是中国工业化进程总体上形成了一个典型的金字塔式结构，并有向橄榄形结构演变的趋势。除了对中国总体工业化进程进行度量以外，亦有很多学者立足于某一区域，进行工业化的区际比较，如罗文（2001）测定了湖南的工业化水平，朱应皋和王遐见（2002）测定了江苏的工业化水平，刘东勋（2004）对河南工业化水平进行了评价，王延中（2007）测定了环渤海地区的工业化水平，王卫东（2007）测度了宁波市的工业化发展阶段，等等。

## 第二节 工业化进程的综合评价与特征分析

### 一 评价指标的选取依据

工业化本身不是目的，是实现经济社会发展的手段。因此，这一重大变革过程首先应该表现为经济增长和居民收入水平的增加。综合各方面考虑，人均GDP是最有效也最容易被大多数人接受的指标。但人均GDP最大的弊端是不能衡量经济结构的水平及其变化，一国或地区可能人均GDP较高，但是其经济结构及其变化可能并不是时代所要求的，甚至可能是阻碍时代进步的，因此需要再用其他指标对人均GDP指标加以补充。

第一个加进来的是产业结构。库兹涅茨、H. 钱纳里等经济学家的国际标准模式已经证明，在工业化的过程中，产业重心会逐渐由第一产业向第二产业转移，直到第二产业比例达到最高点才趋于稳定，之后产业结构调整主要发生在第一产业和第三产业之间。因此，应在人均GDP指标基础上，用三次产业结构对工业化水平进行适当调整。

第二个加进来的是工业结构。这是霍夫曼定理所暗含的，一国工业化开始时首先会选择传统农业部门与现代工业部门最容易交叉的行业入手，这些行业的产品是居民消费的主要产品，较容易形成市场规模，如纺织、食品制造等。所以，工业化开始时霍夫曼系数是比较高的。随着工业化的推进，产业会逐渐由消费资料工业向生产资料工业转移，社会化的迂回生产使得经济结构重型化，霍夫曼系数逐渐降低。但由于霍夫曼系数在衡量重工业赶超战略下我国区域工业化水平时存在缺陷（杨海军等，2008），本研究遵循陈佳贵等（2006）的研究思路，采用约翰·科迪（1990）提出的工业化水平的判断标准，即根据制造业增加值在总商品生产部门增加值所占份额，把工业化水平分为非工业化（20%以下）、正在工业化（20%~40%）、半工业化（40%~60%）和工业化（60%以上）四类。

第三个加进来的是经济的空间结构，一般用城市化率表示。产业的发展离不开要素在特定空间的聚集，要素聚集的过程使得人类的聚落形式不断从分散的村落向高度组织化的城市演变。H.钱纳里（1998）城市化率标准揭示了工业化与城市化存在类似于"S"形上升曲线的关系，也就是当经济发展到一定程度时，城市化将会比工业化发挥更大的作用，这是因为城市化水平可以衡量工业化的成果以及与此有关的第三产业发展水平。经济发展水平与城市化水平二者差距太大，会抵消工业化的经济绩效。

第四个加进来的是就业结构，这是配第-克拉克定理所揭示的要素流动规律。在其他条件不变的情况下，就业结构能否大幅转换，依据的是工业结构是劳动密集型还是资本密集型的，两种不同性质的经济结构导致了其对农村剩余劳动力的吸纳数量存在巨大差异，进而影响农业的规模经营和农业现代化的实现。

以上分析为我们确立了衡量河南省地区工业化进程的基本评价指标体系：用人均 GDP 衡量经济发展水平，用三次产业比例（第二、第三产业产值占 GDP 比重，下同）衡量产业结构，用制造业增加值占比（制造业增加值占总商品生产部门增加值比重，下同）衡量工业结构，用人口城市化率来衡量空间结构，用三次产业就业占比（第二、第三产业就业人数占总就业人数比重，下同）来衡量就业结构。在此基础上，陈佳贵等（2006）根据 H. 钱纳里（1989）、库兹涅茨（1999）、约翰·科迪等（1990）、郭克莎（2004）、魏后凯等（2003）的相关研究和国际经验，把工业化过程划分为五个阶段，并确定了每个阶段所对应的标志值区间，具体见表 3-1。

表3-1 工业化不同阶段的标志值区间

| 基本指标 | 前工业化阶段(1) | 工业化实现阶段 | | | 后工业化阶段(5) |
|---|---|---|---|---|---|
| | | 工业化初期(2) | 工业化中期(3) | 工业化后期(4) | |
| 1. 经济发展水平 | | | | | |
| 人均GDP(美元) | | | | | |
| 1964年 | 100~200 | 200~400 | 400~800 | 800~1500 | 1500以上 |
| 1996年 | 620~1240 | 1240~2480 | 2480~4960 | 4960~9300 | 9300以上 |
| 1995年 | 610~1220 | 1220~2430 | 2430~4870 | 4870~9120 | 9120以上 |
| 2000年 | 660~1320 | 1320~2640 | 2640~5280 | 5280~9910 | 9910以上 |
| 2002年 | 680~1360 | 1360~2730 | 2730~5460 | 5460~10200 | 10200以上 |
| 2004年 | 720~1440 | 1440~2880 | 2880~5760 | 5760~10810 | 10810以上 |
| 2005年 | 746~1492 | 1492~2984 | 2984~5968 | 5968~11188 | 11188以上 |
| 2009年 | 818~1636 | 1636~3272 | 3272~6544 | 6544~12267 | 12267以上 |
| 2. 产业结构 | | | | | |
| 三次产业比例(A) | A>I | A>20%,且A<I | A<20%,且I>S | A<10%,且I>S | A<10%,且I<S |

续表

| 基本指标 | | 前工业化阶段(1) | 工业化实现阶段 | | | 后工业化阶段(5) |
|---|---|---|---|---|---|---|
| | | | 工业化初期(2) | 工业化中期(3) | 工业化后期(4) | |
| 3. 工业结构 | 制造业增加值占比 | 20%以下 | 20%~40% | 40%~50% | 50%~60% | 60%以上 |
| 4. 空间结构 | 人口城市化率 | 30%以下 | 30%~50% | 50%~60% | 60%~75% | 75%以上 |
| 5. 就业结构 | 三次产业就业占比 | 60%以上 | 45%~60% | 30%~45% | 10%~30% | 10%以下 |

注：1964年与1996年的换算因子为6.2，系郭克莎（2004）计算；1996年与1995年、2000年、2002年、2004年的换算因子分别为0.981、1.065、1.097、1.162，系陈佳贵等（2006）根据美国经济研究局（BEA）提供的美国实际GDP数据推算；1996年与2005年、2009年的换算因子分别为1.203、1.319，是本研究根据美国经济研究局提供的美国实际GDP数据推算。A、I、S分别代表第一、第二和第三产业增加值在GDP中所占的比重。

资料来源：在陈佳贵、黄群慧、钟宏武《中国地区工业化进程的综合评价和特征分析》（《经济研究》2006年第6期）的基础上修改补充。

## 二 评价方法和实施过程

根据以上分析，本研究选用加法合成法来构造并计算反映工业化水平的综合指数，即 $K = \sum_{i=1}^{n} x_i w_i / \sum_{i=1}^{n} w_i$，其中，$K$ 为区域工业化水平的综合评价值；$x_i$ 为单个指标的评价值，$n$ 为评价指标的个数，$w_i$ 为单个评价指标的权重。具体求解步骤如下。

首先对掌握的单个指标的实际值进行无量纲化处理。各指标所代表的物理含义不同，因此存在量纲上的差异，需要通过数学变换来消除原始变量量纲不同的影响。鉴于处理问题的阶段性和发展的连续性，本研究选择阶段阈值法进行无量纲化处理，公式如下。

$$\begin{cases} x_{ik} = 0, (j_{ik} = 1) \\ x_{ik} = 33(j_{ik} - 2) + \dfrac{X_{ik} - \min_{kj}}{\max_{kj} - \min_{kj}} \times 33, (j_{ik} = 2、3、4) \\ x_{ik} = 100, (j_{ik} = 5) \end{cases}$$

式中，$i$ 代表第 $i$ 个地区，$k$ 代表第 $k$ 个指标，$x_{ik}$ 为第 $i$ 个地区第 $k$ 个指标的评价值，$j_{ik}$ 为第 $i$ 个地区第 $k$ 个指标所处的工业化阶段，$X_{ik}$ 为第 $i$ 个地区第 $k$ 个指标的实际值，$\max_{kj}$ 为第 $k$ 个指标在第 $j$ 个阶段的最大值，$\min_{kj}$ 为第 $k$ 个指标在第 $j$ 个阶段的最小值。如果 $j_{ik} = 1$，说明该区域还处于前工业化阶段，对应的评价值 $x_{ik} = 0$；如果 $j_{ik} = 5$，说明该区域已经实现了工业化，处于后工业化阶段，对应的评价值 $x_{ik} = 100$；如果 $j_{ik} = 2、3、4$，说明该区域分别处于工业化初期、工业化中期、工业化后期，对应的评价值区间分别为 $(0 \sim 33)$，$[33 \sim 66)$，$[66 \sim 100)$。而每个阶段实际值的无量纲化则通过公式 $\dfrac{\text{实际值} - \text{该阶段最小临界标志值}}{\text{该阶段最大临界标志值} - \text{该阶段最小临界标志值}}$ 来处理，此数值小于 1，且数值越大，工业化程度越高，这也是阈值法进行无量纲化处理的前提条件。然后用消除量纲差异的数值乘以每一个阶段的区间数值（33），再加上对应阶段的基础评价值，最后得出的数值就是该指标所体现的工业化进程在该阶段的标准评价值。

在对指标进行无量纲化之后，就要确定各个评价指标的权重，通行的做法是用层次分析法生成。权重的确定在一定程度上是主观判断的结果，评价人的价值观、知识背景、视野等因素对权重结果影响较大。陈佳贵等（2006）曾用层次分析法确定了各个指标的评价权重，比较客观地衡量了工业化各个指标的位次，具体见表3-2。

表3-2　地区工业化指标的权重

单位：%

| 指标 | 人均GDP | 三次产业比例 | 制造业增加值占比 | 人口城市化率 | 三次产业就业占比 |
|---|---|---|---|---|---|
| 权重 | 36 | 22 | 22 | 12 | 8 |

资料来源：转引自陈佳贵、黄群慧、钟宏武《中国地区工业化进程的综合评价和特征分析》，《经济研究》2006年第6期。

## 三　数据处理结果

根据黄河下游农区工业化进程的原始数据和计算工业化综合指数的相关公式，可以得到各个年份相应指标无量纲化后的标准评价值，再利用表3-2确定的各个指标的权重，最终得到衡量黄河下游农区工业化进程的综合指数。考虑到统计口径的差异与统计数据的可比性，这里选择2000年、2005年、2009年三个年份作为代表。由于受篇幅的限制，各个年份的原始数据以及2000年、2005年两个年份指标无量纲化的数据不在本研究中显示，表3-3为2009年黄河下游农区工业化原始数据无量纲化处理后的标准评价值。[①]

---

[①] 这里，黄河下游农区涵盖范围与第一章界定的范围略有出入，但并不会影响分析的结论。

表 3-3 黄河下游农区工业化原始数据无量纲化
处理后的标准评价值 (2009 年)

单位：%

| 省份 | 地级市 | 人均 GDP | 三次产业比例 | 制造业增加值占比 | 人口城市化率 | 三次产业就业占比 |
|---|---|---|---|---|---|---|
| 河南省 | 郑　州 | 65.30 | 88.72 | 85.47 | 73.50 | 74.50 |
| | 开　封 | 15.94 | 31.19 | 33.33 | 15.81 | 15.99 |
| | 洛　阳 | 42.74 | 70.35 | 38.28 | 23.38 | 46.27 |
| | 平顶山 | 34.08 | 68.17 | 22.11 | 19.39 | 19.14 |
| | 安　阳 | 30.72 | 57.25 | 84.81 | 14.73 | 34.56 |
| | 鹤　壁 | 37.46 | 58.78 | 76.89 | 32.37 | 51.08 |
| | 新　乡 | 20.13 | 55.15 | 86.13 | 18.08 | 14.28 |
| | 焦　作 | 46.29 | 72.65 | 100.00 | 27.97 | 46.55 |
| | 濮　阳 | 22.67 | 52.23 | 63.36 | 8.96 | — |
| | 许　昌 | 38.72 | 59.08 | 64.35 | 15.28 | 47.32 |
| | 漯　河 | 35.11 | 55.11 | 100.00 | 15.26 | 33.55 |
| | 三门峡 | 46.64 | 71.95 | 17.33 | 25.41 | — |
| | 南　阳 | 17.19 | 31.46 | 18.81 | 10.94 | 20.44 |
| | 商　丘 | 4.74 | 25.08 | 7.10 | 5.58 | 14.30 |
| | 信　阳 | 7.69 | 27.19 | 15.02 | 6.75 | 23.36 |
| | 周　口 | — | 22.14 | 23.60 | — | 13.60 |
| | 驻马店 | 1.57 | 26.21 | 15.68 | — | 23.58 |
| | 济　源 | 62.28 | 82.32 | 100.00 | 31.37 | 62.70 |
| 山东省 | 济　南 | 70.66 | 100.00 | 100.00 | 90.90 | 89.02 |
| | 淄　博 | 74.04 | 87.12 | 57.55 | 21.66 | 98.48 |
| | 东　营 | 100.00 | 87.12 | 56.99 | 21.41 | 98.48 |
| | 潍　坊 | 44.79 | 62.04 | 71.31 | 27.91 | 61.40 |
| | 济　宁 | 41.31 | 59.07 | 67.07 | 0.62 | 55.72 |
| | 泰　安 | 46.32 | 66.33 | 56.09 | 0.00 | 68.69 |
| | 莱　芜 | 54.49 | 77.88 | 45.78 | 16.31 | 85.24 |
| | 德　州 | 39.38 | 56.10 | 61.03 | — | 50.05 |
| | 聊　城 | 36.40 | 51.48 | 58.46 | — | 41.23 |
| | 滨　州 | 54.15 | 66.00 | 53.35 | — | 68.22 |
| | 菏　泽 | 1.40 | 31.46 | 7.76 | — | — |

续表

| 省份 | 地级市 | 人均 GDP | 三次产业比例 | 制造业增加值占比 | 人口城市化率 | 三次产业就业占比 |
|---|---|---|---|---|---|---|
| 河北省 | 沧州 | 37.84 | 59.39 | 95.09 | 19.82 | 29.25 |
|  | 衡水 | 11.73 | 36.79 | 77.39 | 13.50 | — |
|  | 邢台 | 11.63 | 49.38 | 90.47 | 18.17 | 3.29 |
|  | 邯郸 | 33.51 | 58.57 | 100.00 | 25.10 | 27.12 |
| 安徽省 | 淮北 | 20.44 | 67.32 | 80.58 | 53.13 | 51.26 |
|  | 亳州 | — | 23.76 | 60.54 | 5.12 | 19.36 |
|  | 宿州 | — | 22.44 | 61.02 | 5.28 | 17.38 |
|  | 阜阳 | — | 23.54 | 57.14 | 3.96 | 31.46 |

资料来源：河南省各地级市的人均 GDP、三次产业比例、人口城市化率、三次产业就业占比指标直接取自《河南统计年鉴（2010）》；河南省制造业增加值占比则根据相关地级市相应年份的统计年鉴整理得到，由于新乡和济源两个地级市的 2010 年统计年鉴暂缺，采用 2008 年数据代替，这样的近似处理并不影响其工业化的趋势；山东、河北、安徽三省地级市的人均 GDP、三次产业比例、人口城市化率直接取自各省统计年鉴；山东、河北、安徽三省各地级市的制造业增加值占比指标数据暂缺，以与河南省相邻周边地级市制造业增加值占比与人口城市化率关系的平均水平换算之；山东、河北各地级市无三次产业就业占比指标数据，用相邻地级市三次产业比例与就业占比指标的平均水平换算之；人民币兑美元的汇率取 2009 年的平均汇率（100 美元 = 683.1 元）。

数据经无量纲化处理之后，就可以对不同性质的工业化要素进行加总，计算工业化综合指数。表 3-4 为 2000 年、2005 年、2009 年三个年份河南省地区工业化综合指数及所处阶段，表中"一、二、三、四、五"分别表示地区工业化的五个阶段："一"表示前工业化阶段，对应的工业化综合指数为 0；"二"表示工业化初期，对应的工业化综合指数的区间为（0，33）；"三"代表工业化中期，对应的工业化综合指数区间为 [33，66)；"四"代表工业化后期，对应的工业化综合指数区间为 [66，100)；"五"代表后工业化阶段，对应的工业化综合指数为 100。表中括号中的"Ⅰ"和"Ⅱ"分别代表工业化所处阶段的前半阶段和后半阶段，对应的工业化综合指数是以该阶段的中间值为界限的上半区间和下半区间。如二（Ⅰ）等价于区间（0，16.5）；二（Ⅱ）等价于区间［16.5，33）；三（Ⅰ）等价于区间［33，49.5）；三（Ⅱ）等价于区间［49.5，66）；四（Ⅰ）等价于区间［66，82.5）；四（Ⅱ）等价于区间［82.5，100）。

表3-4 黄河下游农区工业化综合指数与所处阶段

| 省份 | 地级市 | 2000年 | | 2005年 | | 2009年 | |
|---|---|---|---|---|---|---|---|
| | | 综合指数 | 工业化阶段 | 综合指数 | 工业化阶段 | 综合指数 | 工业化阶段 |
| 河南省 | 郑州 | 28 | 二（Ⅱ） | 53 | 三（Ⅱ） | 77 | 四（Ⅰ） |
| | 开封 | 4 | 二（Ⅰ） | 7 | 二（Ⅰ） | 23 | 二（Ⅱ） |
| | 洛阳 | 20 | 二（Ⅱ） | 28 | 二（Ⅱ） | 46 | 三（Ⅰ） |
| | 平顶山 | 11 | 二（Ⅰ） | 17 | 二（Ⅱ） | 36 | 三（Ⅰ） |
| | 安阳 | 13 | 二（Ⅰ） | 23 | 二（Ⅱ） | 47 | 三（Ⅰ） |
| | 鹤壁 | 8 | 二（Ⅰ） | 21 | 二（Ⅱ） | 51 | 三（Ⅱ） |
| | 新乡 | 10 | 二（Ⅰ） | 24 | 二（Ⅱ） | 39 | 三（Ⅰ） |
| | 焦作 | 15 | 二（Ⅰ） | 39 | 三（Ⅰ） | 62 | 三（Ⅱ） |
| | 濮阳 | 7 | 二（Ⅰ） | 15 | 二（Ⅰ） | 35 | 三（Ⅰ） |
| | 许昌 | 9 | 二（Ⅰ） | 19 | 二（Ⅱ） | 48 | 三（Ⅰ） |
| | 漯河 | 13 | 二（Ⅰ） | 26 | 二（Ⅱ） | 51 | 三（Ⅱ） |
| | 三门峡 | 12 | 二（Ⅰ） | 21 | 二（Ⅱ） | 39 | 三（Ⅰ） |
| | 南阳 | 5 | 二（Ⅰ） | 6 | 二（Ⅰ） | 20 | 二（Ⅱ） |
| | 商丘 | 0 | 一 | 4 | 二（Ⅰ） | 11 | 二（Ⅰ） |
| | 信阳 | 0 | 一 | 6 | 二（Ⅰ） | 15 | 二（Ⅰ） |
| | 周口 | 0 | 一 | 4 | 二（Ⅰ） | 11 | 二（Ⅰ） |
| | 驻马店 | 4 | 二（Ⅰ） | 4 | 二（Ⅰ） | 12 | 二（Ⅰ） |
| | 济源 | 17 | 二（Ⅱ） | 44 | 三（Ⅰ） | 71 | 四（Ⅰ） |
| 山东省 | 济南 | 39 | 三（Ⅰ） | 61 | 三（Ⅱ） | 87 | 四（Ⅱ） |
| | 淄博 | 42 | 三（Ⅰ） | 55 | 三（Ⅱ） | 69 | 四（Ⅰ） |
| | 东营 | 50 | 三（Ⅱ） | 68 | 四（Ⅰ） | 78 | 四（Ⅰ） |
| | 潍坊 | 11 | 二（Ⅰ） | 27 | 二（Ⅱ） | 52 | 三（Ⅱ） |
| | 济宁 | 12 | 二（Ⅰ） | 22 | 二（Ⅱ） | 47 | 三（Ⅰ） |
| | 泰安 | 16 | 二（Ⅰ） | 25 | 二（Ⅱ） | 49 | 三（Ⅰ） |
| | 莱芜 | 24 | 二（Ⅱ） | 39 | 三（Ⅰ） | 56 | 三（Ⅱ） |
| | 德州 | 7 | 二（Ⅰ） | 19 | 二（Ⅱ） | 44 | 三（Ⅰ） |
| | 聊城 | 4 | 二（Ⅰ） | 13 | 二（Ⅰ） | 41 | 三（Ⅰ） |
| | 滨州 | 8 | 二（Ⅰ） | 24 | 二（Ⅱ） | 51 | 三（Ⅱ） |
| | 菏泽 | 0 | 一 | 4 | 二（Ⅰ） | 9 | 二（Ⅰ） |

续表

| 省份 | 地级市 | 2000年 | | 2005年 | | 2009年 | |
|---|---|---|---|---|---|---|---|
| | | 综合指数 | 工业化阶段 | 综合指数 | 工业化阶段 | 综合指数 | 工业化阶段 |
| 河北省 | 沧州 | | | | | 52 | 三（Ⅱ） |
| | 衡水 | — | — | — | — | 31 | 二（Ⅱ） |
| | 邢台 | | | | | 37 | 三（Ⅰ） |
| | 邯郸 | | | | | 52 | 三（Ⅱ） |
| 安徽省 | 淮北 | 24 | 二（Ⅱ） | 20 | 二（Ⅱ） | 50 | 三（Ⅱ） |
| | 亳州 | 0 | — | 1 | 二（Ⅰ） | 21 | 二（Ⅱ） |
| | 宿州 | 0 | — | 0 | — | 20 | 二（Ⅱ） |
| | 阜阳 | 0 | — | 1 | 二（Ⅰ） | 21 | 二（Ⅱ） |

注：河北省无2000年、2005年两年相关地级市人口城市化率以及三次产业比例指标数据，故无法计算相应年份的工业化综合指数；人口城市化率按照农业、非农业统计口径，前后可能有差异，但不影响趋势判断。

## 四　评价结果分析

### 1. 空间结构特征

2009年的时间界面显示，黄河下游农区工业化水平区域差距逐渐扩大，空间结构形态从2000年的平面式逐渐过渡到金字塔式，并有进一步向橄榄式过渡的趋势特征；黄河沿线东北方向比东南方向的工业化进程要高；工业化已经破冰，但道路仍然漫长。

分时间段来看：2000年河南省整体上处于工业化的起步阶段，除了商丘、信阳、周口之外，其余地级市都进入了工业化初期阶段；安徽省的4个地级市中，除了淮北处于工业化初期阶段以外，其余3个均处于前工业化阶段；山东省济南、淄博、东营3个地级市处于工业化中期阶段，尤其是东营，已经进入工业化中期的下半阶段，其余地级市处于工业化初期阶段。2000年，黄河下游农区部分地级市工业化处于中期阶段，但这些区域大多由资源型产业支撑，并不能代表黄河下游农区工业化的实际水平，因此，黄河下游农区工业化总体上呈现平面式特征。

到了 2009 年，这种平面式特征逐渐被打破，逐渐向金字塔式过渡。山东省省会济南（87）步入工业化后期的后半阶段，处于黄河下游农区工业化水平的第一梯队；东营（78）、郑州（77）、济源（71）、淄博（69）进入工业化后期的前半阶段，这是黄河下游农区工业化水平的第二梯队；焦作（62），莱芜（56），潍坊、沧州、邯郸（52），鹤壁、漯河、滨州（51），淮北（50）9 个城市步入工业化中期的后半阶段，这是黄河下游农区工业化水平的第三梯队；泰安（49），许昌（48），安阳、济宁（47），洛阳（46），德州（44），聊城（41），新乡、三门峡（39），邢台（37），平顶山（36），濮阳（35）12 个城市步入工业化中期的前半阶段，这是黄河下游农区工业化水平的第四梯队；衡水（31），开封（23），亳州、阜阳（21），南阳、宿州（20），信阳（15），驻马店（12），商丘、周口（11），菏泽（9）11 个城市处于工业化初期，这是黄河下游农区工业化水平的第五梯队。可见，黄河下游农区工业化的空间结构形成了以第一梯队为塔尖，以第二、第三、第四梯队为塔身，以第五梯队为塔底的金字塔式结构。但这个金字塔很不稳定，尤其是第三梯队和第四梯队之间以及各自内部的界限比较模糊，随着落后地区工业化水平的不断提高，空间结构有进一步向橄榄式演变的趋势。

对 2009 年的数据做进一步分析可以发现，黄河沿线东北方向比东南方向的工业化水平高，除了许昌、漯河等个别城市以外，其余城市的排名都比较靠后，排名处于倒数后 10 位的地级市都位于这一区域。可见，以黄河为界，黄河下游农区逐渐形成了两大阵营：一是黄河东北方向工业化水平较高的区域；二是黄河东南方向工业化水平较低的区域。而工业化水平较低的区域具有丰富的农业资源禀赋，以河南省为例，南阳和黄淮四市的面积、总人口、农村人口及常用耕地资源等均约占河南省的一半，如面积占

50.2%，人口占 46.9%，农村人口占 51.7%，常用耕地面积占 53.2%。① 如果这些区域没有实现工业化，那么黄河下游农区甚至整个中国就不可能实现工业化。可见，黄河下游农区工业化虽然已经破冰，但还有很长的路要走。

**2. 速度结构特征**

黄河下游农区工业化进程总体处于加速推进时期，区域工业化呈现相对收敛的趋势，区域工业化指数与年均增长速度之间发生倒置（见表3-5）。

第一，黄河下游农区工业化进程整体上处于加速推进阶段，在33个地级市中，年均增长速度呈现减速趋势的只有9个，加速的工业化进程支撑着该区域的快速发展。

第二，黄河下游农区工业化水平呈现相对收敛趋势，分区域的工业化增速与工业化综合指数成反比。要缩小地区间工业化水平的差距，首先要缩小先进地区与落后地区工业化综合指数增长速度之间的差距，虽然这一时期二者差距还在不断扩大，但是扩大的幅度在减小。落后地区工业化增长速度超过先进地区，才是二者差距真正缩小的开始。从表3-5可以看出，工业化综合指数与工业化年均增长速度已经呈现倒置特征，处于工业化水平第一、第二梯队的济南、东营、郑州、济源等地级市的工业化年均增长速度已呈现减速趋势，以黄淮四市为代表的第五梯队的工业化年均增长速度却表现出加速特征。也就是说，工业化综合指数较高的地级市工业化年均增长速度随着时间的推移反而比较慢，故黄河下游农区工业化进程呈现相对收敛的特征。

**3. 贡献支撑结构特征**

工业化进程主要体现在经济发展水平（人均GDP）的提高与工业结构（制造业增加值占比）的升级替代；工业结构在推进工业

---

① 数据均来自《河南统计年鉴（2010）》，为2009年数据。

表3-5 黄河下游农区工业化年均增长速度

| 省份 | 地级市 | 工业化年均增长速度 | | | 增长类型 |
|---|---|---|---|---|---|
| | | 2000~2009年 | 2000~2005年 | 2005~2009年 | |
| 河南省 | 郑州 | 12.0 | 13.8 | 9.7 | 减速 |
| | 开封 | 20.4 | 11.4 | 32.6 | 加速 |
| | 洛阳 | 9.4 | 6.4 | 13.1 | 加速 |
| | 平顶山 | 14.3 | 8.8 | 21.5 | 加速 |
| | 安阳 | 14.9 | 11.4 | 19.4 | 加速 |
| | 鹤壁 | 22.3 | 20.3 | 24.8 | 加速 |
| | 新乡 | 16.8 | 20.1 | 12.8 | 减速 |
| | 焦作 | 16.8 | 20.4 | 12.4 | 减速 |
| | 濮阳 | 19.7 | 16.3 | 23.9 | 加速 |
| | 许昌 | 20.2 | 15.5 | 26.4 | 加速 |
| | 漯河 | 16.2 | 14.8 | 18.0 | 加速 |
| | 三门峡 | 14.1 | 11.9 | 16.8 | 加速 |
| | 南阳 | 16.9 | 4.9 | 33.9 | 加速 |
| | 商丘 | — | — | 27.7 | 加速 |
| | 信阳 | — | — | 25.8 | 加速 |
| | 周口 | — | — | 30.6 | 加速 |
| | 驻马店 | 13.0 | 0.0 | 31.8 | 加速 |
| | 济源 | 17.3 | 20.8 | 13.1 | 减速 |
| 山东省 | 济南 | 9.4 | 9.6 | 9.2 | 减速 |
| | 淄博 | 5.8 | 5.7 | 5.8 | 加速 |
| | 东营 | 5.0 | 6.3 | 3.4 | 减速 |
| | 潍坊 | 19.2 | 19.5 | 19.0 | 减速 |
| | 济宁 | 16.8 | 13.8 | 20.7 | 加速 |
| | 泰安 | 13.0 | 8.5 | 18.9 | 加速 |
| | 莱芜 | 9.8 | 10.4 | 9.1 | 减速 |
| | 德州 | 22.2 | 21.5 | 23.0 | 加速 |
| | 聊城 | 28.5 | 25.5 | 32.5 | 加速 |
| | 滨州 | 22.3 | 23.2 | 21.2 | 减速 |
| | 菏泽 | — | — | 24.5 | 加速 |
| 安徽省 | 淮北 | 8.6 | -4.0 | 26.7 | 加速 |
| | 亳州 | — | — | 128.7 | 加速 |
| | 宿州 | — | — | — | 加速 |
| | 阜阳 | — | — | 148.3 | 加速 |

注：由于2000年、2005年个别地级市的个别指标还处于前工业化阶段，相应的工业化综合指数为0，故其年均增长率不能计算，但考虑到这些区域基数小的特征，认为加速增长也是符合经济学逻辑的。

化的过程中具有非常重要的作用,制造业增加值占比的贡献与人均 GDP 的贡献能否均衡,决定着区域工业化进程的快慢;从长期来看,以采掘业等初级原材料工业为支撑的区域更容易导致工业化进程的相对滞后以及人均 GDP 与制造业增加值占比之间贡献率的大幅度偏离。表 3-6 反映了 2000 年黄河下游农区工业化的贡献支撑结构。

表 3-6 2000 年黄河下游农区工业化的贡献支撑结构

单位:%

| 省份 | 地级市 | 人均GDP | 三次产业比例 | 制造业增加值占比 | 人口城市化率 | 三次产业就业占比 | 工业化综合指数累计增加值 | 工业化综合指数排名 |
|---|---|---|---|---|---|---|---|---|
| 河南省 | 郑州 | 46.3 | 3.8 | 27.0 | 15.9 | 7.0 | 48.9 | 4(3) |
| | 开封 | 30.6 | 13.4 | 39.1 | 10.1 | 6.8 | 18.8 | 24(24) |
| | 洛阳 | 60.8 | 1.8 | 12.9 | 11.1 | 13.5 | 25.3 | 7(17) |
| | 平顶山 | 48.7 | 16.6 | 19.3 | 9.2 | 6.1 | 25.2 | 16(22) |
| | 安阳 | 33.1 | 16.6 | 36.7 | 5.3 | 8.3 | 33.4 | 11(16) |
| | 鹤壁 | 31.4 | 14.6 | 35.7 | 8.7 | 9.9 | 42.9 | 19(9) |
| | 新乡 | 24.5 | 19.7 | 44.7 | 7.3 | 3.9 | 29.6 | 17(21) |
| | 焦作 | 35.9 | 14.4 | 37.5 | 7.2 | 5.0 | 46.5 | 10(6) |
| | 濮阳 | 29.4 | 16.5 | 50.2 | 3.9 | 0.0 | 27.8 | 22(23) |
| | 许昌 | 36.0 | 15.5 | 33.9 | 4.7 | 9.8 | 38.7 | 18(14) |
| | 漯河 | 33.3 | 14.9 | 40.7 | 4.8 | 6.3 | 38.0 | 12(10) |
| | 三门峡 | 61.3 | 13.8 | 13.9 | 11.1 | -0.1 | 27.4 | 13(20) |
| | 南阳 | 40.6 | 13.0 | 27.1 | 8.6 | 10.7 | 15.3 | 23(28) |
| | 商丘 | 16.1 | 52.1 | 14.7 | 6.3 | 10.8 | 10.6 | 27(32) |
| | 信阳 | 18.8 | 40.6 | 22.4 | 5.5 | 12.7 | 14.7 | 27(29) |
| | 周口 | 0.0 | 43.7 | 46.6 | 0.0 | 9.8 | 11.2 | 27(31) |
| | 驻马店 | 7.3 | 24.3 | 44.2 | 0.0 | 24.2 | 7.8 | 26(30) |
| | 济源 | 41.2 | 9.7 | 35.9 | 6.9 | 6.2 | 54.4 | 8(4) |

续表

| 省份 | 地级市 | 人均GDP | 三次产业比例 | 制造业增加值占比 | 人口城市化率 | 三次产业就业占比 | 工业化综合指数累计增加值 | 工业化综合指数排名 |
|---|---|---|---|---|---|---|---|---|
| 山东省 | 济南 | 38.7 | 15.4 | 26.3 | 17.8 | 1.8 | 48.6 | 3(1) |
| | 淄博 | 78.3 | 9.6 | 9.0 | 0.3 | 2.9 | 27.3 | 2(5) |
| | 东营 | 76.8 | 7.6 | 12.3 | 1.2 | 2.1 | 27.7 | 1(2) |
| | 潍坊 | 37.8 | 15.2 | 33.3 | 7.8 | 5.9 | 42.7 | 15(8) |
| | 济宁 | 41.9 | 15.7 | 37.1 | 0.2 | 5.1 | 35.5 | 14(15) |
| | 泰安 | 50.9 | 17.3 | 25.7 | 0.0 | 6.1 | 32.8 | 9(13) |
| | 莱芜 | 62.1 | 12.4 | 17.0 | 5.0 | 3.5 | 31.6 | 5(7) |
| | 德州 | 38.6 | 16.9 | 35.5 | 0.0 | 9.0 | 36.7 | 21(18) |
| | 聊城 | 36.0 | 19.5 | 35.4 | 0.0 | 9.1 | 36.4 | 25(19) |
| | 滨州 | 45.5 | 18.5 | 26.8 | 0.0 | 9.3 | 42.9 | 20(11) |
| | 菏泽 | 5.5 | 75.8 | 18.7 | 0.0 | 0.0 | 9.1 | 27(33) |
| 安徽省 | 淮北 | 27.9 | 16.5 | 29.2 | 18.6 | 7.9 | 26.4 | 6(12) |
| | 亳州 | 0.0 | 25.2 | 64.3 | 3.0 | 7.5 | 20.2 | 27(26) |
| | 宿州 | 0.0 | 24.2 | 65.9 | 3.1 | 6.8 | 20.4 | 27(27) |
| | 阜阳 | 0.0 | 25.0 | 60.6 | 2.3 | 12.1 | 20.7 | 27(25) |

注:括号中为2009年的工业化综合指数排名;由于河北省官方统计数据不足,不能计算2000年的工业化综合指数,故上述数据不包含河北省的。

第一,工业化进程主要体现在经济发展水平的提高与工业结构的升级替代。就整个黄河下游农区而言,2000~2009年对工业化进程贡献最大的是人均GDP、制造业增加值占比两项,这意味着黄河下游农区的工业化主要体现在经济发展水平的提高以及工业结构的优化升级。从总体上看,各个指标对工业化的贡献排序是经济发展水平、工业结构、产值结构、就业结构、空间结构。分地级市来看,这种趋势也比较明显,人均GDP与制造业增加值占比对工业化的贡献率合计大多接近或超过70%。特别例外的是商丘、信阳、周口、菏泽等地级市,这四个地级市三次产业比例的贡献率分别高达52.1%、40.6%、43.7%、75.8%,一个合理的解释是这四个区域是典型意义上的农区,工业化对结构变革的影响还停留在农业生产活动的相对萎缩和工业活动的相对扩张，还没有涉及更深层次的结构转换。

第二，工业结构在工业化的过程中具有非常重要的作用，制造业增加值占比的贡献与人均 GDP 的贡献能否均衡，决定着区域工业化进程的快慢。制造业增加值占比与人均 GDP 之间的均衡程度决定着工业化综合指数累计增加值及其排序。从表 3-6 可以看出，工业化综合指数累计增加值高的区域，工业化综合指数排序都有正向调整。工业化综合指数累计增加值排前十位的依次是济源（54.4）、郑州（48.9）、济南（48.6）、焦作（46.5）、鹤壁（42.9）、滨州（42.9）、潍坊（42.7）、许昌（38.7）、漯河（38.0）、德州（36.7）。排除郑州、济南是省会的特殊情况，剩余 8 个地级市工业化综合指数的排名也都有不同程度的提高，尤其是鹤壁、滨州，2000 年的工业化综合指数分别排第 19 位和第 20 位，2009 年分别是第 9 位和第 11 位。

第三，采掘业等初级原材料工业支撑的区域更容易导致工业化进程的相对滞后以及人均 GDP 与制造业增加值占比之间贡献率的大幅度偏离。三门峡、平顶山是典型的以初级原材料开采为支撑的资源型城市，其以煤炭开采为主的采选业在工业增加值中的占比分别高达 49.7% 和 39.3%。[1] 洛阳的采选业虽然只占 19.9%，但其制造业大多是资本密集型的，且洛阳是老工业基地，计划经济印迹比较明显，相对于其他城市而言，洛阳的资本密集型产业对工业化的促进脱离了市场化基础上的产业支撑。东营是胜利油田所在地，石油工业占据了其整个工业的 2/3 以上。[2] 莱芜是山东钢铁生产和深加工基地，有"钢城"之称，其钢铁产业增加值占规模以上工业增加值的比重高达 61.7%。[3] 在洛阳、三门

---

[1] 数据均根据相应地区相应年份的统计年鉴整理得到，为 2009 年数据。
[2] 东营网，http://www.dongyingnws.cn/index/system/2011/04/10/010173351.shtml。
[3] 根据《2009 年莱芜市国民经济和社会发展统计公报》提供的数据测算。

峡、平顶山、东营、莱芜五个地级市工业化的贡献支撑结构中，人均 GDP（无量纲化处理后）分别高达 60.8%、61.3%、48.7%、76.8%、62.1%，相应的制造业增加值占比分别只有 12.9%、13.9%、19.3%、12.3%、17.0%。这些城市人均 GDP 与制造业增加值占比非常不均衡，这种不均衡是造成工业化进程缓慢的重要原因。

## 第三节 黄河下游农区工业化进程演变的内在机制

### 一 黄河下游农区工业化与一般的次生工业化的异同

一般情况下，次生工业化发端于拥有交通区位优势的区域，交通区位优势意味着信息交流的优势，外部工业化的生产要素也更容易在这些区域首先被引入。同时，便利的交通条件使得商品的运输成本更低而市场半径更长，更容易产生规模经济效应，更能为经济活动提供足够的经济刺激。这种外部先进生产要素的进入与内部生产要素的不断聚集，使得这一类区域逐渐成了工业化发生的土壤。而对黄河下游农区来说，工业化起步最早、发展速度最快的区域正是没有交通区位优势的区域，长垣县、大周镇都是这一类区域的典型。黄河下游农区工业化发端于长垣等区域固然有制度约束的特殊性，但是从特殊性可以找到一般性的规律，可以看出除了制度约束之外，是什么因素促使工业化首先在这些区域发生。要回答这一问题，需要找到拥有区位劣势的区域与拥有区位优势的区域之间的共同点，它们之间的共同之处应该就是工业化发生的共性因素。

黄河下游农区以长垣为代表的区域与一般性的次生工业化区域拥有不同的交通区位条件，但是二者的共同之处是商业氛围比较浓厚，特定制度环境下人的行为更符合市场经济的要求。只不过二者形成的原因不同,东南沿海是交通区位优势下的思维比较活跃,而黄河下游农区是生存的压力迫使人们必须拥有商业化的非农就业思维模式。这一系列因素使得马克斯·韦伯阐述的勤奋、忠诚、敬业、视获取财富为上帝使命的理性精神在这一区域普遍存在,以成本收益核算为基础的横向市场化资源配置方式成为参与经济活动的基础,从而使企业家及企业家精神在这一区域普遍存在。企业家是市场资本的创造者①、技术进步的最终推动者、一般劳动力等其他生产要素的组织协调者。具体来说,就是依靠企业家对市场机会的识别能力,发现可供利用的市场机会;依靠企业家的创新精神,为发现的市场机会提供产品和服务;依靠企业家勇于承担风险的精神,支撑市场化交易和分工的顺利进行。如此循环往复。

## 二 黄河下游农区工业化的内生性与内生能力

黄河下游农区是明显带有计划经济烙印的不完全竞争经济体,工业化过程还面临较强的制度性约束,这些制度性约束正是企业家产生以及发挥作用的最大障碍。这种源于内部市场不完善的障碍与外部比较优势的欠缺结合在一起,使得黄河下游农区的经济社会转型面临重大困难。在这样的约束条件下,工业化在空间上的突破所需要的外部工业化的生产要素并不是主动融入的,而是通过本地企业家的创业与创新活动对接融入的。企业家群体率先接触到外部的工业化信息,并把这些工业化信息付诸经济活动的实践。可见,黄河下游农区的工业化与一般的次生工业化之间最大的区别是,前者最先从拥有区位劣势的区域开始,而后者从拥有区位优势的区域开始。这一次生工业化中的次生性质决定了黄

---

① 马克斯·韦伯在论述资本主义精神的时候说:"不管在什么地方,只要资本主义精神出现并表现出来,它就会创造出自己的资本和货币供给来作为达到自身目的的手段。"参见〔德〕马克斯·韦伯《新教伦理与资本主义精神》,陕西师范大学出版社,2006。

河下游农区工业化的起源条件与演变路径具有天然的"内生"性质。

黄河下游农区工业化在空间上的突破可以概述如下：在一个不断开放、竞争的市场体系中，存在甲、乙两地，它们分别面临同质的外部环境和异质的内部条件。这种源于内部条件的差异会导致两地在面临某一偶然事件时出现不同的反应。我们假设甲地的反应更能适应该偶然事件的发展规律，则与该偶然事件有关的各种要素就会在甲地不断聚集，最终会在甲地形成某一专业化的产业区，而乙地则不会形成，或者即便形成，发展的动力也不足。如果把这一现象进行扩展，就演变成了甲地能够对外部环境的变化做出适宜的反应，进而使自身工业化水平不断高于乙地，甲地的结构变迁速度也要快于乙地，这种产业在甲地形成并不断发展的能力被称为内生能力。可见，区域内异质性要素的差异，导致了两个区域对同一偶然事件反应的不同，结果使得一个区域形成某一专业化的产业区，而另一区域则没有形成，或者即便形成，发展的动力也不足。如果这样，我们就说该产业在甲地的内生能力强于在乙地的内生能力。

## 三 内生能力与发展经济学之间的关系

### 1. 内生能力的特点

第一，内生能力强调异质的内部条件与同质的外部环境的反应过程，同质的外部环境是机遇，异质的内部条件提供激励条件和选择方式，工业化在空间上的扩散程度取决于异质的内部条件对同质的外部环境反应程度的差异。

第二，重视分工纽带的本地化，以及劳动、资本与技术等生产要素的本地化培育。通过具有特定区域创造性的生产性活动，以某种偶然事件为逻辑起点，一个区域就可利用经济和非经济的互动联系加入某产业的分工体系。这种生产要素体系的本地化网络越高级，对本地生产函数质变的影响越强。

第三，更加强调市场化。政府作用可能在短期内促进工业化水平的大幅提升，但是这种促进仍然要符合自由、开放、竞争、平等的市场经济要求。政府发挥作用的方向如果与市场经济规则相悖，则动态的内生能力会不断降低。

第四，强调市场化并没有排除政府的积极作用，相反，政府在对偶然事件的反应上可以大有作为，具体表现在可以挖掘历史的偶然事件，或者为偶然事件在本地发生创造条件和机会。

**2. 内生能力与自生能力的联系和区别**

值得注意的是，本研究提出的内生能力很容易与自生能力相混淆，其实两个概念并不冲突，而是互为有益的。林毅夫（2004）对自生能力的定义是："如果一个企业通过正常的经营管理预期能够在自由、开放和竞争的市场中赚取社会可接受的正常利润，那么这个企业就是有自生能力的。否则，这个企业就是没有自生能力的。"按照主流微观经济理论的思路，企业要想赢利，就需要以最少的投入创造最多的产出，而为了达到某一个既定的产出水平，就需要寻找最低成本的要素组合，这样，企业就必须按照市场给定的投入品价格选定成本最小的投入要素组合，或者说是选择特定的生产技术。企业是否具有自生能力，将取决于企业的技术选择。假设经济中只存在两种投入——资本和劳动，为了获得自生能力，劳动价格相对低廉、资本价格相对高昂的经济中的企业应当选择劳动相对密集的生产技术，而劳动价格相对高昂、资本价格相对低廉的经济中的企业就应当选择资本相对密集的生产技术。进一步讲，劳动和资本的相对价格与该经济的要素禀赋结构有关。在不存在政策扭曲的情况下，那些劳动相对丰裕、资本相对稀缺的经济必然拥有较低的劳动价格和较高的资本价格；那些劳动相对稀缺、资本相对丰裕的经济则必然拥有较高的劳动价格和较低的资本价格。这样看来，企业是否具有自生能力，就取决于企业是否选择了与整个经济的要素禀赋结构相适合的生产技术。那些选择偏离经济资源禀赋特征的企业往往不会具备自生能力。① 可见，自生能力的概念属于经济系统的微观范畴，它与企业的经营绩效有关，这种经营绩效的差异与技术选择路径有关，而与企业管理能力无关。这与主流经济学一样，把企业的日常经营近似地视为一个"黑箱"，一方面是原材料的进入，另一方面是产品的产出，这里仅涉及资源的配置效率问题，而不涉及市场机制问题。

但一个不容忽视的问题是，自生能力以及基于此的比较优势发展战略并不能有效地解释黄河下游农区尤其是长垣这些区域的工业化事实。很显然，这些区域的企业大多具有自生能力，那么与自生能力有关的比较优势是什么呢？是资本、技术、劳动力，还是政府政策优势？答案为都不是，这些区域并不具备通常所熟知的生产要素上的比较优势，其比较优势属于看不见但能感受得到的虚拟的竞争能力，内生能力与这个问题紧密相关。内生能力的概念属于宏观经济的范畴，重视分工，重视劳动、资本、技术等生产要素的本地化培育，强调市场化的资源配置方式。② 内生能力与市场化条件紧密联系，市场化程度越高，越能最先产生工业化的理念和苗头。因此，内生能力可以很好地解释以长垣为代表的黄河下游农区工业化的运行机制。

可见，内生能力和自生能力两个概念是互为补充的，只是研究的视角不同，具体有以下几个不同点：第一，自生能力属于微观范畴，而内生能力属于中观或宏观范畴；第二，自生能力偏重于资源配置效率，忽视资源配置的具体方式，而内生能力偏重资源配置的具体方式，即市场化程度；第三，自生能力侧重于静态的比较优势，而内生能力强调动态的竞争优势。

---

① 吉林大学牡丹园网站，http://bbs.jlu.edu.cn/cgi-bin/bbstcon?board=EC&root=1083121775。
② 资源配置方式有市场和计划两种，只偏重资源配置效率很有可能得出计划比市场更优越的结论，因为在满足偏好一致等前提假设下，计划比市场在理论上更能促进资源配置效率的提高。

**3. 发展经济学对内生能力问题的忽视**

目前的文献对工业化问题的研究非常多，但是专门从内生能力及与内生能力有关的市场化条件方面进行研究的还比较少见，原因在于我国发展经济学界采用的是主流经济学的分析范式，而主流经济学的分析方法是建立在对成熟市场经济体发展历程一般规律的总结之上的，这样的分析忽略了市场机制的重要作用，没有考虑到欠发达区域经济社会环境对工业化的适应能力。这里需要注意的是，忽视市场机制并不影响人们对以欧美为代表的成熟市场经济体的经济现实的解释，因为这些区域市场化条件已经很成熟，但若将这种理论移植到处于经济转型过程的欠发达区域时，就会出现问题（宋丙涛，2007），尤其是将一些既定的结论与方法简单地套用于转型经济体，这些经济体会面临很多不适应。其中，最明显的是对与市场化有关的内生能力与企业家问题的忽略，因为内生能力以及企业家发挥作用的土壤是与市场经济相对应的，是经济制度环境下的产物。对成熟市场经济来说，企业家产生与发挥作用的土壤已定，无须关注企业家产生与生存的环境，只需要关注资源的配置效率问题。忽视内生能力与企业家的作用无疑削弱了对黄河下游农区工业化的解释力，忽视了经济制度建设对工业化进程的重要作用。

## 四　内部条件对外部环境的反应机理分析

一般情况下，工业化需要产业尤其是制造业来支撑，工业化在空间上的扩散与产业在空间上的形成和发展是一个问题的两个方面，黄河下游农区异质的内部条件与同质的外部环境的作用过程首先体现在产业的形成和发展上。马歇尔在《经济学原理》中讨论"工业组织将专门工业集中于特定的地方"的问题时，对"地方性工业的起源"做了最初的探讨，他认为自然条件、"宫廷的庇护"以及社会制度三个因素导致了工业在区域上的分布产生差异。世界经济发展的历史以及中国30多年改革开放的实践都证明，这三个因素在"地方性工业"产生和发展的过程中发挥着极其重要的作用。本部分的分析思路是：说明外部环境对黄河下游农区工业化的重要意义，正是外部环境提供了良好的发展机遇，才使得黄河下游农区有实现工业化的可能。在外部环境一定的情况下，异质的内部条件主要包括交通区位、自然资源、制度环境与社会价值观四个方面，本部分将分别从这四个方面分析异质的内部条件对同质的外部环境的反应机理，进而说明内生能力的差异导致了不同区域对历史的偶然事件向现实的必然事件转化的能力的不同。

**1. 外部环境对黄河下游农区工业化的重要作用**

对欠发达区域尤其是黄河下游农区来说，工业化属于外生机制，内部缺乏必要的激励，需要引入新的生产要素来改变原有经济体系的低水平均衡状态。因此，欠发达区域对外部环境的利用程度和适应程度决定了其工业化的速度和最终效果，外部环境对黄河下游农区制造业的形成与工业化在空间上的扩散提供了可能。

纵观世界经济发展史，只有像英国那样的原发工业化地区，外部环境对制造业形成和发展的影响才比较弱，原发工业化地区主要是依靠内部各种要素的自身累积实现了自身的工业化。发达国家早期的工业化产品通过国际贸易的形式销往世界各地，但随着世界经济一体化进程的推进，国际贸易逐渐被国际直接投资替代，也就是今天所说的产业转移。积极利用这种有利的国际环境，并积极承接产业转移，是欠发达经济体摆脱落后、实现经济持续增长的外部机遇。日本、亚洲"四小龙"等成功转型无不是积极承接国际产业转移的结果，中国珠三角创造的"世界工厂"模式也是典型。

进一步分析，随着经济体制改革的深入，出于沿海产业升级的客观需要，沿海制造业也面临向内陆转移的趋势。中国沿海需要转移的制造业大多属于劳动密集型制造业，也属于"落脚自由"型制造业，其不会因为对特定要素的投入而集中于某一个区域，这些制造业在理论上可以在任何一个区域落地，这就为欠发达区域的经济发展提供了难得的机遇。因此，外部工业化环境是可以利用的，这是黄河下游农区甚至所有欠发达区域面临的共同外部环境。在和平与发展成为时代主题的大背景下，日本、亚洲"四小龙"经济转型的成功提供了利用产业转移实现经济发展的模板。改革开放以来，这种发展模式被移植到东南沿海，由于同样的原因，中西部欠发达区域也同样面临利用产业转移实现自身经济发展的重大历史机遇。

**2. 交通区位与内生能力**

（1）一般性分析

在机器大工业出现之前，农业、手工业和商业是并列的三大产业，手工业较农业、商业较手工业能带来更大的利益。但由于自然条件和社会结构的硬性约束，各个区域产品之间存在劳动生产率的差异，且每个区域也不可能从事各类产品的生产。因此，即使在自给自足的自然经济之内，也存在互通有无的商业，把不同区域内的手工业产品运输到需要的地方。产业的发展一方面受制于技术，另一方面受制于市场规模，而市场规模的大小又决定了技术的利益激励是否满足市场化赢利的适度要求。在农业社会中，技术进步非常缓慢，市场规模对手工业的发展就显得至关重要，能够有利于扩大市场规模的区域就最有可能形成某种原始产业的落脚点和聚集地。因此，在传统农业社会技术不变的情况下，贸易市场的范围就成为农业和手工业发展强有力的约束条件，客观上需要一个便捷的交通区位，以支撑市场半径的逐步扩大。在漫长的人类发展历史中，水路明显地较陆路运输风险小[1]、成本低、市场半径大，生产要素在利益的刺激下不断地向拥有发达水路运输网络的区域聚集。在进入机器大工业时代之后，随着铁路

---

[1] 水路刚开始的时候有很大风险，但也能带来超乎想象的利润，相对于未来的利润而言，风险还是比较低的，新航路的开辟印证的就是这个道理。

等交通工具的普及和完善，一些跨区域的铁路、水路、公路等干线交通枢纽地区更易成为区域内新的生产要素聚集地。假设有两个区域，初始条件同质，但拥有不同的交通区位条件，那么在竞争的过程中，交易成本会引导资源逐渐向具备便利交通区位的区域聚集，一些制造业开始在此区域产生并不断发展。

对欠发达区域来说，传统农业社会的要素配置已经近似实现了最优化，为了改变这种低水平的均衡状态，只能引入新的生产要素（舒尔茨，1987）。而新生产要素的引入需要新的观念来驾驭，新的观念无疑需要通过与外界的交流来获取，交流则需要借助铁路、公路、水路等各种运输途径。因此，在交通枢纽形成了一种巨大而无形的"场"，通过新观念引入新要素，从而为打破旧有的生产生活方式提供可能性。

（2）黄河下游农区的特殊性分析

值得注意的是，拥有良好的交通区位优势对制造业形成和发展的正向刺激作用一般在具有国家性质的区域之间才最有解释力。交通区位对黄河下游农区制造业的形成和发展影响并不显著，这一方面是因为黄河下游农区范围相对狭小，区域之间交通区位条件的差异并没有像国家之间那样大；另一方面是因为后天形成的区域内交通区位的改善程度依赖于区域外部交通设施的完善程度，并不完全由本区域决定。因此，在相对狭小的区域内，交通条件的些许改善对贸易成本的降低远远小于在这一区域内部进行市场搜寻带来的较高交易成本。空间范围越小，交通区位优势对制造业形成和发展的解释力越弱。

黄河下游农区工业化在空间上的突破也印证了这一判断，黄河下游农区制造业在空间上的产生并没有遵循交通区位优势原则，而是在拥有区位劣势的区域产生的。在一定前提下，交通区位劣势程度与制造业形成和发展状况呈正相关，长垣县、大周镇等区域工业化的发展历程就印证了正是恶劣的交通区位，才成就了这些区域的工业化成就。在一定程度上，这些区域的工业化是特定制度环境中的产物，计划经济时代的城乡分割以及要素的不可流动性等因素造成了体制外的生产活动只能最先在远离体制约束的区域产生并不断聚集，这使得黄河下游农区工业化发端于交通区位相对恶劣的区域。但是除了制度约束之外，仍然可以寻找到工业化形成和发展的某种客观规律。黄河下游农区农业生产条件较好，小农思想意识根深蒂固，但是在这种相对封闭的区域内部，仍然存在某些小区域，这些小区域农业生产条件较差，处于传统政治经济体制的边缘地带。与农耕文明有关的不利因素导致这些小区域在原有经济体系内部缺乏生存能力，长期的生存压力导致其必须在原有经济体系以外寻找生活来源，而这必须具有一定的冒险与创新精神，久而久之，这些小区域就逐渐摆脱农耕条件不足对生存的困扰，把自己的生产领域逐渐从农业向非农产业转移。很显然，在由计划向市场转型的过程中，这些小区域普遍存在的创业与创新精神以及承担风险的勇气最能符合以成本收益核算为基础的市场经济的发展，外部工业化的生产方式最先在这些小区域落地并很快发展起来。

**3. 自然资源与内生能力**

在工业化过程中，产业结构演变的先后顺序为以农业为主导、以轻纺工业为主导、以重化工业（重心是原料工业和燃料动力工业等基础工业）为主导、以低度加工型的工业为主导、以高度加工组装型工业为主导等几个阶段。产业革命的完成使生产效率大大提高，作为机器大工业重要原料和动力源泉的铁矿石、煤、石油等自然资源，成为经济发展进程的重要约束力量，经济发展主要取决于自然资源的占有和配置。"由于能源的使用不受人类自身体力的限制，所以人类才能摆脱生存状态而使经济进入一个实质性的腾飞阶段"（宋丙涛，2007）。自然资源丰裕度较高的区域最有可能率先采用工业化的生产方式，这一方面是由于机器大工业对不可再生能源产品存在巨额需求；另一方面是由于以原料工业和燃料动力工业等基础工业为重心的重化工业明显地具有自然资源禀赋导向型的区位特征，靠近原料产地能够最大限度地降低运输成本、提高赢利空间。

但是由于自然资源开采面临资源枯竭与生态破坏等负外部性因素的困扰，自然资源依赖型区域工业化的数量顺序与质量顺序是倒置的。不管资源型采矿业和资源型制造业在GDP中占有多大的份额，对农村剩余劳动力的吸纳能力和相关产业的带动作用有多强，一个不容忽视的问题是，这些资源型产业从三条途径影响对结构变迁具有重要作用的"落脚自由"型制造业的发展：一是挤出效应，资源型产业能为地方政府带来可观的税收，在"有形的手"的非理性因素的干预下，政府会把有限的资源投到能给政府带来巨大利益的产业，其他中小制造业则会被边缘化。二是引导效应，这些资源型产业相对于"落脚自由"型制造业来说，只要拥有足够的资金就可以进入，并不需要大规模开拓市场、技术研发及培训工人等相关投入，这些特征会吸引更多的资金和社会力量参与。三是破坏效应，在我国特殊的体制背景下，资源型产业天然地与政府有着千丝万缕的联系，资源型产业与政府行为往往合而为一，这种缺少监督、缺少对市场机会敏感性把握、缺少有效惩罚机制的经济行为，对市场机制显然起到了破坏作用。因此，在中国特定的制度背景下，资源型采矿业与资源型制造业短期内会对工业化进程产生极强的带动作用，但由于对吸纳劳动力等结构性指标的带动效应较弱，自然资源依赖型产业结构如果在长期得不到改善，将会阻碍所在区域的工业化进程，也会对其他类型的制造业尤其是劳动密集型制造业产生挤出效应。

在相对封闭的黄河下游农区内部，交通区位的不同导致了各个区域之间面临的生存压力不同，进而导致了区域之间内生能力的不同。同样的道理，自然资源丰裕度较高的区域的内生能力仍然不高，原因在于：第一，生存压力较小，资源是机器大工业的"粮食"，资源本身就意味着巨大利益；第二，这些区域虽然更容易采用工业化的生产方式，但资源枯竭与生态破坏等负外部性因素会产生挤出、引导与破坏三大效应，从长期来看，自然资源对区域内生能力的动态影响是消极的。

**4. 制度环境与内生能力**

（1）宏观的制度环境与内生能力

马歇尔把"宫廷的庇护"作为"地方性工业"起源的原因之一，宫廷阶层为了自己的生活需要，客观地在城市周边形成了若干产业。这些产业大多是从遥远的区域传导过来的，通过示范带动效应，城市周边逐渐形成了这些产业原始的空间聚集状态。

从最一般的意义上说，制造业的产生与最能适合其成长的土壤之间有紧密联系，具有"商业上的便利"的社会制度无疑是最有利于以创业与创新为基础的制造业的产生和生存的。那么，是什么因素决定了"商业上的便利"的社会制度的产生？马歇尔在考察"地方性工业"的产生时，认为自然地理环境影响民族性格，民族性格派生出社会与政治制度，正是这种社会与政治制度的差异，造成了国家（区域）之间有利于"商业上的便利"的社会制度的差异。"如果民族的性格和它们的社会政治制度有利于精美而技术高的工业发展，那么在旧大陆上也许没有一个地方不是在很久之前就有许多繁荣的工业了。"可见，马歇尔认为一国的社会制度环境是在长期的自然条件约束下历史传承的结果，它影响甚至决定着"商业上的便利"的程度。以自然地理环境为基础的社会制度环境的综合差异解释了制造业生成的地域差异，是区域内各种因素在历史长河中累积的最终结果的表现形式。这种最终表现形式从资源配置方式的角度来说，就是计划和市场两种不同的资源配置形式：计划以纵向的行政命令为基础，市场以横向的成本收益核算为基础。与资源配置方式相对应，存在政府和市场两种不同的分工基础。有利于"商业上的便利"的"资本主义精神"发挥作用的分工基础很显然是市场化的，横向的成本收益核算才是制造业形成的基础和保证，而纵向的由政府推动的专业化分工策略破坏了企业从市场交易中获利的动力机制（周文、李晓红，2009），因此，只有市场化的资源配置方式才能使内部条件对外部环境做出最充分的反应。中国整体上面临着由计划向市场、由传统向现代、由农业向工业的三大剧烈转型，30多年的转型过程证明了市场化释放的制度能量对制造业发展起到了重要作用，二元体制的破冰孕育出了一批以成本收益核算为基础的微观经济主体（耿明斋，2005）。以吸纳劳动力为例，私营企业和个体就业人数在1990年只有2275万人，而到2010年底已高达1.64亿人。①

（2）微观的制度环境与内生能力

在基本经济制度既定的情况下，政府政策的方向和执行程度决定着经济活动的报酬结构，而报酬结构引导区域人力资本在生产性部门和非生产性部门进行差异化配置。微观上制度规则变革的方向应该使得人的行为逐渐向有利于生产性活动的领域倾斜，使得创业与创新行为得到源源不断的制度支撑，最终使得区域内生能力在动态中得到提升。

这涉及政府在经济发展过程中的作用，亚当·斯密对政府在市场中的职能进行了三项经典界定：第一，保护社会，使社会不受其他独立社会的侵犯，即政府负有维护地区安全之责。第二，尽可能地保护社会上的每一个人，使其不受社会上任何他人的侵害或压迫。这项职责可以具体解释为维持良好的社会秩序，设立公正的司法机关仲裁商务纠纷，制定制度、规则以利于自愿交易。第三，建设并维护某些公共事业及公共设施，如道路、桥梁、运河、港口等。斯密认为，超出上述范围的政府活动往往是有害的，一是会使资源配置状况恶化，二是会滋生官员腐败。斯密尤其反对政府对企业实施过多管制，"管制的结果，国家的劳动由较有利的用途改到较不利的用途。其年产物的交换价值，不但没有顺应

---

① 数据均来自《中国统计年鉴（2011）》。

立法者的意志增加起来,而且一定会减少下去"。① 值得注意的是,斯密与马歇尔时期政府职能还处于单纯的"守夜人"角色,"宫廷的庇护"在产业的形成上也仅仅限于提供自上而下的需求以及必需的公共产品,是典型的商品经济下"看不见的手"发挥作用的产物,对政府在经济发展过程中的功能与角色定位并没有涉及。事实上,在经济问题日益复杂的今天,政府在经济发展过程中发挥重要作用已经成为共识,波特在《竞争论》中说:"在经济上,政府不可避免地要扮演多重角色。政府最大的角色,是保持宏观经济稳定。政府的第二个角色是改善经济体中微观经济的一般能力。政府的第三个角色是建立整体的微观经济规则与监督竞争的诱因,而且此种竞争有助于生产力的提升。……政府最后的角色是发展与执行一个积极有区隔且长期的经济活动方案,或改变流程,使政府、企业、机构和人民既能提升一般的商业环境品质,又能形成本地的各种产业集群。"

但问题的关键不是政府作用是否需要,而是政府与市场各自发挥作用的边界并没有统一的划分标准,政府在发挥"援助之手"的同时,极有可能伴随着"攫取之手"。在欠发达区域,政府在经济结构的变化中发挥着重要作用,经济转型与政府有着密不可分的关系。一方面,政府在经济发展过程中有可能无所作为,甚至还会阻碍社会进步,如"土地占有制不利于农业进步;推动创办企业、就业、贸易和信用的机构聊胜于无……有些国家公共管理的效率和廉政标准十分低下。所有这一切共同组成了'软弱国家'。这些制度性衰弱的根源是人民参与程度低以及刚性的、不平等的社会分层"(缪尔达尔,2001)。另一方面,政府在经济活动中发挥着重要作用,如对东北亚经济奇迹解释的"国家推动发展论"就认为,"正是政府通过制定经济发展计划、实行金融管制、保护国内企业等,才使得东北亚经济起飞,并走向繁荣"(孙燕

---

① 〔英〕亚当·斯密:《国民财富的性质和原因的研究》(下卷),商务印书馆,1983。

铭，2010）。中国经济发展的现实更与政府作用密不可分，不仅体现在宏观的经济增长上，而且体现在中观和微观层面上。"我国区域产业集群的形成和发展也离不开政府的积极干预和扶持，地方政府应在科学规划、完善环境、创新网络、创新体制、加强协调等方面"（陈志平，2009）有所贡献。

对黄河下游农区来说，市场失灵与政府失灵都是现实存在的，最大限度地把政府的负外部性降到最低，同时又克服市场本身的缺陷，是非常困难的。由于目前的市场经济基础还不牢固，政府行政管制过多，监督机制不健全，这些因素的存在不仅使得政府政策在长期内无效，而且使得短期内产生人为的设租、寻租行为。过多的政府干预会造成市场情报的传送被阻挠，甚至停止，使市场无法正常运作而产生某种程度的扭曲。这些不同形式的制度不健全严重影响了区域内市场环境的构建（孙早、刘庆岩，2006），博弈规则的不确定性引导企业家精神在生产性部门和非生产性部门之间进行差异化配置（Baumol，1990），这种差异化配置企业家精神的结果是诱导企业家以及潜在企业家的最优化选择行为从生产性领域转向非生产性领域。这些消极因素的传导效应使得马克斯·韦伯阐述的勤奋、忠诚、敬业、视获取财富为上帝使命的理性不断受到非理性因素的影响。可见，政府政策应该更加符合市场规律，这就需要进一步加快经济体制改革的步伐，设法改善制度。政府是制度环境的供给者，"深化市场经济体制改革要求进一步加快政府职能转变的步伐，期望政府该管的管该放的放，特别是在加强政府的社会管理和公共服务职能、打破行业垄断和地方保护等方面发挥重要作用，逐步实现建立'服务型政府'的目标"（李兰等，2008）。

可见，社会制度环境与区域的内生能力密切相关：一方面，宏观上制度环境的好坏取决于资源配置方式属于计划还是市场，是否允许创业行为与创新行为存在；另一方面，微观上制度规则变革的方向应该使得人的行为逐渐向有利于生产性活动的领域倾斜，创业与创新行为得到源源不断的制度支撑，进而使区域内生能力在动态中得到提升。

**5. 社会价值观与内生能力**

社会价值观属于非正式制度的范畴，社会价值观是一种评判标准，是对客观存在的经济社会状况的反映，是按照评价人对既有社会关系的理解和在社会体系中所处位置做出的符合其自身"所想所感"的价值判断。社会价值观能够对经济行为人的行为产生一种无形的"激励－约束"力量。

由于事物具有多面性，不同的人对同一问题有不同的价值判断，这种不同价值判断的叠加就是平常所说的主流社会价值观。一个人的行为与主流价值观的契合度越高，就越能得到社会的承认，从而在精神上产生一种无形的正向激励。但是当主流价值观不适应社会发展的方向时，它就会压制新经济活动的出现。那么，什么样的社会价值观才能对制造业的形成和发展最有利？马克斯·韦伯在考察宗教派别与社会分层的关系时强调，勤奋、忠诚、敬业、视获取财富为上帝使命的"资本主义精神"更容易适应以成本收益核算为基础的创新与创业活动，并把这种资本主义的获利活动限制在理性地依赖和平获利机会的行为之内。马克斯·韦伯的论述表明了只有能够适应理性成本收益核算行为的价值观，才能更好地为制造业的形成和发展提供生存空间。中国整体由计划经济向市场经济的过渡使得经济基础和社会特征发生了结构性转变，经济主体的行为越来越符合成本收益核算规则，发展路径与发展机会逐渐多元化，相应的评价机制与价值观也从单一向多元过渡，个人创业与创新活动也更容易被社会认同。

可见，社会价值观对制造业的形成和发展的影响主要通过社会性的是非评价标准直接影响人的行为方向。

**6. 内生能力使得历史的偶然事件转化为现实的必然事件**

工业化的空间差异首先应该从产业尤其是制造业的空间差异说起，而目前学术界对产业空间形成原因的普遍认识正如克鲁格曼所说的历史的偶然事件的影响，即一个产业在一个区域形成而没有在另一个区域形成的原因在于历史的偶然。但需要注意的一个现象是，几乎每一个区域都有历史的或现实的偶然事件，为什么有的区域演化成了专业化的产业区，而大多数区域没有？Krugman 和 Venables（1995）通过一个纵向连接模型认为，上、下游厂商之间的投入－产出关系使得纵向连接的厂商有可能在地理上聚集。而金祥荣和朱希伟（2002）运用生物学上的种群竞争模型，认为在初始条件既定的情况下，这种聚集的过程通过某一产业特定性要素在区域内逐渐聚集，最终在该区域内形成专业化的产业区。这些解释其实是在说明规模经济不断聚集的原因，但为什么会在此区域而不是在彼区域产生规模经济，并没有给出一个满意的答案。

本研究认为，正是内生能力的不同，才导致了各个区域对偶然事件的反应不同，自然资源丰裕度较高的区域有可能率先走上工业化道路，但这类区域生存压力较小，且资源型产业存在资源枯竭与环境破坏等负外部性因素的影响，会对其他制造业产生挤出、引导与破坏三大效应，长期内会使得区域的发展产生路径依赖，区域的内生能力反而比较低，对外部工业化的反应能力并不高。社会制度环境与区域的内生能力密切相关，一方面，宏观上的制度环境优劣取决于资源配置方式属于计划还是市场，是否允许创业与创新行为的存在；另一方面，微观上的制度规则变革的方向应该使得人的行为逐渐向有利于生产性活动的领域倾斜，使得创业与创新行为得到源源不断的制度支撑，从而使区域内生能力在动态中得到提升。社会价值观则通过是非评价标准直接影响人的行为的配置方向和领域。

所以，追求生存或者已经转化为追求财富动力的机制得到正式制度的允许，以及非正式制度的精神激励，使某区域的人能够充分对历史的或现实的偶然事件做出反应，从而使偶然事件向必然事件转化的能力增强，这种偶然事件向必然事件转化能力的加总，就形成了工业化在空间上的分异。

## 参考文献

[1] 〔德〕鲁道夫·吕贝尔特：《工业化史》，上海译文出版社，1983。
[2] 许涤新：《政治经济学辞典》（上），人民出版社，1980。
[3] 雍红月、李松林：《谈工业化概念及工业化阶段的划分标准》，《内蒙古统计》2002 年第 2 期。
[4] 刘伟：《经济发展与结构转换》，北京大学出版社，1992。
[5] 张培刚：《农业与工业化（上卷）——农业国工业化问题初探》，华中科技大学出版社，2002。
[6] 耿明斋：《平原农区工业化道路研究》，《南开经济研究》1996 年第 4 期。
[7] 耿明斋、李燕燕：《中国农区工业化路径研究：以欠发达平原农区为例》，社会科学文献出版社，2009。
[8] 陈佳贵、黄群慧、钟宏武：《中国地区工业化进程的综合评价和特征分析》，《经济研究》2006 年第 6 期。
[9] 〔英〕约翰·伊特韦尔、默里·米尔盖特、彼得·纽曼：《新帕尔格雷夫经济学大辞典》，经济科学出版社，1996。
[10] 〔美〕西蒙·库兹涅茨：《各国的经济增长》，商务印书馆，1999。
[11] 〔美〕H. 钱纳里等：《工业化和经济增长的比较研究》，上海三联书店、上海人民出版社，1989。
[12] 〔英〕麦迪森：《世界经济二百年回顾》，改革出版社，1997。
[13] 林毅夫：《后发优势与后发劣势——与杨小凯教授商榷》，《经济学（季刊）》2003 年第 3 期。
[14] 任保平、洪银兴：《发展经济学的工业化理论述评》，《学术月刊》2004 年第 4 期。
[15] 周叔莲、郭克莎：《中国工业增长与结构变动研究》，经济管理出版社，2000。
[16] 袁天凤、刘晓鹰、杨军：《中国西部工业化进程与继续工业化途径——基于四川的实证分析》，《经济体制改革》2010 年第 4 期。
[17] 〔美〕H. 钱纳里、M. 塞尔奎因：《发展的型式（1950~1970）》，经济科学出版社，1988。
[18] 联合国工业发展组织：《世界各国工业化概况和趋向》，中国对外翻译出版公司，1980。
[19] 杨海军、肖灵机、邹泽清：《工业化阶段的判断标准：霍夫曼系数法的缺陷及其修正——以江西、江苏为例的分析》，《财经论丛》

2008年第2期。

[20] 朱应皋、王遐见：《中国经济发达地区工业化水平探析——江苏工业化发展水平的个案研究》，《当代经济研究》2002年第3期。

[21] 郭克莎：《中国工业化的进程、问题与出路》，《中国社会科学》2000年第3期。

[22] 韩兆洲：《工业化进程统计测度及实证分析》，《统计研究》2002年第10期。

[23] 罗文：《湖南工业结构及其工业化水平研究》，《经济地理》2001年第2期。

[24] 王延中：《环渤海地区工业化水平研究》，《天津社会科学》2007年第5期。

[25] 王卫东：《区域工业化发展阶段的实证分析——以宁波市为例》，《特区经济》2007年第3期。

[26] 刘东勋：《河南工业化水平评价及应采取的工业化战略》，《企业活力》2004年第7期。

[27] 〔美〕约翰·科迪等：《发展中国家的工业发展政策》，经济科学出版社，1990。

[28] 魏后凯、陈耀：《中国西部工业化与软环境建设》，中国财政经济出版社，2003。

[29] 〔德〕马克斯·韦伯：《新教伦理与资本主义精神》，陕西师范大学出版社，2006。

[30] 林毅夫：《自生能力、经济发展与转型：理论与实证》，北京大学出版社，2004。

[31] 〔英〕阿弗里德·马歇尔：《经济学原理》，华夏出版社，2005。

[32] 周文、李晓红：《中国经济转型中的企业成长——基于分工与信任的视角》，《管理世界》2009年第12期。

[33] 〔英〕亚当·斯密：《国民财富的性质和原因的研究》（下卷），商务印书馆，1983。

[34] 耿明斋：《欠发达平原农业区工业化道路——长垣县工业化发展模式考察》，《南阳师范学院学报（社会科学版）》2005年第1期。

[35] 〔瑞典〕冈纳·缪尔达尔：《亚洲的戏剧——南亚国家贫困问题研究》，首都经济贸易大学出版社，2001。

[36] 孙燕铭：《政府干预在东北亚经济发展中的作用——基于韩国政府与企业关系的思考》，《国际经济合作》2010年第6期。

[37] 陈志平：《地方政府在促进产业集群发展中的作用》，《求索》2009年第9期。

[38] 孙早、刘庆岩：《市场环境、企业家能力与企业绩效》，《经济学

家》2006年第4期。
[39] Baumol W., "Entrepreneurship: Productive, Unproductive and Destructive," *Journal of Political Economy* 5 (1990).
[40] 李兰等:《市场化改革与中国企业家成长——2008·中国企业家队伍成长与发展15年调查综合报告》(下),《管理世界》2008年第12期。
[41] 金祥荣、朱希伟:《专业化产业区的起源与演化——一个历史与理论视角的考察》,《经济研究》2002年第8期。
[42] 辜胜阻:《非农化与城镇化研究》,浙江人民出版社,1991。

# 第四章　黄河下游农区工业化过程中劳动力转移与社会结构变迁

## 第一节　农村劳动力转移与社会转型问题研究综述

一般来说，后发传统农业地区由工业化所引发的社会现代化转型，总是从农村劳动力由农业向非农产业、由农区向工业化地区的转移开始的。所以，劳动力转移是研究黄河下游农区工业化与社会转型的重要切入点。

### 一　劳动力转移与城乡二元结构转换

根据经典人口流动理论，劳动力从农村、农业向城市、工业的流动有利于促进城乡二元结构的转换，但观察我国改革开放以来的实践，农村劳动力转移经历了长期的过程，但这一过程并没有实现城乡二元结构消除的目标，城乡收入差距并没有随改革开放的深入而缩小，反而呈现扩大的趋势（郭兴方，2004），这反映了我国农村劳动力转移的速度及规模都较低，达不到促进我国城乡二元结构调整的要求（李恒，2006）。林毅夫认为，大规模转移农村劳动力需要整个国民经济结构的大调整，同时它又可促进这种大调整的推行，对我国而言，需要对产业结构和就业结构进行大调整，从而提供足够的非农就业机会（林毅夫，2003）。但提高农民收入的主要渠道仍然是农村剩余劳动力外出务工，这几乎已经成为学术界一致的认识。农村剩余劳动力外出务工不但提供了提高农民收入的渠道，而且是促进农民增收的有效方式，同时又是带动其他收入增长的主要力量（李恒，2006）。阎占定（2005）则在全面建设小康社会的背景下论证了增加农民收入的重要性。但为什么促进农民收入快速增长的农村剩余劳动力转移并没有最终促进城乡二元结构转换，仍然存在多种解释。

一种解释认为，这与农民收入分化有关。如胡苏云、王振（2004）通过调查指出，农民外出务工与农民家庭收入之间的关系在不同地区有不同的表现：经济发达地区农户外出务工和非农业经营相得益彰，可促进农户收入的提高；经济落后地区农村劳动力外出务工只是对农户非农业经营欠缺的一种替代，在提高农户家庭收入方面的优势不明显。

另一种解释则认为这是城乡劳动力市场分割造成的。蔡昉等（2003）认为我国劳动力转移与城乡差距扩大的同时存在反映了我国工业发展排斥就业的倾向，城市劳动力市场对农民就业歧视以及农业和农村发展不足是主要的因素。李湘萍等（2006）则认为是户籍分割导致的人力资本投资差异最终减缓了农民工的收入增长。

更多的学者则认为这源于农村工业化成效不突出。我国工业化在快速推进的同时，吸收就业的能力明显不足（简泽，2007）。对传统农区的结构转换研究而言，多数学者强调应该发展适应自身的工业化模式，如程怀儒（2006）提出应该在传统农区发展"近农"型农村工业，以促进劳动力转移和农村工业化的相互带动；刘东勋（2007）认为应该构建传统农区开放型的市场导向的工业化模式，通过劳动力向外部的转移来促进市场意识的导入和工业化发展所需资源的聚集；喻新安（2007）则基于新型工业化的理念，讨论了传统农区走新型工业化道路的必然性与具体思路，为突破传统低生产率的加工业发展模式提供了有益思路。

从某种意义上说，经典人口流动理论在我国的应用仍然存在一定的不一致性，从而导致应用这些理论难以从根本上解释我国劳动力转移与二元结构转换之间的关系（许经勇，2007）。2004年的"民工荒"就是对这一问题的集中体现，在刘易斯工资不变假定下，传统农业会给工业化提供"无限供给"的劳动力，然而在存在农村剩余劳动力的情况下，出现的民工短缺暴露了我国转型经济的特殊性，劳动力转移并非不能推进工业化和二元结构的转换，而是需要优化产业结构，提升产业在区域间转移的速度和规模，在工业化优先、兼顾农民利益的原则下统筹工业化进程（黄泰岩，2005）。这需要建立适应传统农区工业化的新型理论，耿明斋（2007）对此进行了系统研究，指出传统农区的工业化应该起始于农业、依托于农业，并最终服务于农业，而伴随这一进程的正是农村劳动力的跨部门转移。

## 二 劳动力转移与农村社会分层

所有社会都存在一定的社会分层体系，社会分层是根据获得社会需求物品的方式来决定人们在社会中位置的一种持久模式，不同层级对社会资源的占有状况不同，这涉及了社会的平等、公平和公正问题。在现代社会中，大量农村剩余劳动力从农业转移出来，进入城市、工业就业，并逐步形成一个具有共同利益要求和社会地位的阶层，即连接城市和农村的农民工阶层，这对传统农区的经济社会转型带来了深刻的影响。

在劳动力转移作用于社会分层的原因方面，李强（2004）认为这源于户籍制度本身的一些特征，主要在于三点：一是户籍制度作为中国内地社会分层体系最重要的内容，对城乡人口迁移进行严格的控制。二是户籍制度对属于不同群体的人进行划分，其最大特点是强调等级，强调秩序，而且是建立在法律、法规基础上的等级秩序。三是户籍制度通过一系列相关制度的整合来达到城乡分割的目的，这些制度的长期作用最终导致两个群体具有系统性的差别，而这些差别不会简单地由于户籍制度的松动而消除。

更多学者基于调查对农村社会分层进行了研究，并进行了详细的划分，虽然不同文献对农村阶层的划分所依据的标准不同（研究的地域不同，划分的结构和层次也不尽相同），但劳动力转移所产生的农民工阶层作为一个独立阶层存在具有共同性，它不但是农村阶层划分中具有重要地位和意义的阶层，而且成为农村阶层划分的重要作用力量。更进一步，李燕燕（2007）指出，农村劳动力转移对传统农区社会转型的意义在于，它推动了农民由所谓的传统农民向职业农民转变，当农民成为一种职业而非社会身份时，传统农区的经济社会结构才有可能得以成功转型。

劳动力转移推动的社会分层对传统农区的发展带来了诸多影响，这有两方面的表现：一是产生了一个新的农民工阶层，其对市场观念的理解和在经营土地以外获取收入，最终导致了农民行为的变化（马夫，2007）。二是强化了城乡二元结构性质。农民工由于没有城市户籍，不能参与以城市户籍为核心的城市社会分层体系，虽然他们长期在城市工作，为城市的建设和社会的发展贡献了力量，但他们仍然是城市中最不正规的、底层的群体。许欣欣（2000）在1999年7~8月全国63个城市中对2599名16岁以上的城市居民进行了关于中国城市居民职业声望的调查，发现"建筑业民工"的得分声望是最低的，甚至低于农民的声望。然而李培林等（2007）的调查显示，具有较低社会地位的农民工具有比较积极的社会态度，这表明影响农民工态度和行为的因素更在于其自身的纵向利益比较。显然，保障农民工的权利并非简单的制度问题，而在于社会意识本身的改变（王玉兰，2004）。

## 三 劳动力转移与农业发展

经验表明，农业现代化是社会转型的前提和动力，但农村劳动力转移对农业发展的效果存在两种截然相反的观点，即"积极影响"和"消极影响"，"积极影响"的观点包括农村劳动力转移可为农业发展提供资金、促进耕地资源合理配置等（武国定、方齐云、李思杰，2006），而"消极影响"观点的理由则主要在于青壮年劳动力流出会造成农业生产率降低、土地撂荒等（龚维斌，1998）。张卫平（2003）指出，对欠发达地区的农村发展而言，青壮年劳动力流出对农业的影响是系统性的，会导致务农人员的老龄化，并引发多种社会问题。但白南生（2000）认为，简单地将劳动力转移对农业发展的影响归结为"积极影响"或"消极影响"是不全面的，因为农业生产会受到资金投入和劳动投入的双重影响，要考虑外出务工与农业生产资金投入的替代关系，在资金短缺的地区，追加资金对农业生产的边际收益大于劳动的边际收益，则外出务工带回的现金对农业生产的正面影响要大于由于农业劳动力转移带来的负面影响；如果是资金充裕的地区，则农业劳动力转移带来的负面影响要大于务工带回的现金的正面影响，即农业劳动力转移对农业生产带来的影响并不是必然带来农业生产率的下降，而是要具体问题具体分析，特别是要注意劳动与资金之间的替代关系。

由于这方面的文献多是基于土地规模收益不变的假设来分析的，不论是简单的二元论，还是折中观点，都存在一定的不足。龚维斌（1998）通过对安徽省无为县的实地调查研究，认为劳动力外出就业给农业生产带来复杂的影响，因为劳动力外出就业是人地矛盾的反映，也反映了农业比较利益低下的事实。换言之，农业劳动力外出流动并非影响农业生产的唯一力量，农业生产要素的配置过程更多地受制于土地制度和农村农业政策，劳动力外出流动所带来的影响只是对内在制度问题的反映。实际上，我国农产品生产和消费领域里存在严重的信息不对称，导致农产品市场调节失灵、农业结构失调、资源配置效率低下，农业劳动力的流动并不能在资源配置方面得以充分体现，也导致政府在制定相关政策时存在困难（冯少雅，2003）。

另一个重要的着眼点是劳动力转移对农业技术进步的影响，

由于农业技术的供给来源于城市科研部门,多数文献更注意农业技术进步与劳动力转移之间的关系,而没有深入讨论二者相互促进的内在机制。如曾广奎等(2005)认为我国农村劳动力的制度性富余在农业技术进步的条件下会产生技术性剩余的情形,而技术性剩余将成为今后富余劳动力产生和转移的重要方面。实际上,农业技术的进步需要土地经营方式发生转变,包括土地集中和生产的集约化,由于技术具有典型非竞争性和部分非排他性,农业生产技术的进步导致农产品市场供求关系发生变动,使其由原来的供不应求向供过于求转换,进而导致农业生产对劳动力的供求关系也发生变化,这又反过来推动技术进步。从这个意义上说,农村劳动力转移的力度及其在时间序列上的波动也会导致农业技术进步的效果发生波动,这要求深入分析并把握我国农业科技进步的障碍因素(孙联辉,2003),并创造适宜农业技术进步的制度环境。李杰等(2005)认为,加快农村经济制度的创新和完善,不但有利于农村劳动力的有序转移,而且有利于农村劳动力转移与农业技术进步之间的相互推动,而这需要政府进行多方面的政策改革。

## 四 劳动力转移与非正式制度的作用

许多学者高度关注非正式制度在劳动力转移中的作用,认为非正式制度在农村劳动力外出流动、职业搜寻和生活方式转变各方面带来深远的影响,并将影响政府相关政策的有效性。这一方面的研究多集中在社会学领域,他们运用社会资本,即社会关系网络来进行研究,认为经济活动并非随机的线性过程,而是根植于复杂的,包括各个层面、各种类型和内容的社会关系网络,社会资本是一种存在于民众个人之间交往关系中的经济资源,是一种社会网络以及由这种社会网络产生的相互信任与互惠模式,这在农村劳动力转移中的作用尤为突出。

农村社会的非正式制度起到了促进农村劳动力转移的正向作

用,胡必亮(2004)研究了"关系"在农村人口转移中的作用,发现农民在当代社会变迁与转型过程中主要是利用"关系"这样的非正式制度来实施转移的,在中国农村现代化的过程中,像"关系"这样的传统因素往往起到功能性社会资源的重要作用,有利于促进农村现代化的发展。李恒(2006)也通过对河南省的实地调查,证实了"关系"在促进农村劳动力转移方面的重要作用和独特价值。然而城市社会的非正式制度阻碍了农村劳动力的转移,由于农村劳动力文化素质和生活习惯与城市之间存在差异,城市文化的"傲慢"与城市公共管理的"偏见"对农民工产生了排斥作用,使农民工很难真正地融入城市社会(贺宇,2007)。

劳动力转移对非正式制度建设也具有反作用,这一作用是通过促进正式制度与非正式制度之间的对接实现的。涂永珍(2003)研究发现,传统农区非农经济发展推动了法律的运行,劳动力转移对非法律约束,如家庭经营制、拟家族关系泛化、村庄单位文化及人际关系等均起了重要的推动作用,而且促进了法律文化与传统文化的互动整合。事实证明,这一非正式制度与正式制度之间的相互作用最终会促进政府工作效率的提高,并成为欠发达地区工业经济发展的动力源泉(宋丙涛,2007)。

## 五 外出劳动力回流与人力资本积累

外出劳动力向流出地的回流是与劳动力外出转移相伴随的,对回流行为的研究越来越受到学术界的关注,白南生等(2002)通过详细的实地调查,对我国农村劳动力回流的原因、过程、后果及其对流出地社会经济的影响进行了深入分析,并对现阶段的回流现象做出了符合实际情况的解释,认为在城市化的各种体制障碍一时难以消除的背景下,农村劳动力候鸟式的流动是中国逐步实现城市化的独特方式,而且将持续一定的时期。从目前来看,学术界基本上认为外出劳动力回流对流出地的影响是积极的,关于这一主题上的研究主要在于以下几个方面。

第一，讨论影响外出劳动力回流的因素。对外出劳动力回流数量的估计多是调查得出的，如白南生等（2002）通过对安徽和四川两省农村外出劳动力回流的调查，估计回流劳动力占农业劳动力总数的6.3%，占外出或曾外出劳动力的28.5%，占外出劳动力的39.9%，但他们不认为回乡农民与未曾外出农民有差异。而王西玉等（2003）则估计，回流劳动力占曾经外出打工人数的17%，而且这部分回流劳动力中有51.5%已经转变职业，从事非农产业，从而表明农民工利用打工获得的人力资本和资金、信息，乃至社会关系等发展非农产业，可以创造新的就业岗位。

第二，外出劳动力回流的机制。潘晨光和娄伟（2003）将外出劳动力向流出地的回流称为"智力回流"，因为外出务工人员在务工地学习并掌握了相关知识，这些积累的知识会由于劳动力的回流为传统农区经济发展服务，从而促进传统农区的经济发展和社会转型。彭文慧（2007）进一步将其概括为三个方面：①以外出务工人员为载体的知识技术回流；②以外出务工人员为载体的市场意识回流；③以外出务工人员为载体的人力资本回流，并指出基于智力回流的工业发展模式是一种间接的工业化道路，其最终达到的目的是实现农村劳动力的就地转移。

第三，外出劳动力回流的效应。外出劳动力回流对传统农区带来的效应是多方面的，包括推进农业现代化和产业化进程、发挥区域比较优势、促进产业结构升级和推进传统农区市场化进程等（彭文慧，2007）。这些效应的发挥是通过两个方面来起作用的：一是带动传统农区非农产业的发展，为农村剩余劳动力转移提供新的渠道和机会；二是带动农区特别是贫困地区的经济社会发展，回流劳动力提高了农村劳动力的素质（王西玉、崔传义、赵阳，2003）。

第四，促进外出劳动力回流的政策。多数文献强调了应建立政府主导的政策体系，以促进外出劳动力的回流，建议的政策核心主要包括四个方面：一是转变政府工作职能和行为方式，给回流人员以人文关怀，提供其回乡创业的制度环境和市场环境。二是提供职业教育培训，提高农民的技能水平和文化素质，以增强他们对智力回流的消化吸收能力，从而适应传统农区结构的变化和农业生产的现代化（陈琪，2005）。三是推进行业企业协会以及地区专业协会的发展，为外出人员回乡创业和发展提供咨询，掌握并处理市场信息等（彭文慧，2007）。四是培育农民的市场意识和竞争意识，以适应社会主义市场经济的发展，并将传统农区的农业生产及非农产业发展和外部的城市工业联系起来。

## 第二节 黄河下游农区农村劳动力转移的现状、结构与发展诉求

### 一 黄河下游农区劳动力流动的历史与现状

中国近代历史上曾有过三次大规模的人口迁移，即"走西口""闯关东""下南洋"。其中两次都与黄河流域的农民有关，"走西口"是清代以来成千上万的山西、陕西农民由于人地矛盾加剧而不堪生活重负，向"口外"①谋求生存空间的大规模人口迁移；"闯关东"则是清代以来黄河下游山东农民由于地少人稠和自然灾害频发而不得不向关东流动以求谋生的一次人口大规模流动。值得注意的是，历史上这两次大规模人口迁移的原因和结果具有一致性：①人口流动的原因一样，都是人地矛盾难以在区域内解决。②人口流动的结果一样，"走西口"对流出地山西和陕西带来了深远的影响，同时也促进了流入地归化城、土默特、鄂尔多斯和察哈尔等地发生前所未有的变化，农耕文化与游牧文化的交融，以

---

① "西口"即杀虎口，早在明代，人们就将长城沿线的关隘称为"口"，习惯上经常把河北张家口称为"东口"，而杀虎口位于张家口以西，所以被称为"西口"。

及"口外"地区从传统单一的游牧社会演变为旗县双立、农牧并举的多元化社会（珠飒、佟双喜，2007）；"闯关东"不但影响了山东乡土观念的变化，体现了一种筚路蓝缕的创业精神，而且对流入地东北的开发和促进东北地区生产力的变革产生了巨大影响。

改革开放以后，我国面临了一次规模更大的人口流动，这便是农村剩余劳动力流动。与历史上的人口流动不同的是，历史上不论是"走西口"还是"闯关东"，实际上只实现了农民的地域转移，并没有实现就业转换，而这一次人口流动的核心是农民由农业向非农业的转移，就业转换伴随着国家结构转换。党的十一届三中全会以后，农村实行家庭联产承包责任制，极大地解放和发展了农业生产力，这也导致了农业劳动力出现剩余，加之乡镇企业异军突起，掀起了农村剩余劳动力转移的高潮。据调查，1989年农村外出务工人数从改革开放初期的不足 200 万人迅速增加到 3000 万人，1993 年又迅速增加到 6200 万人，其中在本省务工的农民工约 4000 万人，约占总数的 65%，而跨省流动的约为 2200 万人，约占总数的 35%。近年来，我国的农民工以每年 700 万~1000 万人的速度增长，2013 年农民工总数约为 2.69 亿人。黄河沿岸地区是改革开放以来我国农民工的主要流出地，2013 年，中部地区外出农民工达 6424 万人，占全国外出农民工总量的 38.68%。河南、四川两省农村外出务工劳动力均超过 1700 万人，在全国各省份中居于前列，占本省农民工数量的 50% 以上。2010 年，河南省农村劳动力转移人数约有 1843 万人，其中跨省转移 1043 万人，占 56.6%。

"农民工"一词最早出现在 1984 年中国社会科学院《社会学通讯》中（国务院研究室课题组，2006），随后这一称谓逐渐被广泛使用。国务院研究室在《中国农民工调研报告》中定义狭义的农民工为跨地区外出进城务工人员，而广义的农民工则既包括跨地区外出进城务工人员，又包括在县域第二、第三产业就业的农村劳动力。根据《国务院关于解决农民工问题的若干意见》的描述，农民工"户籍在农村，主要从事非农产业，有的在农闲季节外出务工、亦工亦农，流动性强，有的长期在城市就业，已成为产业工人的重要组成部分"。显然，对农民工的理解要强调两个方面的内容：一是产业和地域间的转移，即农民工体现了农民由农业向非农产业、由农村地域向非农村地域的转移；二是农民工并没有完全脱离农业、农村，仍与农业、农村存在各方面的密切联系。就全国而言，由于农民工主要由内陆地区向沿海地区转移，而这一转移所引发的经济、社会问题更引人注目，这导致研究农民工的文献多着眼于跨区域转移农民工问题。但对黄河下游农区而言，这一区域的农村人口占了较大比重，经济发展水平较低，是东南沿海相对发达区域劳动力的主要来源地，同时在区域内部，又有大量农村劳动力在城市和乡镇企业从事非农产业。因此，对黄河下游农区农村劳动力的研究既要注重对本地域劳动力转移中存在问题的研究，又要注重农业对区域经济社会发展带来的影响的研究。

## 二 黄河下游农区农村劳动力转移的结构

务工结构体现了农村劳动力联系农村与城市以及联系农业与工业的本质特征，非农产业较高的报酬和城市优越的环境将知识水平较高的青壮年农民吸引出农业。同时，务工结构也反映了由农村外出务工人员联系起的流入地、流出地的经济关系与发展趋势，特别是当流入地、流出地之间存在较大差异时，这些矛盾和不适应性会在农村劳动力转移问题上得到集中体现。

**1. 黄河下游农区农村劳动力转移的知识结构**

2011 年，在河南农村劳动力中，初中学历者占到 63.7%，初中文化程度人数最多，而这一数据在过去近十年中没有发生显著的变动。据统计，2004 年，全国农民工中 16~30 岁的占 61%，初中文化的占 66%，说明农民工是农村人口中年龄较小、受教育水平较高的群体。笔者 2005 年对河南省外出务工人员的调查发现，异地务工的农民工平均年龄为 30 岁,其中初中文化程度的占 59%,小学文化程度的占 22.5%;① 本地务工的农民工平均年龄为 32 岁,具有初中文化程度的占 36%。显然,农民工的受教育程度远高于农民的受教育程度,而且农民工初中文化程度占比高于全社会初中文化程度占比。② 一方面,从整体上看,农民工具有较高文化程度,但和城市工人相比工资较低,③ 说明在用工制度、体制方面仍然存在对农民工诸多不公平的情况;另一方面,较高受教育程度的青壮年劳动力的流出,必然对流出地的农业生产带来负面影响。

**2. 黄河下游农区农民工的就业结构**

制造业和建筑业是农民工就业的主要行业,《2013 年全国农民工监测调查报告》显示,农民工在这两个行业从业人数中的占比分别为 31.4% 和 22.2%。而 2008 年,河南省农村劳动力转移就业仍然以制造业、建筑业和其他服务业为主,其中制造业和建筑业占农村劳动力转移就业的 55.25%(李浩,2011)。农民工就业高度集中于制造业和建设业,与我国劳动密集型制造业的高速发展密切相关。1978~2012 年,中国工业总产值增加了 124 倍,年平均增长速度为 15.2%。制造业增速尤其迅猛,已经成为工业的主体。2011 年,制造业产值在工业总产值中的比重达 79.91%,强化了劳动投入在经济发展中的作用。但这一务工模式从目前来看也已经在悄悄发生变化,

---

① 在笔者的调查中,异地务工包括外省和本省县级以上城市务工,而本地务工则指在本地,即本村或本镇乡镇企业务工。
② 在第五次全国人口普查中,初中文化程度人口占全部人口的比例为34%。国务院研究室调查的数据是在全国农民工中,初中文化程度的占66%。参见国务院研究室课题组《中国农民工调研报告》,中国言实出版社,2006,第4页。
③ 2004 年城市工人年平均工资约为15000元,高于农民工工资水平近一倍。城市工人工资的大致估算参见姚先国《中国劳资关系的城乡户籍差异》,《经济研究》2004 年第7期;农民工工资参见《两会特别关注:解决农民工问题,不能再等了》,《工人日报》2006 年3月6日。另据 2004 年劳动保障部课题组《关于民工短缺的调查报告》,珠三角地区外来农民工的月工资水平大致为600元,与此处农民工工资水平大致相同。

第一代农民工在传统的二元经济结构中，由于经历了较为严格的城乡隔离时期，而且对农村经营的收入低下有更切实的感受，在转移就业中偏向于选择城市非正规部门，所从事的大多是高体力消耗和较低技术含量的行业。而新生代农民工则不然，他们掌握的知识和技能已经大为提高，而且生活的时代也促使其更关注转移就业后的生活水平和生活质量，他们倾向于在更轻松和更有技术含量的行业中就业。

**3. 黄河下游农区农民工的收入结构**

工资性收入在农民收入中的占比呈逐年上升趋势，这体现了农民外出务工获取务工收入对农民增收的贡献。就河南省和山东省而言，农民外出务工已经成为农民收入增长的主要来源，务工收入是农民收入中增长最快的部分，以四口之家一个务工人员计算，务工收入占家庭纯收入的比重已经超过一半。换言之，一人外出务工的收入与家庭经营农业的收入基本持平。但在调查中也发现一些问题，突出的是跨省外出务工农民工的收入要比省内务工的农民工收入高20%左右，这体现了东部沿海地区与黄河下游农区的经济势差。

**4. 黄河下游农区农民工的社会结构**

农民工外出务工缺乏必要的组织性，胡必亮（2004）通过对山西省一个村的调查发现，农民工主要是通过婚姻、乡里熟人这样的"关系"来进行劳动力转移和外出流动的，认为"关系"起到了功能性社会资源的重要作用。笔者在2005年针对河南省的一项调查中，也发现了这种地缘关系在农民工外出流动中的作用。在对732户外出务工人员的问卷调查中，农民对外出务工原因回答"跟别人一起去"的占78例，就是"关系"的一个表现。此外，通过对问卷进行整理，在某村的20份问卷中，20个农民家庭全部有外出务工人员，而且全部在天津同一个建筑工地务工；而另外一个村中有6户共9人同在珠海一家电子产品工厂务工（李恒，2006）。这和我国当前农民工跨地域流动的非组织化整体趋势一致，农民工外出务工主要依托以亲缘、地缘关系为基础的社会信息网络，说明农民工的社会结构仍然以非正式为主。但近距离流动的农民工更多地选择在本村或本乡镇的乡镇企业中务工，他们大多相互熟识，务工人员之间、务工人员与管理人员之间仍然以农村典型的地缘、亲缘关系为纽带。

## 三 黄河下游农区农民工的发展诉求

经济势差是推动农村剩余劳动力转移的根本因素，在西方的人口流动理论中，刘易斯和托达罗的人口流动模型认为，城乡收入差距形成了促进发展中国家农村劳动力流动的机制，农业劳动生产率低下，收入水平低，对劳动力产生了巨大的推力，而城市的较高收入水平则产生了对劳动力的巨大吸引力，两种力量共同作用，推动了劳动力由低收入的农业向高收入的工业流动。

黄河流域是我国主要的农业生产区域，但经济发展水平较低。黄河流域涉及青海、四川、甘肃、宁夏、内蒙古、陕西、山西、河南和山东9个省份，人口1.07亿人，约占全国总人口的8.6%，但城市化率仅为23.45%。黄河流域工业产值和农业产值分别占全国的5.3%和6.1%，比例相差不大，说明农业仍然是黄河流域的主要产业，然而黄河流域的农业劳动生产率处于较低水平，黄河流域人均耕地1.77亩，高于全国人均1.15亩的水平，人均粮食产量352千克，低于全国400千克的平均水平。黄河流域的人均工业指标也低于全国平均水平，人均工业产量仅是全国平均水平的61.1%（杨进，2000）。农业劳动生产率低，收入水平较低，形成了对农民外出务工的主要推力。而发展速度较快、收入水平较高、第二产业发展迅猛的东南沿海地区，则对黄河流域农民产生了较大的吸引力，从而导致大部分农民工选择跨省外出流动。据国家统计局农调队的调查，跨省流动是农民工流动的主要形式，2013年中西部地区跨省流动就业农民工占全国农民工的70.28%，而东部地区吸引了全国外出务工人员的64.14%。特别是，东部地区

95.1%的农民工仍在东部地区就业,向东部外出流动比例最大的是中部地区,占56.21%。据调查,获取较高收入是农民工外出务工的出发点,同时也是其最终目的。从农民工外出务工的诉求来看,发展并没有真正进入农民工的视野,获取收入以解决眼前的大额支出成为其外出务工的主要动力。

## 四 黄河下游农区农村劳动力转移的生存状态

### 1. 农民工的社会地位

《国务院关于解决农民工问题的若干意见》对农民工的描述是:"农民工是我国改革开放和工业化、城镇化进程中涌现的一支新型劳动大军。他们户籍在农村,主要从事非农产业,有的在农闲季节外出务工、亦工亦农,流动性强,有的长期在城市就业,已成为产业工人的重要组成部分。"既然户籍在农村,则农民工与农村、农民仍保持着千丝万缕的联系,其社会地位仍然等同于农民,农民工与农民不应该有什么区别。而在城市中,农民工由于体制因素而获得较低的社会地位,成为受歧视的一个群体。在这里,城乡差别在农民工的社会地位上表现得淋漓尽致,他们从事最苦、最累、最危险的工作,获得最低的工资,为经济发展和城市建设付出了劳动,但并没有赢得相应的社会尊重。例如,在选举人大代表这一公民最基本的政治权利上就存在诸多问题,根据现行《选举法》,县级以下人大代表由选民直接选举,许多城市拒绝农民在当地参加选举,事实上是农民工的选举权和被选举权被忽视了。虽然这一问题已经受到各级政府和不同地方的重视,并做了一些纠正,但与农民工庞大的群体相比仍嫌不够,如广东省深圳市350个人大代表名额,只分配给了农民工10个(王金海、程莉莉,2006)。据新华网2008年2月28日电,3位农民工十一届全国人大代表的资格有效,这是我国首批农民工代表(田雨、吴小军、李惠子,2008),但仅占代表总数的1‰,他们分别来自流动人口集中的上海、广东和重庆。

## 2. 农民工的工作性质与工作环境

农民工已经是我国当前产业工人的主体，占产业工人总数的比重超过60%，90%以上的采矿工、80%以上的建筑工、70%以上的纺织工是农民工，他们创造了近20%的国内生产总值（刘义明，2008）。但由于自身素质较低和制度的限制，农民工的就业技能较低，主要在建筑、保洁、餐饮等脏累行业就业，而且就业强度大、收入水平低。如鞍山市对105名城市农民工生活质量状况的调查显示，他们平均每天工作9.5小时，平均每周工作6.6天。45.7%的被调查者每天工作时间超过10小时，甚至个别农民工一天最长工作时间达17小时。可见，雇用农民工的企业单位普遍存在违反国家每周工作40小时的法定制度，随意规定或延长劳动时间，使农民工经常超时超负荷劳动。在被调查农民工中，有七成多没有享受过单位提供的加班补贴。而中国青少年研究中心"中国新生代农民工发展状况及代际对比"研究显示，接近三成的青年农民工认为劳动强度"大"或"很大"（李亚杰，2007）。与之不相适应的是，农民工的工资水平很低，据河南、四川和湖南三省的一项抽样调查，农民工的每月实际劳动时间超过城镇职工的50%，但他们的工资不到城镇职工的60%，换言之，农民工的每小时工资实际上只相当于城镇职工的40%。在高强度工作和低工资夹缝中生存的农民工由于得不到足够的营养，人身健康受到严重影响。《南京零距离》报道，2005年4月29日，南京某建筑工地的一名41岁工人在睡梦中猝然死去，而在前两天，在同一个工地上，一名37岁的工人也同样在睡梦中死去，经调查，他们死于过度劳累和营养不良。

## 3. 农民工的生活质量

虽然和城市居民共同生活在城市，但农民工的生活质量和市民有着天壤之别。由于低水平的收入和沉重的负担，农民工不得不将生活开支压缩到无法再低的水平。2004年12月28日的《江南日报》刊登了一名农民工的每月收支账：总收入770元；支出方面，房租 50 元，饭钱 140 元，油、盐、纸钱 30 元，烟钱 20 元，儿子生活费 200 元，给老婆买衣服 20 元，寄回家 150 元，给母亲看病寄去 160 元。这已经将农民工的生活窘境表现得淋漓尽致。农民工的居住条件恶劣，在北京的高庙和苇子坑一带，有一个"河南村"，因为这里是河南农民工的集聚地；它也是有名的"破烂村"，因为来自河南的农民工在北京主要以捡破烂为生，这些农民工整天与破烂接触，而垃圾场就成为他们的居住地。《人民日报》2004 年 7 月 21 日载文《从上海暴风雨反思民工生存状态：7 人死亡 5 人是民工》，其中报道了一场龙卷风刮过后，位于上海市长宁区一处工地旁的农民工简易工房倒塌，导致惨剧发生。实际上，由于大多数用工单位无法提供住宿条件，而农民工的工资水平又低，桥洞、工棚，甚至垃圾场都成了农民工的主要居住场所，他们居无定所，生活环境异常恶劣。《河南商报》记者 2005 年 12 月对郑州周围立交桥下的农民工进行了采访，在郑州市南阳路和北环交叉立交桥下，露宿了 60 多名农民工，由于寒冷，有人甚至冻得一夜无法入睡，但每月只挣四五百元的工资（高桥，2005）。

**4. 农民工的社会保障**

从整体来看，农民工的社会保障严重缺失，虽然这一问题的严重性已经引起了各级政府的高度重视，并出台了一系列政策措施，但农民工的权益仍然难以得到应有的保障。以河南省为例，农民工的失业保障、养老保障、医疗保障基本缺失，政府虽然于 2006 年 4 月 27 日出台了《河南省人民政府关于解决农民工问题的实施意见》，要求各地区采取建立大病医疗保险统筹基金的办法，重点解决农民工进城务工期间的住院医疗保障问题，然而由于缺少相应的具体落实计划及措施，相关问题并没有真正得到解决。此外，除高危行业农民工工作保险外，其他行业的农民工工作保险难以保障。

**5. 农民工的人身安全**

2007 年 6 月 5 日，大河论坛出现了一篇名为《罪恶的"黑人"

之路！孩子被卖山西黑砖窑400位父亲泣血呼救》的帖子，帖子以400位河南籍父亲的口吻陈述：他们的孩子大多在郑州火车站、汽车站、立交桥下、马路边等地方被人贩子或诱骗或强行拉上车，以500元/人的价格被卖到山西的黑砖窑做苦工。帖子里描述了一次被卖儿童的解救过程，情景催人泪下："我们被眼前的情景惊呆了：在这些手脚并用、头发长得像野人一样的孩子中间，有的已经整整和外界隔绝了七年，有的因逃跑未遂被打致残，有的孩子被监工用烧红的砖头把背部烙得血肉模糊（后被人救出在医院治了数月也未痊愈）。他们每天工作14个小时以上，还不让吃饱饭，有时因劳累过度，稍有怠工就会被监工随手拿起的砖头砸得头破血流，然后随便拿起一块破布一裹了之，继续干活，至于拳打脚踢、棍棒伺候更是家常便饭，更有甚者，有的孩子被打手打成重伤也不给医治，如不能自愈或伤情恶化，奄奄一息时黑心的工头和窑主就把被骗的苦工活活埋掉。"他们之中最小的只有8岁，最大的13岁，而被骗至山西黑窑厂做苦工的孩子至少有1000名。山西黑砖窑制造了现代包身工的惨剧，是对农民工生命的漠视和对法律的践踏，这一事件虽然是个案，但它折射出的是社会对农民工漠视的态度。类似事件在各地仍有上演，如新疆奇台县一砖厂殴打农民工致死等（潘从武，2004）。《半月谈》1999年第5期载文披露，大量的工厂建有高墙和铁丝网，并圈养狼狗、配备打手，打工者的身份证、暂住证等有效证件被老板非法扣留，并对工人非法搜身，工人一旦进入就很难出去，不少老板限制工人的自由，甚至限定吃饭、如厕的时间，工人被辱骂、罚跪、搜身的例子不胜枚举。

**6. 农民工工资拖欠问题**

农民工工资低，而且工资拖欠问题严重，据全国总工会不完全统计，全国进城农民工被拖欠工资达1000亿元。造成这一问题的原因是多方面的：一是用工单位对农民工的歧视，不按事先约定给农民工按月发放工资，而是采取工程结束集中发放的形式，这容易导致工程结束后出现工资拖欠问题；二是农民工对相关用工制度的理解不够，法律意识不强，对用工单位工资拖欠问题不能有效地运用法律武器来解决；三是一些流动性较大的行业，如建筑行业，用工单位怕工人流失而影响工程进度，以拖欠工资的方式来留人；四是一些项目垫资施工。当然，在各种拖欠农民工工资的情况中，有很多是恶意拖欠，这就导致农民工工资拖欠不但具有普遍性，而且后果严重，可能引发诸多法律和社会问题。农民工工资拖欠问题在黄河下游农区也较突出，如河南郑州市场发展局拖欠农民工工资25万元，虽经郑州市二七区人民法院于2003年9月10判决支付，但判决书如一纸空文，农民工历时多年仍未能拿到应得的工资（曲昌荣、曹树林，2006）。

## 第三节 黄河下游农区农村劳动力转移与社会分层

所有社会都存在一定的社会分层体系。在现代社会中，职业是影响社会分层的最重要因素，大量农村剩余劳动力从农业转移出来进入城市、工业就业，并逐步形成一个具有共同利益要求和社会地位的阶层——农民工阶层。农民工阶层的形成具有特殊意义，因为农民工外出务工，一头连着城市和发达地区，另一头连着农村和落后地区。农民工阶层的形成对农村社会分层和城市社会分层均具有深刻的影响，并将影响我国的城乡二元结构。

### 一 户籍分层与农民工的社会地位

中国的社会分层差异是历史性的，费正清在《美国与中国》一书中说：自古以来就有两个中国，一是农村中人数极多、从事农业的农民社会；二是城市和市镇，那里住着地主、文人、商人和官吏——有产者和有权势者的家庭。这一分层差异被中国20世纪50年代中后期建立的户籍制度强化。

我国的户籍制度对农民工在社会分层中的地位具有非常重要的影响，这源于户籍制度本身的一些特征，具体如下。

第一，户籍制度是中国大陆社会分层体系最重要的内容，其基本特征之一就是对城乡人口迁居进行非常严格的控制（李强，2004），而且我国户籍制度制定之初的一个重要功能也在于对占绝大多数的农村人口进行"社会屏蔽"，不让他们分享城市的社会资源。20世纪50年代，由于工业化带来农村人口向城市大规模迁移，政府担心城市在食品供应、交通、住房、服务等方面难以承受压力，从而确定了以严格户籍管理为手段的限制人口迁移制度，虽然户籍制度目前已经极度淡化，但它在各方面造成的影响和城乡分离的效应依然存在。

第二，户籍制度的本质是对属于不同群体的人进行等级划分。这一体制的最大特点是强调等级，强调秩序，而且是建立在法律、法规基础上的等级秩序。由于跨越以户籍制度为基准的社会身份极其困难，农村人口突破先天限制的后天努力变得没有价值，挫伤了他们的活力和积极性。

第三，户籍制度是通过一系列相关制度的整合来达到城乡分割的目的的。户籍管理是通过粮油供应制度、教育制度、社会保障制度、就业制度、医疗制度、住房制度、婚姻制度等一系列制度的有机结合与相互联系，最终将城市和乡村分割开来的。户籍制度的长期作用最终导致城乡具有系统性的差别，而这一差别不会简单地由于户籍制度的松动而消除。

因此，虽然改革开放后大量的农民涌入城市务工，但由于其户口仍然在农村，不可能真正地融入城市，而且他们的社会声望在城市中是最低的，是城市中一个特殊的阶层。同时，由于长期在城市务工，他们与在农村务农的群体之间也发生了层级变化，成为农村一个特殊的阶层。农民工出现导致的农村社会分层与城市社会分层和由此产生的社会问题，对我国的改革开放进程和社会现代化进程都带来了深远的影响。

## 二 黄河下游农区农民工与农村社会分层

改革开放以来,中国农村社会结构发生了很大变化,而这一变化的主要推动力量就是大量人口从农业劳动中转移出来,从事非农产业,从而形成具有不同利益要求和不同社会地位的阶层。

黄河沿岸地区是我国农耕经济体系的发源地,从西汉开始,人们对黄河中游的大规模开垦,以及人口的快速增长对粮食的需求,导致这一地区不断发展,并最终形成了单一的农耕经济格局。而农耕经济的重要特征便是封闭性、地缘亲缘维系及二元社会结构。由于家庭是农耕经济体系中的主要生产生活单元,农民群体的分层就以家族伦理为基准。虽然新中国成立后土地所有权发生了变化,但小农经济、封闭性和家族伦理仍然决定了农村社会的人际关系。

农村劳动力由农业向非农业流动导致了农民分化和社会分层,从而改变了以前按人伦关系来确定阶层的标准。李强(2004)认为,这一进程的主要推动力量来源于农村劳动力的流动。孟天运等(2003)通过对山东一个村庄的研究发现,虽然农业劳动者阶层仍然是农民的主体,占43%,但农民工阶层已经占据了显著的位置,占总人数的32%。马夫(2007)对宁夏固原的研究得到了大致相似的结论,农业劳动者阶层占农村总人数的67%,而个体劳动者和乡村企业工人占了13.7%。

## 三 农民工与城市社会分层

农民工进入城市以后,虽然长期在城市务工,但他们仍然很难真正成为城市的一员,很难和城市居民群体融为一体,这一原因即使不能简单地归结为户籍问题,本质上也源于以户籍制度为核心的城乡隔离长期的潜移默化。因为户籍一方面的功能在于阻止农民进城,另一方面的功能在于用"非所有权"的形式来维持经济秩序。例如,城市居民在户籍管理的基础上被按照参加工作时间、级别、工作单位性质及家庭出身等进行社会分层。显然，农民工由于没有城市户籍，不能参与以城市户籍为核心的城市社会分层体系。李强（2004）的社会声望调查表明，迁入城市的农民在城市社会分层体系中处于十分低下的地位，在全部100种职业的排位中，排在最后10位的职业大多由农民工从事。而许欣欣（2000）关于中国城市居民职业声望的调查显示，"建筑业民工"的声望是最低的，甚至低于农民的声望。

在黄河下游农区的城市社会分层中，农民工同样处于社会底层，而且这一位置的获得与农民工自身的努力没有关系，而与户籍制度长期形成的"身份"有关。以郑州市为例，为改善农民工由于户籍身份而在就业、子女教育、医保及生活方面受歧视的问题，进行了大动作的户籍改革，包括放宽进城落户政策，从2003年起取消"农业户口""暂住户口""小城镇户口""非农业户口"等户口性质，全面实行"一元制"的户籍管理制度，统称为"郑州居民户口"，特别是对外地来郑州务工的农民工，签订劳动合同、参加社会保险后即可将户口迁入。这些政策刺激了农民大量在城市落户，导致城市人口激增，并引发一系列社会问题，以至于政策不得不在2004年叫停。而进入城市的农民工阶层仍然很难享受到与城市居民一样的社会地位，曾有人大代表提出对农民工超生子女入学进行限制，引发了广泛的争议，[①] 这说到底仍然是身份导致的社会地位问题。

## 四　社会分层的影响和挑战

严格来讲，在我国长期二元分割的特殊体制下，农民和城市居民处在两个截然不同的分层体系下，二者之间并无交叉，这既是城乡二元结构的突出表现，又对城乡二元结构进行了强化。农

---

[①] 《郑州人大代表提议民工超生子女在郑入学应设限》，武汉生活指南，http://www.cnhan.com/gb/content/2006-10/11/content_677529.htm。

民工的出现，使得农民和城市居民在社会分层上出现了交叉，即农民工既是农村社会分层中的重要阶层，又在城市社会分层中占有一席之地。两种不同社会分层代表的社会地位和经济利益在同一群体上的体现，对经济社会的发展带来了诸多影响和挑战，具体如下。

第一，农民工在城市社会分层中的位置反映了他们的收入与城市居民的收入间存在差距，表现出同工不同酬的不公平现象。由于农民工不具有城市户籍，他们不得不接受较低的工资，而且不能够享受和城市职工同等的社会福利待遇，包括医疗保险和养老保险等。

第二，农民工在城市社会分层中的位置导致他们权益缺失，从而影响社会稳定和劳动就业的稳定性。虽然《劳动法》《劳动监察条例》《工会法》等对农民工作为企业职工的工资标准、劳动安全、工伤医疗保险、劳动时间、休假权利和民主权利都有明确规定，但涉及农民工的权益问题事实上并没有得到保障。新华网2006年12月29日报道，四川籍农民工谢友远、谢洪生父子因结算工钱在陕西省宝鸡市遭多人殴打，谢洪生死亡、谢友远重伤。这是2006年以来安徽、山东、山西、天津等地相继发生农民工因讨薪被包工头打死打伤后的又一起恶性事件。[1] 为解决拖欠农民工工资问题，中央和各地近年来相继出台了一系列政策措施，然而"清欠风暴"活动进行了3年，农民工维权成本为何还如此高昂？显然这与农民工的身份地位相关。

第三，农民工在城市和乡村两个体系中的不同地位对消除城乡二元结构带来影响。作为农村人口中受教育程度较高、年轻力壮的一个群体，农业工从农业中的流出使得农业生产的劳动生产率下降，对农业发展产生了不利效应。同时，农民工作为城市劳

---

[1] 《新华时评：不能再让农民工为讨薪流血》，商都网，http://news.shangdu.com/category/10001/2006/12/29/2006－12－29_ 515950_ 10001.shtml。

动者中不可缺少的一个群体,为城市建设和国家经济发展贡献了很大的力量,却处于城市社会分层中的底层,这一格局是传统户籍制度分割造成的,而且难以通过农民工自身的努力得到改变,导致城乡二元结构难以消除。

## 第四节 黄河下游农区农村劳动力转移与农耕经济的结构变迁

### 一 黄河下游农区农耕经济体系的历史形成与特征

#### 1. 黄河下游农区农耕经济体系的历史形成

黄河下游农区作为传统农耕经济体系的典型区域,是自西汉开始的。在西汉以前,黄河下游农区是农牧业并重的。以黄淮平原为例,当时黄淮平原上有数十千米以上的河流数十条,湖泊190多个,在11世纪以前,这些河湖既可通航,又可灌溉。东汉时期,黄淮平原水稻的种植面积大于今天,水环境良好,水资源丰富(邹逸麟,2005)。从西汉开始,社会经济获得了高度发展,黄河中下游成为全国经济重心。这一方面源于建都的政治经济需要,另一方面是因为秦汉时期的移民政策。长期的开发使黄河流域的农业生产制度发生了重大变化,即由农牧业并重转变为单一的农耕经济。

随着开发力度的迅速加大,黄河中下游地区因为政治经济发达而成为封建王朝的支撑点,黄河下游平原的原始森林逐渐被砍伐殆尽,连河湖滩地也都被辟为耕地。由于人口增长过快,粮食生产仍然紧张,家庭养殖难以为继,而缺乏畜力已导致生产力难以提高,从而导致农耕经济成为黄河中下游地区唯一的生产方式。不断无序地开垦一切可耕地,并且大兴水利以维持农业的生产,使得现今陕西、河南、山东和河北的黄河沿岸平原地带成为当时全国最发达的农业区。

## 2. 黄河下游农区农耕经济体系的特征

（1）自给自足的小农经济

农耕经济是一种自给自足的经济体系，农民以单一的农业生产为生存之源，其基本的经营方式是：以家庭为单位，共同利用以土地和水利为主要内容的稀缺自然资源，以自然方式自己生产自己消费。由于农民生产生活所依赖的土地资源不可流动，农民世世代代被土地所束缚，并维持一种长久且稳定的家庭人口与物质简单再生产过程（周运清，1999）。这一自给自足的小农经济具有两个基本特征：一是农业的总产出规模依赖于消费这些农产品的人口总量，因此任何时代人们都仅仅生产接近需求总量的农产品；二是农产品不可出现短缺，否则将导致社会动乱（殷晓清，2003）。这直接导致了两个后果，即农耕经济体系的生产率难以提高，长期维持在生存水平上，同时在农耕经济体系下的农产品商品化进程受到制约。

（2）自我封闭的农耕文化

低效而自给自足的农耕经济与自我封闭的农耕文化是紧密相关的，由于农耕经济强调了农民生产生活与其所依赖的土地之间的关系，精耕细作成为农耕经济体系中最被关注的方面。所谓精耕细作，绝非一般意义上的"铧式犁翻耕模式"，《中国农业百科全书·农业历史卷》对其定义是："用以概括历史悠久的中国农业，在耕作栽培方面的优良传统，如轮作、复种、间作套种、三宜耕作、耕耨结合，加强管理等。"可见，精耕细作的内涵博大精深，充满科学道理。从中国的农耕历史上看，夏、商、西周、春秋是精耕细作的萌芽期，黄河流域的沟洫农业是其主要标志。和游牧经济最大的不同是农耕经济由流动走向定居，农民成为农耕经济的主体，"以农立国"成为中国乡土社会的特征，并积淀为相应的文化传统和民族性格。农民囿于所居农地一隅，满足于自给自足和平安康乐的"小农意识"，充满一种安于现状的"中庸"精神（韦森，2004）。在历史沉积的作用下，受地理条件所限，黄河农耕文化很难与外界沟通，从而形成自我封闭、自我完善的超稳定体系。

（3）地缘与亲缘关系维系

农耕经济体系中行为个体之间关系的维持不是依靠层级性的正式制度，而是依赖地缘和亲缘关系。历史上的中国实行的是地主土地所有制，土地可以自由买卖，获得土地并建立以土地为根基的人与人之间的关系就成为农耕经济体系的重要特征。加之家庭是农耕经济体系中的最基本单位，家长成为这一体系中的权威，而家庭与其他家庭之间的关系也由地缘和亲缘关系来确定和维系。

（4）二元社会结构

农耕经济体系中的社会结构具有典型的"二元"结构特征，据史料记载，中国古代社会结构以"国""野"来划分，"国人"由官、军、商、匠构成，居住在城里，而"野人"则是农民，居住在农村。这两个阶层在制度上存在泾渭分明的差别，"国人"的地位远高于"野人"，按《周礼》和春秋时期齐国管仲实行的政策理解，"国"中行"乡"制，"野"中行"遂"制。"国人"有军垦之制，"野人"有授田之制。在《周礼》的理想国中，"乡"内居民由国家供养，同时承担保卫国家的任务，"遂"内的农民从国家那分得土地，承担向国家缴纳田赋的义务。社会学的研究也表明，在农耕经济体系居于主导地位的时代，存在一个"乡土中国"，它与其上一层的体系是格格不入的，这一分别以城、乡为中心的二元社会结构的重要作用是，其上层维持国家的运行，而其下层则维持农户的生计（费孝通，1998）。

**3. 黄河下游农区农耕经济的现今表现**

黄河下游农区的农耕经济体系自形成之后，在随后的两千多年内持续存在，表现出稳定性的特征；这一方面源于农耕经济体系中的农耕文化自身具有的自我封闭特征和稳定性特征；另一方面则源于历史上自然环境对人类经济社会活动的强制约，因为黄河流域受到太平洋、青藏高原和西北沙漠等的包围，在长期的发展中较少受到外来文化的影响。

但这种稳定性也不是一成不变的,政权的更迭和民族的交融对黄河流域的农耕经济带来了一定的影响。以陕北为例,陕北有深厚的农耕文化传统,交通封闭与文化封闭延缓了其现代工业发展的步伐,其农耕文明显现出原生态的特征,但由于这里地处农耕文明与游牧文明的交界地带,历史上多次有组织的移民与大量少数民族的内迁,使陕北文化成为不同类型文化整合的结晶,其文化的多元化特征已经得到了学者的普遍认同,而且其纯粹的农耕经济已经过渡到农业与畜牧业双生共生的局面,但即使如此,农耕文明仍然是陕北文化的本质特征(刘翠萍,2006)。再以山东为例,发源并在齐鲁大地传播的齐鲁文化,其本质也是一种农耕文化,其精神内涵强调的是重农抑商、循规蹈矩、质朴实在和吃苦耐劳(韦森,2004),虽然现代浓重的商业气息对这一体系有所触动,但其内在的农耕文化性质仍未改变。

黄河下游农区的农耕经济体系在当前仍然体现出其鲜明而稳定的特征,这些特征虽然在新的文化和生活方式的冲击下呈现了多样化,但并没有动摇其根本:①不论是农牧并重还是商业气息的导入,均没有从根本上改变自给自足的小农经济占据主导地位的局面,这种模式一直延续至今。②以宗族或家庭为基本单位聚族而居。这既是黄河下游农区传统而盛行的居住方式,又体现了农耕经济体系中以亲缘、地缘来维系关系,并确立依赖土地的家长制社会传统,特别是这一区域人们所信守的儒家道德伦理规范,生男传后、男尊女卑的传统都体现了这种文化的影响。③对土地的依赖性。土地是农耕生产活动的基础,没有土地也就没有耕作,而恋乡恋土的情结仍然是黄河下游农区当前农耕经济体系中的核心内容。

## 二 黄河下游农区农耕经济体系中的制度及其自我实施规则

通过以上分析很容易得到如下结论:传统农耕经济体系稳定的根源在于人们对土地的态度,这包括国家对人们占有土地的制度安排和这一安排在长期演化中人们形成的行为惯例的相互作用，同时，这一制度具有自增强的机制，不但维系了农耕经济体系的长期存在，而且导致了其效率维持在生存水平上。

**1. 农耕经济体系中的制度**

在黄河下游农区的农耕经济体系中，涉及两个方面的制度约束体系：一个是农民经营土地获取收入的经济体系；另一个是农民所处的社会体系。在这两个体系中，都既存在正式的制度，又存在非正式的制度。正式的制度如国家以法律形式确定的土地制度、赋税制度，以及商业发展规划等，非正式的制度如农耕文化强调的人们对土地的精耕细作、亲缘和地缘维系的人际关系，以及人们对土地的依赖情结等，土地居于这两种制度的核心位置。人们对土地评价的关键在于收入，即如果只有经营土地才能获取维系生存所需的产出，而不能从其他领域获取，则人们对土地的依赖是生存型的。如果人们能够从其他领域获取多于经营土地的收入，则土地就变得无足轻重。更进一步，如果农业之外存在一个市场化的体系，则农民可以从外部获取收入，反之则不能。而这又取决于要素市场的发育情况，按本杰明的农村劳动要素可分性（separability）假说，如果农村地区的劳动力市场和土地市场得到充分的发育，那么农户就可以自由地交换劳动力和土地，无须仅依靠家庭劳动力来满足农业对劳动力的需求，而通过农村劳动力市场和土地市场来调节劳动力和土地的供求平衡，则农户的生产和消费决策是可分的；如果农村的要素市场不完善，农户就只能依靠家庭内部的要素禀赋来配置资源，并进行生产和生活的决策，从而出现不可分的情形（蔡昉、都阳、王美艳，2003）。

观察 2000 年以来黄河下游农区农耕经济中的土地制度，小农经济一直是农耕经济体系的主要形式，土地并没有得到有效的集中以实现规模经营。如果将这一考察的时期具体到两个阶段，一个是历史上的封建社会时期，另一个是改革开放以后的时期。封建社会主要实行的是地主土地所有制，由于土地所有权属于个人，土地可以自由买卖，土地这一资源最终为最有效率的使用者获得，但土地并没有得到有效的集中，同时，小农经济也长期在生存水平上保持其生产效率，如上文所得的结论，农产品的产量依人口数量而定，既不会出现短缺，又不会出现足以支持工业发展的剩余。而在当前的家庭联产承包责任制下，土地归集体所有，农民只具有可预期的稳定的承包使用权，农民为了维系与土地的依赖关系，很少进行土地的转让和租赁。20世纪90年代的一个调查显示，农村土地进入租赁市场的比例仅为3%左右，在非农业比较发达的地区，这一比例也不过7%~8%（蔡昉、都阳、王美艳，2003）。不同的所有制结构导致同样的农耕制度结构，观察我国改革开放以来的农业生产，仍然是小农经济，农业产出与人口数量呈显著的函数关系。一项来自中国科学院的研究表明，1986~1995年，中国耕地资源数量由于农业产业结构调整而下降，农业生产技术的进步带来的仅仅是人均耕地规模的缩小，而不是人均经济总量的增加（陈百明、李世顺，1998）。

**2. 不可分性与农耕制度的自我实施规则**

显然，农村劳动力生产决策与消费决策的不可分性成为农耕制度稳定性和自我实施的主要原因，如果农村劳动力市场发育得好，则家庭构成就不会成为农业生产决策的重要因素，家庭的特征就不会影响农户对劳动的需求，这就导致人口数量与人均耕地规模之间的函数关系不再存在；反之，这一关系就存在。事实上，正是对土地的依赖性质，才决定了黄河下游农区农民家庭结构的长期稳定性，进而决定了农耕体系的内在稳定性。

从历史上看，小农家庭经济是中国农耕社会中基本的生产组织模式，也是几乎历朝政府努力恢复和推行的经济基础。由于农户经济具有社会稳定机制，因此中国历代王朝都把国家财政建立在小农经济之上，只要通过皇权分配给农户一定数量的土地，乡村农户就可以在安排好自身生计的基础上源源不断地提供"岁人"。中国的传统农业没有采取雇佣制形式，而采用自上而下分层的租佃制。经济学家已经证明，在租佃制下，国家收益最大化的条件是地主土地经营规模最小化（张五常，2000），古代历朝政府显然已经从实践中意识到了这一点，因此国家通过各种手段制止土地集中，通过制度和政策手段将土地切成小块，责任到户。一旦土地的所有权确定，在劳动力市场不完善的情况下，农耕经济的内在稳定性就会产生，如德姆塞茨（Demsetz，1967）指出的那样，私有产权的首要功能在于驱使经济参与人实现"外部性进一步的内在化"。假如稀缺资源被置于公共领域，人们会倾向于竞争性地使用它，以增加私人利益，这样，资源的可得性便会降至社会理想水平以下。私人所有权通过排除非所有者的资源使用，促使所有者对资源使用的成本和收益进行理性计算。特别是，任何产权制度都隐含了一种解决个人或家庭因使用资源而产生的利益纠纷的稳定方式，如果产权的初始确定由国家来规定，而且国家也被认为是产权实施的最终源泉（不过政府不会直接监督每一笔产权的交易过程，既无必要，又不可能），那么这一制度安排必然存在某种自我的稳定因素，它不需要依赖于第三方的强制性实施。

在传统农耕文化的封闭体系中，农业生产体系与其外部的体系之间基本上处于隔绝状态，城市手工业和商业极不发达，农村劳动力与外部的市场也处于完全隔绝的状态，农村劳动力没有可以用以调节劳动需求的劳动力市场，因此，家庭结构决定了农户既是劳动力的供给者，又是劳动力的需求者。农耕文化中的家长制与亲缘纽带决定了农业生产领域的运行状况，如果青壮年劳动力不依惯例进行农业生产，他就会在社会系统中失去家长的信任而失去分享土地收益的机会，这种自动实施的规则导致人们更进一步地依赖土地。

在改革开放以来的家庭联产承包责任制下，虽然农民不具有对土地的所有权，但享有法律规定的长期排他的经营权，经营权在其存续期内会给承包人带来经营土地的收益，这一制度初始形成的责任到户的土地分割状况也可能因为土地承包人的转租而集中。然而对现实的观察和已有研究均发现，实行家庭联产承包责任制以来，农民很少将土地进行转让或租赁，这导致当前的农业生产仍然表现为小农经济，具有典型的农耕经济体系特征。

和历史上不同的是，当前中国的市场化进程已经相当深入，非农产业发展水平和城市化水平很高，农民除经营土地获取收入这一手段外，存在其他手段，如进城务工。但是为什么人们仍然不愿意放弃土地，保持土地分散经营的局面呢？深入考察，这仍然是由于农耕经济内在制度的自我维持机制在发挥作用，包括：①劳动力市场的二元性。改革开放以来中国农村改革进展顺利，但劳动力市场发育滞后，农户无法使用农村劳动力市场来调节劳动的供求关系，从而导致不可分性依然存在，农户对土地的经营仍然与其消费决策相关，不愿意放弃土地。②以家庭为本的亲缘、地缘关系仍然是农村社会关系的主体，人们对土地经营的努力程度和态度决定了别人对他们的评价，在从外部市场关系中获取的利益不足以使其迁移出农村之前，不存在打破原有制度的动力。③经验研究证明，农民外出务工主要是获取解决临时性重大支出的手段（李恒，2006），参与转移的农村劳动力并不是农村具有最高人力资本的群体，对受教育程度较高的人群而言，转移到城市会降低其社会地位，这表明社会关系网络对农民的重要性，也进一步说明了当前的农村仍然具有相当大程度的封闭性和稳定性（蔡昉、都阳、王美艳，2003）。

## 三 历史上的人口流动与农耕经济体系的变革

黄河下游农区在近代历史上曾经发生过两次重要的农村人口流动，即"走西口"和"闯关东"，这两次农村人口的流动对黄河下游农区的农耕经济体系带来了较大影响。

**1. 农牧交融**

黄河下游农区的农耕经济虽然具有地理上的封闭性，但与外界的交流从来没有停止过。除了上文列举的"走西口"和"闯关东"外，当时陕西、山西、察哈尔、山东等地接近关外、口外的区域与外界保持着密切往来，并导致区域内的农耕经济体系发生了不同程度的变化。如陕北地区，由于地处农耕文明与游牧文明的交界地带，民族迁徙一直没有停止过，这既包括陕北农民向口外的迁徙，又包括口外牧民向陕北迁徙。公元前121年，匈奴浑邪王杀休屠王，率领数万人来降，汉安置他们在陇西、北地、上郡、朔方、云中五郡的塞外；东汉初年，亦有大量少数民族内迁；以后的唐、元代均有少数民族内迁，导致这一区域的单一农业向农业与牧业并重发展。值得注意的是，虽然游牧民族的内迁使陕北的单一农业经济发生了变化，但没有从根本上改变农耕经济体系的内涵，因为封建土地所有制和农村劳动力的严重分割局面没有受到破坏，农耕经济体系仍然居于主导地位。

**2. 人口流动与商业文化的兴起**

人口流动的另一个重要结果是商业文化的兴起，晋商文化很具有代表性。如山西祁县是晋商文化的发祥地之一，包头东河区是晋商文化走向成熟的标志之一，祁县和包头有着千丝万缕的血缘和亲缘关系。历史上，祁县和包头曾有过两次大的人口流动和经济交往，以乔贵发为代表的一代祁县人，随着"走西口"的人流走到包头，开辟商路，促进了地区间的贸易往来，也促进了原来以单一农业生产为主体的农耕经济体系发生变迁（路丽、史俊杰，2007）。

显然，在历史上，由于农业在农村甚至整个国民经济体系中均居于主体地位，农村劳动力的流动没有突破农业生产的边界。黄河下游农区的农耕经济体系虽然发生了由单一农业向农牧业并重的过渡以及商业文化的兴起，但工业尚未真正发展起来，劳动力没有伴随经济结构的变动而发生行业变动,农耕经济体系的制度结构及其自我实施规则仍然起决定性的作用。

## 四 当代农村劳动力转移与黄河下游农区农耕经济变迁

改革开放以来,黄河下游农区农村劳动力从农业向非农产业的转移,也引发了农耕经济体系发生了多方面的变动,主要体现在以下几个方面。

第一,农村劳动力向非农产业的转移促进了农村产业结构的升级,打破了以农业特别是以种植业为主的农耕经济产业格局。黄河流域虽然一直是我国粮食的主产区,但随着农村劳动力向非农产业的持续转移,农村产业结构已经发生了巨大变化。以宁夏为例,农业是宁夏农村经济中的主导性产业,在1995年以前,农业在宁夏农村经济中的比重一直在50%以上,而工业产值的份额较低,随着劳动力在农村三次产业中投入的变化,特别是对第二、第三产业投入的快速增长,农业产值份额快速下降,到2003年降到历史最低点的36.59%,而农村工业产值份额则上升到37.61%(刘双萍,2006)。

第二,随着农村劳动力向非农产业的转移,以业缘关系为基础的次级关系开始成为农民社会关系的重要方面,动摇了农耕经济亲缘和地缘的关系基础。由于传统农耕经济中农民依赖于土地,亲缘和地缘关系居于人们社会关系的基础地位,农村劳动力向非农业产业的转移建立起了人们以业缘为基础的新型社会关系。特别是大部分农村剩余劳动力的转移具有城乡之间的钟摆性、区域之间的候鸟性和产业之间的兼业性特征,导致亲缘、地缘和业缘的交织。土地虽然仍然是维系农民社会关系的最强力量,但其地位显然在下降。

第三,社会组织力量开始显现,家族势力对农民行为的支配力量弱化。农村劳动力向非农产业及城镇地域的流动,以及农村工业及小城镇的发展,使社会上出现了一些新的组织形式,如工业组织、城镇管理体系及居民自治组织等,而且其支配力量越来越强,导致家族势力的支配力量弱化。其内在的原因在于,土地所有权(包括土地的长期承租权)不再是人们赖以生存的唯一依托。

第四,农村劳动力流动导致了农民分化和社会分层。李强(2004)认为这一进程的主要推动力量来源于农村劳动力的流动。市场社会所强调的市场合约与市场交易对农民的思维带来了深远的影响,这一方面体现了农民在经营土地以外获取收入的途径增加,另一方面体现了农民市场意识的转变。

第五,城乡分割与城乡融合并存。和沿海发达区域相比,黄河下游农区的城市化水平仍较低,以2010年数据为例,黄河流域城市化率为34.60%,低于全国53.37%的城市化率。由于城市化严重滞后于工业化,农村劳动力的城乡转移受到限制。这表现为城乡融合与城乡分割的并存:一方面,农村劳动力流动促进了城乡交流的扩大和深化;另一方面,导致城乡分割的户籍、人事、城乡管理体制仍然存在,这对农村劳动力的职业选择形成了阻碍。

总体而言,当前农村劳动力的流动对传统农耕经济的封闭性形成了冲击,使其发生了由农业单一生产向农业多元生产转变、由以农业为主向以非农产业为主转变、由亲缘纽带向业缘纽带转变、由城乡隔离向城乡融合转变的结构变迁,但这些变迁在各方面的表现均不够彻底,表现出渐进性和稳定性。深入分析发现,这仍然是因为要素市场发育不够,农民生产和消费决策具有不可分性。这有两点突出表现。

第一,在中国渐进的改革进程中,旧有体制仍然具有强的制约作用,户籍制度、人事制度、就业制度等城乡分割制度的存在导致劳动力市场存在二元特征,农民无法利用农村劳动力市场来调节劳动的供求。农民对农业的劳动投入仍然受其家庭消费决策的影响,换言之,典型农民家庭结构对农村劳动力市场的结构状态仍然起重要制约作用,由城乡分割导致的城乡劳动力市场分割使得城市高度市场化的劳动力市场对农业生产和农民家庭决策的影响很小。

第二,根深蒂固的儒家文化禁锢了农民市场意识的开拓,土地依赖情结和家庭联产承包责任制的结合,导致了土地流转进程受到阻碍。如前文所述,在农村劳动力流动进入高峰时,农民家庭承包土地的流转仍不够发达,很少有农民在外出务工时将土地转租他人,即使转租也往往因为国家对土地撂荒有严格控制,很多地区甚至为了避免耕地撂荒而出现耕地承包人向二次承租人支付费用的情形。一些地区制定了将外出务工人员承包耕地收回进行二次承包的政策,一些农民担心因为外出务工而失去土地承包权,或上访,或放弃外出务工。这些都体现了农民对土地的依赖,以及土地要素市场化程度的低下。

## 第五节 促进农村劳动力转移的政策建议

以上研究表明,农村劳动力转移对黄河下游农区的经济发展和社会转型而言是重要的,但农村劳动力转移中也显现出一些问题,这些问题产生的根源在于长期城乡分割制度导致的城镇居民和农民在身份、就业、教育、市场意识等方面的系统性差别。对黄河下游农区而言,其特殊性在于两点:第一,黄河下游农区根深蒂固的传统文化对经济社会发展的影响,使得这一区域的经济社会结构具有稳定性,城乡之间的隔离和差别难以通过某一方面的政策措施予以消除,而需要多方面的同时改革。第二,黄河下游农区是传统的农业生产区,经济发展水平落后,工业化和市场化程度低,农村劳动力大量向东南沿海经济发达区域流动,而在本地务工的农村劳动力文化程度低、技术水平低、法律意识淡漠,在务工和务农之间往复。因此,需要建立促进农村劳动力非农化的长效机制。本研究认为,有针对性地促进黄河下游农区农村劳动力转移，实现经济社会结构的优化和城乡协调发展，在政策上需要在以下六个方面进行深入改革。

## 一 深化体制改革，建立城乡统一的城乡就业制度和社会保障制度

就全国而言，旧有体制是对农村劳动力转移的重要约束，而这一点在黄河下游农区表现得尤为突出。郑州市2001年实施的全面实行"一元制"户口管理模式的"户籍新政"，不到3年便告失败，表明过于理想化的城乡户籍统一管理是不适合的。对户籍制度的改革要注意：城市以生产组织来确定人与人之间的关系，而农村基本上仍然以家庭来确定人与人之间的关系。这需要进行户籍制度改革，淡化"身份"在就业、社会交往中的作用。基本的思路是，首先，逐步、有条件、有规划地放开户口限制，淡化户籍的地域意识，并将就业、住房、医疗、社会保障等与户籍有步骤地脱钩；其次，建立城乡统一的就业制度，关键是同工同酬，消除对农民工的歧视；最后，完善社会保障体系，当前我国的社会保障体系还不完善，面向农民工这一群体的更显缺失，如前所述，黄河下游农区由于是传统的粮食主产区，第一产业比重较大，非农就业形势不容乐观，农民工主要在高、险、苦、累的建筑业等务工，工资待遇较低，这更需要完善社会保障体系。

## 二 建立健全法律体系，保障转移劳动力的合法权益

自2003年底时任国家总理温家宝帮农民工讨工钱以来，全国展开了"清欠风暴"活动，将保障农民工合法权益的问题推上了前台。由于农民工的身份及其就业性质、就业特点的特殊性，原有的法律如《劳动法》对劳动合同、经济性裁员、劳动安全、工资发放等方面的规定缺乏具体实施规范，从而容易在劳动争议上与其他法律存在衔接问题。再加上农民工受教育程度普遍不高，维权意识淡薄，在仲裁和诉讼中很难公平地主张自己的权利。这

需要订立针对农民工合法权益维护的法律法规，以保障他们的经济利益、人身安全和社会权益不受侵害。

## 三 建立社会职业教育培训体系，提高农村劳动力的知识技能

农村劳动力在转移过程中，其就业、维权、社会交往等多方面的问题与其所受教育程度有很大的关联，国际经验也证明，制定合适的劳动力转移教育培训体系是美国、日本等发达国家促进农村劳动力快速转移、实现工业化和城市化的重要措施（李少元，2005）。近年来，我国中央政府也高度重视农村劳动力的转移培训工作，制定了一系列政策来推进农村劳动力的转移培训，各地政府也具体实施了一些培训项目，取得了一定成效。但相对于我国农村劳动力数量大、结构复杂和区域差异大的情况，培训力度仍然不够，需要建立多层次、多种类型的社会职业教育培训体系，来有效地提高农村劳动力的知识技能。培训应包括两个方面：一是转移前的培训，主要面对向省外流动的农村劳动力，应具有产业针对性；二是转移后的培训，主要针对在本地已经就业的农村劳动力，目的是增强农村劳动力的知识技能，提高劳动生产率，使其获得在市场经济下生存发展的能力，从而解除他们对农业土地的依赖，打破农耕经济的不可分性。

## 四 完善市场体系，加快市场化进程

黄河下游农区深受传统文化的影响，经济社会结构相对稳定，不利于农村劳动力向非农产业转移，也容易产生农村劳动力与现代经济体制之间的冲突。这要求政策制定者将完善市场体系、加快市场化进程作为重要事项来推进，具体包括促进农业生产资料如土地的流转，提高农村劳动力的市场意识和市场行为能力，促进市场机制发挥作用，制定规范、完善的市场制度，等等。

## 五 发展产业集群，促进产业组织创新，优化农村劳动力转移机制

作为一种新型的产业组织形式，产业集群已经在理论和实践两个方面被证明是促进农村剩余劳动力转移的有效机制，这源于产业集群的劳动力市场共享和外部性对劳动力的吸聚作用。同时，产业集群的非正式学习机制具有促进人力资本积累的效应，特别是对发展中国家和地区而言。从目前来看，东部发达地区是产业集群发展较好的区域，黄河下游农区的产业集群主要集中在传统产业，以低技术劳动密集型产业为主，但其吸纳劳动力的效应已相当显著，如河南省虞城县南庄村钢卷尺制造等六个产业集群吸引了大量的农村劳动力，提供的就业岗位平均在 6000~30000 个（李二玲，2006）。黄河下游农区是传统的农耕经济区，农村人口多，发展基于当地资源的产业集群是解决农村劳动力就业稳定性和促进社会结构变迁的有力手段。

## 六 建设小城镇，促进农村劳动力的就地转移

农村劳动力转移中的一个重要问题是传统农村与城市现代社会之间的冲突，城市社会的行动规范不完全适合农村劳动力，但又不可能为了农村劳动力转移而做大的改变。在农村地域发展非农产业，建设小城镇来吸纳农村劳动力，是解决农村劳动力问题的有益思路，它不但是低成本促进农村劳动力转移的手段，而且契合我国渐进式改革的道路。在小城镇实行户籍制度改革，完善基于小城镇人口流动的土地流转制度及社会保障制度，都比较容易推行。

**参考文献**

[1] Demsetz, H., "Towards a Theory of Property Rights," *American Economic Review* 57 (1967).

[2] 白南生、何宇鹏：《回乡，还是外出？——安徽四川二省农村外出劳动力回流研究》，《社会学研究》2002年第3期。
[3] 蔡昉、都阳、王美艳：《劳动力流动的政治经济学》，上海三联书店、上海人民出版社，2003。
[4] 陈百明、李世顺：《中国耕地数量下降之剖析（1986~1995）》，《地理科学进展》1998年第3期。
[5] 陈琪：《我国农村智力回流的引致机制和对策研究》，《农村经济》2005年第7期。
[6] 程怀儒：《中国农村剩余劳动力转移的有效途径：农村工业化》，《河南大学学报（社会科学版）》2006年第5期。
[7] 樊纲、王小鲁、张立文、朱恒鹏：《中国各地区市场化相对进程报告》，《经济研究》2003年第3期。
[8] 方齐云、陆华新、鄢军：《我国农村税费改革对农民收入影响的实证分析》，《中国农村经济》2005年第5期。
[9] 费孝通：《乡土中国》，北京大学出版社，1998。
[10] 费正清：《美国与中国》，世界知识出版社，2000。
[11] 冯少雅：《信息不对称下我国政府农业支持政策的选择》，《河南大学学报（社会科学版）》2003年第4期。
[12] 高桥、张皓瑞、杨高磊：《农民工寒夜露宿大桥下》，《河南商报》2005年12月18日。
[13] 耿明斋：《农业区工业化的一般理论分析》，《河南大学学报（社会科学版）》2007年第3期。
[14] 龚维斌：《劳动力外出就业对农业生产的影响》，《南京师大学报（社会科学版）》1999年第3期。
[15] 龚维斌：《劳动力外出就业与农村社会变迁》，文物出版社，1998。
[16] 辜胜阻、徐进、郑凌云：《美国西部开发中的人口迁移与城镇化及其借鉴》，《中国人口科学》2002年第1期。
[17] 郭兴方：《城乡收入差距的新估计——一种动态解释》，《上海经济研究》2004年第12期。
[18] 《中国农业百科全书·农业历史卷》，中国农业出版社，1995。
[19] 《国务院关于解决农民工问题的若干意见》，人民出版社，2006。
[20] 国务院研究室课题组：《中国农民工调研报告》，中国言实出版社，2006。
[21] 贺宇：《刍议我国农村剩余劳动力转移中的"非正式制度"》，《南方农村》2007年第3期。
[22] 胡必亮：《"关系"与农村人口流动》，《农业经济问题》2004年第11期。

[23] 胡苏云、王振：《农村劳动力的外出就业及其对农户的影响——安徽省霍山县与山东省牟平县的比较分析》，《中国农村经济》2004年第1期。

[24] 胡雪萍：《提高农民收入的一种有效途径：外出务工》，《农业经济问题》2004年第8期。

[25] 黄泰岩：《"民工荒"对二元经济理论的修正》，《经济学动态》2005年第6期。

[26] 李二玲、李小建：《农区产业集群、网络与中部崛起》，《人文地理》2006年第1期。

[27] 李富田：《经济势差与农村劳动力流向——以四川省绵阳市调查为例》，《中国农村经济》2003年第1期。

[28] 李恒：《结构性增长、结构贸易与中国农村剩余劳动力转移》，《华中科技大学学报（社会科学版）》2007年第2期。

[29] 李恒：《外出务工促进农民增收的实证研究——基于河南省49个自然村的调查分析》，《农业经济问题》2006年第7期。

[30] 李杰、杜乃涛：《关于创新农村经济制度的思考》，《河南大学学报（社会科学版）》2005年第3期。

[31] 李培林、李炜：《农民工在中国转型中的经济地位和社会态度》，《社会学研究》2007年第3期。

[32] 李强：《农民工与中国社会分层》，社会科学文献出版社，2004。

[33] 李少元：《国外农村劳动力转移教育培训的经验借鉴》，《比较教育研究》2005年第7期。

[34] 李亚杰：《近三成80后农民工认为劳动强度大》，《新京报》2007年6月22日。

[35] 李燕燕：《传统农区经济转型原始路径的一般分析》，《河南大学学报（社会科学版）》2007年第4期。

[36] 林晓鸣：《建国后农民阶级队伍演变及其发展走势分析》，《社会主义研究》1990年第1期。

[37] 林毅夫：《"三农"问题与我国农村的未来发展》，《农业经济问题》2003年第1期。

[38] 刘翠萍：《陕北农耕文明的特征及成因探析》，《延安大学学报（社会科学版）》2006年第4期。

[39] 刘东勋：《河南内陆农区市场化导向的开放带动型工业化模式》，《河南大学学报（社会科学版）》2007年第4期。

[40] 刘双萍：《宁夏农村经济结构变动与农村工业化分析》，《宁夏党校学报》2006年第6期。

[41] 刘义明：《关于完善农民工维权体制和机制的思考》，2009年度湖

北省工会优秀调查报告。
[42] 陆学艺：《当代中国社会阶层研究报告》，社会科学文献出版社，2002。
[43] 路丽华、史俊杰：《联展晋商"老照片"共谋经济大发展》，《晋中晚报》2007年10月22日。
[44] 马夫：《固原市农村社会分层的现状、特征及其对贫富分化的影响》，《宁夏社会科学》2007年第2期。
[45] 孟天运、尉建文：《山东地区农村社会分层的个案研究》，《东方论坛》2003年第2期。
[46] 潘晨光、娄伟：《中国农村智力回流问题研究》，《中国人口科学》2003年第5期。
[47] 潘从武、周永强：《新疆解救40名被非法关押强迫劳动的"包身工"》，《法制日报》2004年4月20日。
[48] 潘会玲：《重塑农民形象——对改革十五年来山西农村社会不同利益群体阶层的分析》，《统计与决策》1996年第2期。
[49] 彭文慧：《外出务工、智力回流与欠发达区域经济发展研究》，《河南大学学报（社会科学版）》2007年第3期。
[50] 曲昌荣、曹树林：《讨薪之路4年未了胜诉后法院判决成一纸空文》，《人民日报》2006年12月15日。
[51] 史钧：《山西阳城交通局等三部门拖欠民工工资近百万》，《市场报》2007年2月9日。
[52] 宋丙涛：《财政效率、政府作用与欠发达地区工业经济发展》，《河南大学学报（社会科学版）》2007年第5期。
[53] 孙联辉：《影响我国农业科技进步的障碍因素》，《河南大学学报（社会科学版）》2003年第3期。
[54] 田雨、吴小军、李惠子：《农民工代表进入中国最高国家权力机关》，《扬子晚报》2008年2月29日。
[55] 涂永珍：《农村非农经济发展中的法社会学问题的理性思考——对三个典型村庄非农产业发展的调查研究报告》，《河南大学学报（社会科学版）》2003年第3期。
[56] 王金海、程莉莉：《两会特别关注：解决农民工问题不能再等了》，《工人日报》2006年3月6日。
[57] 王西玉、崔传义、赵阳：《打工与回乡：就业转变和农村发展——关于部分进城民工回乡创业的研究》，《管理世界》2003年第7期。
[58] 王玉兰：《农民工权利保障困境及对策研究》，《河南大学学报（社会科学版）》2004年第3期。
[59] 韦森：《从传统齐鲁农耕文化到现代商业精神的创造性转化》，《东

岳论丛》2004年第6期。

[60] 武国定、方齐云、李思杰：《中国农村劳动力转移的效应分析》，《中国农村经济》2006年第4期。

[61] 许欣欣：《从职业评价与择业取向看中国社会结构变迁》，《社会学研究》2000年第3期。

[62] 阎占定：《论农民增加收入在全面建设小康社会中的定位》，《河南大学学报（社会科学版）》2005年第5期。

[63] 杨进：《黄河流域的有关数据》，《中国水利》2000年第2期。

[64] 殷晓清：《小农经济与传统农耕社会的有机运行》，《江西社会科学》2003年第10期。

[65] 喻新安：《传统农区新型工业化道路的内涵与实证分析——以河南黄淮四市为例》，《河南大学学报（社会科学版）》2007年第6期。

[66] 曾广奎、徐贻军：《内生农业技术进步条件下我国农村富余劳动力问题模型研究》，《湖南社会科学》2005年第5期。

[67] 张军：《资本形成、工业化与经济增长：中国的转轨特征》，《经济研究》2002年第6期。

[68] 张卫平：《经济欠发达地区农民老龄化不容忽视的几个社会问题》，《河南大学学报（社会科学版）》2003年第4期。

[69] 张五常：《佃农理论——应用于亚洲的农业和台湾的土地改革》，商务印书馆，2000。

[70] 钟甫宁：《农民问题与农村人力资源开发》，《现代经济探讨》2003年第9期。

[71] 周运清：《中国农耕经济变革与乡土社会结构转型的推进——中国社会结构的原型与演化》，《社会科学研究》1999年第5期。

[72] 珠飒、佟双喜：《"走西口"与晋蒙地区社会变迁》，《山西大学学报（社会科学版）》2007年第2期。

[73] 邹逸麟：《我国水资源变迁的历史回顾——以黄河流域为例》，《复旦学报（社会科学版）》2005年第3期。

# 第五章　黄河下游农区城市化与社会转型

改革开放以来，我国利用自身的比较优势实现了30多年的快速经济增长，取得了令人瞩目的成就。但2008年全球金融危机爆发以来，我国的经济增长速度有所降低，降至2013年的7.7%。长期以来，促进我国经济增长的三大"红利"——人口红利、制度红利及全球化红利，正逐渐减弱，一直困扰我国经济、社会发展的几个突出问题，即区域差距问题、收入差距问题、城乡差距问题，却有愈演愈烈之势。在"十二五"开局之年，政府把经济增长目标定得"低"，与其说是为调整产业结构，不如说是对当前我国经济增长面临的巨大困难的"无奈"。我国长期以来过度依赖投资与出口，消费对我国经济增长的驱动力一直不强，甚至近几年来还呈现不断下降的趋势。尽管我国多次强调提高内需对经济增长的贡献率，但这一目标迟迟无法得以实现。其根本原因是相对于经济发展水平，我国的城市化水平过低。经过改革开放30多年的发展，我国在资本、知识、人力等方面积累了大量的资源，2010年我国历史性地实现了城市常住人口首次超过农村居住人口，即统计意义上的城市化率超过50%，但如果按城市户籍人口来计量，我国的城市化率不足40%（简新华，2010），即便是统计意义上的50%的城市化率，也仅仅与美国1910年、日本1960年的城市化水平相当，这与我国当前世界第二大经济体的经济发展水平明显不符，直接导致的结果就是长期拖累我国经济发展后腿的内需不足。正如美国经济学家斯蒂格利茨所说："21世纪影响全球的两大事件，一是中国的城市化，二是美国的高科技。"足见学术界对中国城市化问题研究的重视。本研究的对象是黄河下游农区，而这一区域居住的农村人口占我国农村人口总数的11.1%，其城市化问题的最终解决对我国长期以来城市化率过低问题的解决有不可取代的作用。正是源于此，本章主要研究的就是黄河下游农区的城市化问题。

## 第一节 国内外城市化研究文献评述

### 一 国外文献评述

18世纪下半叶，产业革命导致世界城市化加速发展。城镇作为先进生产力的载体，在产业革命的作用下迅猛发展，逐渐成为社会生产和生活的主导力量，城市化进程开始为人所关注。1867年，西班牙工程师A. Sedra首先提出"城市化"的概念。从此，理论界开始关注、研究城市化问题。

19世纪中叶，马克思和恩格斯对城市起源、城乡对立运动及城乡差别消灭的远景有过深刻的论述。英国学者霍华德（Howard，1898）提出"田园城市"（garden city）模式，强调把城市和区域作为整体研究。恩温（Unwin，1922）的"卫星城"理论，被广泛付诸大城市的调整实践。

20世纪初，英国生态学家格迪斯（Geddes，1915）首创了区域规划综合研究的方法，出版了著名的《进化中的城市》（*Cities Evolution*）一书。规划师沙里宁（Saarinen，1918）以"有机疏散"理论模式拟定了著名的大赫尔辛基规划方案。德国地理学家克里斯泰勒（Chrsitaller，1933）提出了著名的中心地理论，第一次把区域内的城镇系统化。赫希曼（Hirschman）等人的"极化增长学说"、罗斯托（Rostow，1960）的"经济增长阶段学说"、弗里德曼（Friedman）及阿隆索（Alonson）的"核心－边缘模式"及其模拟的城镇体系形成运作过程、佩鲁（Perroux，1955）的"增长极理论"等，早已为人们所熟知。20世纪50年代，瑞典学者哈格斯特朗（Hagerstrand）在熊彼特（Schumpeter，1912、1939）"创新"（innovation）学说的基础上提出了现代空间扩散理论。20世纪60年代以后，以美国为首的西方发达国家逐渐步入了后工业社会（post-industrial society）。到了20世纪80年代，西方国家的产业结构及全球的经济组织形式发生了巨大的变化，表现为信息经济社会（information economy society）、知识经济社会（knowledge economy society）的总体特征，城市成为社会经济的主要空间载体，城镇体系呈现了新的景象。20世纪80年代后半期，西方国家开始了全球城市（global cities）、网络城市（network cities）、世界城市体系（world urban system）之类的新研究。

通过梳理国外有关城市化问题的研究我们不难发现，国外对此类问题研究的侧重点主要是农村人口流向城市后，城市以及城市发展的问题，或者说国外对城市化的研究是在要素自由流动的背景下，探讨人口在不同空间集聚或分散及由此引起的相关问题。国外城市化的研究主要集中在以下领域：城镇分布格局和等级规模分布、城镇职能和规模、经济发展过程中城镇形态的变化、城镇间联系、城镇体系演化的动力机制、全球化和信息化背景下城镇体系发展等。国外城市化的研究对我国城市化的研究有很大借鉴意义，比如其对世界各国城市化发展一般规律的总结，即一般而言，一个国家的城市发展都呈现"S"形的发展轨迹；城市发展到一定阶段会以城市群形态出现；对拉美等国家出现的超前城市化带来的一系列社会问题的研究，对我国城市化的研究有很大借鉴意义。但我国实际的情况与国外的情况差别较大，根本的区别在于我国要素不完全自由流动，因此，国外的研究虽然对我们有一定的启迪作用，但并不能完全解决我国面临的诸多现实问题。

## 二　国内文献评述

我国在改革开放以前，关于城镇的研究较少，改革开放以后，城市化成为经济社会发展的热点，关于城市化的研究逐渐进入各个学科的研究范围。回顾我国城市化的研究，从时间维度上看大体经历了三个阶段：第一阶段（1979~1983年），该阶段是清除错误认识，分析城市化在中国的必然性，明确中国一定要走城市化道路的阶段。第二阶段（1984~1993年），该阶段是以城市化采取何种模式为主的对多种城市化理论展开讨论的阶段，包括农业剩余劳动力的转移、城乡关系、中外城市化比较及城市化一般发展规律等。这一阶段的研究虽然涉及我国城市化的许多重要问题，但从总体上看，多数研究处于初步探讨阶段。第三阶段（1994年至今），该阶段城市化研究呈现系统、深入和全方位探索的特点。在这一阶段中，以中共中央、国务院2000年"11号文件"的发布及城市化的问题被列入国家"十五"规划为标志，城市化问题从民间"热"到了中央。党的十七大明确提出：走中国特色城市化道路，促进大中小城市和小城镇协调发展，形成辐射作用大的城市群，培育新的经济增长极。这将中国城市化发展及城镇结构调整推上了一个新的台阶，激发了各地区加强城镇体系建设的新一轮热潮。

回顾改革开放30多年我国关于城市化的研究，基本是以城市化模式的探讨为主线展开的，包括城市化的基本内涵、城市化水平和速度及其与工业化的关系、城市化与我国经济增长的关系、城市化与"三农"问题的关系、城市化与收入增长及收入分配研究、城镇规模效益、城乡关系、城市化的制度分析等。可以说，我国对城市化问题的研究基本上涵盖了经济社会发展所涉及的方方面面。鉴于本研究的重点在黄河下游农区的城市化及其城镇体系的构建，梳理我国城市化研究的文献时无须把所有城市化的文献都加以评述，仅就以下两个方面的文献加以评述：未来我国城市化的合理模式；城市化过程中出现的问题。

**1. 关于我国城市化模式的研究**

对我国城市化模式的研究一直以来是我国城市化研究的核心。关于这一问题，我国学者研究的时间最长，文献最多，争论最大。其中，最具代表性的有三种模式：一是小城镇主导型的城市化发展模式；二是大中城市主导型的城市化发展模式；三是城市群主导型的城市化发展模式。其中，前两种模式的争论时间最长，争议也最大，第三种模式的本质是对第二种模式的进一步深化。

评价任何一个理论，都不能脱离当时的经济社会发展背景，小城镇主导型的城市化发展模式是费孝通在 1982 年写的三篇调研报告①里最先提出的。② 20 世纪 80 年代初期，长期研究农村社会问题的费孝通用学者特有的学术敏感，发现这一时期我国的小城镇在农村工业化不断兴起的背景下，正在发生深刻变化，其所提出的小城镇思想正好解决了这一难题，小城镇思想迅速被理论界和政府采纳，党的十五届三中全会在提到小城镇时更是以大战略来形容它。小城镇既是城又是镇，究竟为何物？费孝通在《小城镇 大问题》中这样回答："我早年在农村调查时就感觉到了有一种比农村社区更高一层的社会实体存在，这种社会实体是以一种并不从事农业生产劳动的人口组成的社区，无论在地域、人口、经济、环境等因素看，它们都既具有与农村社区相异的特点，又都与周围农村保持着不可缺少的联系，我们把这样的社会实体用

---

① 三篇调研报告分别是《小城镇在四化建设中的地位和作用》《小城镇 大问题》《小城镇 再探索》。

② 对于费孝通小城镇的研究，有学者认为应追溯到他 1936 年在江西考察以及在此基础上写出的《江村经济》，但本研究认为我们讨论的是我国城市化的问题，费孝通在《江村经济》里虽然讨论了小城镇的职能等一系列问题，但其目的不是解决我国城市化问题。这与他在 20 世纪 80 年代初所写的文章是不同的。

一个普通的名字加以概括,称之为'小城镇'。"

费孝通所倡导的小城镇主导型的城市化发展模式提出于20世纪80年代,目前国内仍有不少学者支持此模式。主张小城镇模式重点发展的学者认为,中国农村的剩余劳动力多达2亿人,仅仅靠大城市解决不了人口转移问题,应该集中力量发展小城镇(周民良,2005)。也有学者指出,我国的城市化道路是以乡镇工业和小城镇建设为中心的乡村工业化和以农村人口就地非农化为核心的封闭式城市化发展模式,即遵循"乡镇工业→乡村工业→小城镇→乡镇(人口)城市化"的路径(胡俊生,2000)。同时,有学者从发展经济、开拓市场的角度指出,增加农民需求是保证全国消费增长的关键,而提高农民收入的根本途径就是减少农民,于是认为"发展小城镇就成为必然的选择"(胡少维,1999)。另一个坚持该模式的理由是"大城市饱和说"(国风,1998)。

对于如何推进小城镇发展,学者提出了以下几个有代表性的观点:潘海生、曹小峰(2010)通过对浙江省小城镇建设的调查,提出"就地城市化"。所谓"就地城市化",就是农村人口不向大中城市迁移,而是以中小城镇为依托,通过发展生产和增加收入,发展社会事业,提高自身素质,改变生活方式,过上和城市人一样的生活。张艳明、章旭健、马永俊(2009)在考察江浙经济发达地区村庄城市化发展实例的基础上,总结出城市边缘区村庄城市化发展模式有"产业集聚型""商贸市场型""旅游特色型"三种。部分学者认为根据我国不同区域的实际经济发展水平,应坚持"县城重点论"与"主要建制镇论",将县城和主要建制镇作为镇市化的主要承载区域(辜胜阻、李永周,2000)。

但近年来,学术界对忽略地区差异的单一化小城镇主导型城市化模式提出了广泛的质疑,这些质疑又主要集中在我国中西部地区。赵新平、周一星、曹广忠(2002)提出,2000年以来,小城镇作为国家城市化战略重心的选择,忽视了其支撑基础——乡村工业化,乡村工业化正面临停滞与消退的危机。一些学者依据经验事实，对西部地区小城镇产业集聚和人口集聚能力进行了分析，认为西部农村地区应先将分散的乡镇企业和地方工业从农村适度向县城和条件具备的小城镇集中，形成规模经济和集聚效应，从而实现人口集聚（聂华林、王宇辉，2005）。何景熙（2003）对西部地区小城镇"空壳化"问题进行了实证研究，认为在西部城市化中，多数小城镇由于缺乏非农产业支撑而扩张乏力，因此，小城镇主导型城市化道路在西部地区有较大的局限性。李富田、李戈（2010）通过对四川31个镇、村的调查表明，由于多数小城镇产业基础薄弱、人口聚集功能有限，更多的农民选择了流向大中城市。刘学敏（2001）、廖丹清（2001）、李富田（2003）、王小鲁和夏小林（1999）、刘永红和郑娅（2001）等也经过实证研究，对西部小城镇主导型城市化提出了质疑。钟宁桦（2011）使用1987~2008年28个省份的面板数据，对全国小城镇主导型城市化模式能否承担起我国城市化的重任做了实证研究，其研究结论表明，1998年以前，乡镇企业无论是对缩小城乡差距还是对吸纳农村剩余劳动人口，都有显著影响，而1998年以后，乡镇企业的这种作用日渐缩小，在我国高度竞争的工业品市场上，农村工业没有优势。

  2000年以后，无论是学术界的理论研究成果还是我国人口流动的现实，均表明小城镇主导型城市化模式已经越来越不适应我国的经济社会发展形势。对于以何种城市化模式取代小城镇主导型城市化模式，虽然在实践和理论上还存在许多争议，但在学术界，较为统一的思想无疑是大中城市主导型的城市化模式。

  洪银兴、陈雯（2000）从强调增加城市供给的角度，阐述了我国发展小城镇的弊端。城市供给不仅是数量问题，而且是质量问题，城市是经济能量的集聚地，是人流、物流、信息流和资金流的集聚地，是主导产业的集聚地，因而是区域的增长极。小城镇主导型的城市化产生的最严重的外部不经济是：虽然它加速了城镇的发展，但在很大程度上抑制了大中城市的发展。王小鲁

(2010)认为我国小城镇数量的增加,主要是撤乡建镇的行政建制改变的结果,而不是人口自然向小城镇集中的结果,因而其没有给城市化带来实质性进展,而且由于许多小城镇缺乏吸引力和自身发展动力,一些小城镇建设投资没有得到相应回报,导致了资金和土地资源的浪费。房维中、范存仁(1994)认为,规模较大的城市会产生明显的集聚效应,从而带来较高的规模收益、较多的就业机会、较强的科技进步动力和较大的外部扩散效应。

城市经济学的一个核心主题为城市是否存在最优规模。一直以来,虽然从纯理论的分析上最优规模是存在的,但实证方面的研究很少。计量经济学方法上的不断创新,对城市最优规模的实证研究起到了重要的作用。我国学者王小鲁和夏小林(1999),通过创建计量模型,并应用全国600多个城市的数据,发现不同城市具有不同规模的集聚效应,其研究结论表明,当一个城市的规模处于100万~400万人口时,净规模收益最高,而规模小于10万人的城市很难发现其具有规模收益。2006年,国外学者也使用计量方法和中国数据做相关实证研究,其结论表明,一个城市的最优人口规模为290万~380万人。樊纲(2000)认为,"对于中国这样的人口众多的国家来说,今后50年再出现50~100个人口在200万以上的大城市并不算多"。于晓明(1999)认为,大城市的规模效益和综合效益均好于小城镇,故我国城市化应以发展大中城市为合理选择。杨波、朱道才、景治中(2006)从城市化发展阶段的角度分析,认为我国总体仍处在城市化前期阶段,应走集中型城市化和大城市化道路。

关于城市规模的研究,仅就单个城市而言,并未涉及城市的空间分布问题,国外学者通过对美国城镇体系的研究,发现单个城市的规模收益会由其临近城市组成的空间结构的不同而发生很大的变化(王小鲁,2010)。国家发改委产业发展研究所到美国等地的实地考察也发现,美国大量小城市的快速发展总是围绕在一个或几个中心大城市周围,使得很多地区的大、中、小城市逐步形成了密集的城市群（带）。国内学者观测到我国超大城市普遍出现的城市病问题，同时对比发达国家城市演化的一般规律，开始对我国城市群进行研究。

城市群主导型的城市化是一种基于大中城市主导型的城市化和小城镇主导型的城市化的折中城市化模式。从城市空间状态角度看，提出以区域一体化为中心的新型城市化模式，就是发展大都市区和都市连绵带，大多数学者将该模式称为城市群发展模式（胡必亮，2003；安虎森、陈明，2005；段禄峰、张沛，2009；周民良、褚玉楠，2010）。在城市化推进过程中，应该在大中小城市和小城镇协调发展的基础上，充分发挥中心城市的带动和辐射作用，发展一批具有世界竞争力的大城市群或大都市区，通过它们强大的集聚和辐射效应带动周边农村工业化与城市化的发展（李京文，2008）。通过梳理城市群发展模式的研究文献，不难发现其核心仍然坚持以大中城市为主导，但应避免大城市规模过于庞大而出现规模收益下降，指出大中小城市应协调发展。但多数的研究均表明，城市群不是一群规模相当的城市的集合体，而一个大中小城市分布合理、分工明确的城市群的形成关键，在于该区域的中心城市的经济辐射力。我国对城市群的研究，可以看成大中城市主导型的城市化模式的进一步深入，其本意仍赞同以大中城市为主导提高我国城市化水平，但应避免特大城市中由城市病带来的负面影响。

**2. 关于我国城市化进程中存在问题的研究**

不同的区域或不同的经济发展阶段都会导致城市化呈现不同的特征。一些国家的城市化伴随着技术升级、工业化和城市现代产业的扩张，而也有一些国家的城市化没有带来传统产业向现代化产业的过渡，只是导致了传统产业的扩张（Kazuhiro，2007）。与其他国家相比，我国的城市化既有某些共性，又有自身的显著特点和突出问题。而目前关于我国城市化及其带来的问题的争议主要集中在以下几个方面。

(1) 我国城市化水平与我国工业化水平是否匹配

20世纪90年代至21世纪初，大多数学者认为我国存在严重的城市化慢于工业化的问题，但有一部分学者认为二者基本相适应，城市化水平仅稍滞后于工业化水平，并没有带来严重后果。个别学者认为，如果把乡镇企业就业人口及其抚养人口也算在内，我国城市化水平非但没有滞后，还存在"超前城市化"问题（曹广忠等，2010）。

认为我国城市化水平滞后的学者，衡量城市化是否滞后于工业化的标准主要有两种：一种是对比工业化水平与城市化水平的绝对差异；另一种是以世界大多数同等经济发展水平的国家，或者一些国家同等工业化水平的经验数据为参照系进行比较，判断我国城市化水平是否滞后于工业化水平。根据西方各国城市化发展的一般经验，城市化率会始终高于工业化率，且差距会不断扩大（安虎森，2005）。然而我国的城市化发展违背了这条经验规律，城市化水平滞后于工业化水平，中国第二产业产值在GDP中所占的比重在1980~2006年一直为50%左右，第二、第三产业产值之和占GDP的比重为90%左右，但是以城镇常住人口计算的城市化率只有47%左右，远远低于发达国家相同发展阶段70%~80%的城市化水平（万广华、朱翠萍，2010）。国外学者通过对我国城市化水平的研究，也得出了我国的城市化水平滞后于工业化水平的结论（Henderson，2007）。陆铭等（2008）用2005年的跨国数据拟合出了一条人均GDP和城市化率的关系曲线，如果以此为参照，中国的城市化率低于合理水平大概10个百分点。也有一些学者从我国就业结构方面对二者的关系进行了研究，其结论表明，我国工业化导致了产业结构不断向非农产业转变，但与同期就业结构的偏差依然较大（林毅夫，2006）。简新华、黄锟（2010）根据对中国城市化情况的实证分析和国际比较，认为从总体上看我国城市化水平滞后于工业化水平。另一种衡量城市化水平是否滞后于工业化水平的指标是工业化率与城市化率的比值，根据大多数国家的发展经验，该比值在 1.4~2.5 为合理，但我国历年的两指标的比值均未落入合理区间，一般是在低于合理区间的范围，因此判定我国城市化水平滞后于工业化水平。王小鲁和夏小林（1998）、李文（2001）、丁小平（2004）、程俐骢和吴光伟（2005）等认为我国城市化水平已经滞后于经济增长水平与工业化水平，并且指出，正是我国长期以来城市化水平滞后于工业化水平，才使得我国长期存在内需不足的问题。

可见，主张我国城市化水平滞后于工业化水平的学者一般是根据各国实际发展的经验得出的。这样一种判断是否科学，值得思考，毕竟外国与我国的实际情况是有所区别的。针对这种质疑，吕政（2005）指出，我国无论以哪种指标体系来判断工业化与城市化的关系，只要大量依托非农就业的人口仍居住在农村，那么就可以断定城市化水平滞后于工业化水平。截至2009 年，我国仍有 17167 万依托非农就业但仍居住在农村的人口。可见，我国就总体而言，城市化进程是滞后于工业化进程的。

但国内一些学者也指出，我国当前不仅不存在城市化滞后问题，还存在很"严重"的"超前城市化"问题。他们认为如果把外出打工时间超过 6 个月的农民工及其所抚养的人口考虑在内，我国目前的城市化率高达 60.32%。国内学者郭克莎指出，造成一些学者得出此种结论的原因，是误读了 2000 年我国统计的城市化率计算方法，这种结论无论是从学术上还是从现实经验上看，都是站不住脚的。

针对这种争论，有学者指出，在我国，城市化率上升与工业化率上升的相关性较差，而与非农产业就业比重上升的相关性较强，应当用非农产业的就业比重来衡量工业化与城市化的关系。以此分析，我国的城市化水平并没有严重滞后于工业化水平，我国的问题不在于城市化水平滞后，而是工业化质量偏差（工业化与城市化协调发展研究课题组，2002）。我国不同区域工业化的水平差别很大，不能简单地说城市化超前或滞后，不同地区存在不同的情况，一些地区如北京、长三角、珠三角已实现或基本实现工业化，进入后工业化时期，但中西部地区仍处在工业化初期或中期阶段（陈佳贵，2011）。

（2）我国城市化引发的土地问题

相关资料表明，1996～2008年，我国城市化率由30.48%提高到45.68%，耕地面积由19.51亿亩减少到18.26亿亩，这意味着我国城市化水平每提高1个百分点，是以减少822万亩耕地为代价的（蔡秀玲，2011）。近年来，这种趋势进一步强化，国内一些学者把耕地减少速度快于我国城市化速度的情况描述为"土地城市化"。陈风桂等（2010）通过建立我国人口城市化指数和土地城市化指数等指标体系，指出我国31个省份中，实现人口和土地协调发展的仅有上海市，基本协调发展的有17个省份，而我国中西部15个省份均出现了严重土地城市化高于人口城市化的现象。关于我国出现土地城市化现象的原因，学术界给出了以下几种解释：一是认为，2003年以来，我国进入了新一期的城市大规模扩张阶段，其主要表现为"新区热"，据不完全统计，我国27个省份共规划新区748个，规划面积达2701平方千米，城市蔓延致使我国4000万农民失去土地，失地农民每年仍以200万人的数目递增（章征涛、李世龙，2011）。同时指出，"新区热"主要体现在大中城市的超常规发展上，认为大中城市的快速发展是该现象的原因（Lin and Ho，2003）。国内学者通过对比我国不同时期城市人均用地面积，也得出当前我国城市发展中存在土地浪费现象，20世纪80年代，我国城市人均用地面积平均每年增加0.6平方米，20世纪90年代，我国城市人均用地面积年均增加2.2平方米，是80年代的3.7倍。目前，我国人均城市建设用地面积已高达130平方米，高出我国城市规划部门推荐的城市建设用地指标13平方米，而这一水平在发达国家及发展中国家平均分别为82.4平方米和83.3平方米（肖林海，2010）。二是认为我国之所以出现这种现象，原因在于政府主导下的发展模式存在问题。政府对政绩的过分追求导致我国城市化是一种粗放的"摊饼式"的大发展，表现为我国土地开发严重失控、优质耕地资源大量流失（段进军，2007）。三是认为该种现象出现的原因在于小城镇发展规模小且分散，占地过多，这是我国耕地减少的主要原因（季建林，2001）。

关于城市化对耕地面积的影响，也有国内学者持不同意见，他们认为不能仅仅通过计算耕地面积的变化，简单地得出城市化的推进减少了耕地面积，进而影响了我国粮食安全的结论。毕竟从世界人类发展的历史来看，城市化是人类历史发展到一定阶段必然出现的产物。而且从全球的视角来看，世界一半的人口居住在城市，但城镇用地面积仅占地球陆地面积的2%。而且如果对比我国城市建设用地和我国农村建设用地，我国的城市化不仅没有减少我国的耕地面积，反而在节约我国的耕地面积。朱莉芬等（2007）通过对我国东部地区14个省份的实证研究表明，经济增长是耕地面积减少的主要原因，不同城市化模式对耕地面积也有显著影响，小城镇模式的影响显著大于大中城市模式，在其他条件相同的情况下，考虑农村住宅建设用地，城市化不仅不是耕地减少的加剧因素，反而可以减少耕地流失。

近年来，我国政府为避免耕地面积的进一步减少，提出了18亿亩耕地红线的耕地保护政策，国家对建设用地指标进行了严格的规划，在土地政策上明确限制跨省份用地指标的占补平衡。虽然政府在分配建设用地指标的过程中已经考虑了不同地区的经济发展对土地的需求不同，但从实际结果来看，仍然是东部较发达地区受到更为严格的用地指标限制（陆铭，2010）。而中西部地区学者则指出，长期以来，在东部地区快速发展的过程中，土地问题一直没有成为其发展的瓶颈，而18亿亩耕地红线的制定，对我国中西部地区工业化以及城市化进程的制约作用越来越凸显，而且我国当前的户籍制度改革滞后，对中西部地区的经济发展会带来长久的不利影响。

有学者进一步指出，在我国现行的二元土地制度制约下，城镇土地归国家所有，农村土地归集体所有，农村土地要想转化为城镇土地，必须由国家统一征收，农民的土地只能在集体内部流转。虽然我国已出台相关政策，允许农村土地使用权流转，但现阶段农村土地使用权市场尚未完全开放，土地承包经营权流转市场尚未形成，农民难以通过市场化途径实现土地财产收益权的合理价值，无法获得进城发展的资本（马晓河、胡拥军，2010）。陆铭、陈钊（2009）则进一步指出，我国当前的土地制度特别是农村建设用地指标无法跨区域流动的问题，只会使东部沿海地区有农村剩余劳动人口吸纳能力的城市因无建设用地指标可用而减弱甚至丧失人口的吸纳能力，一些经济发展水平差却拥有建设用地指标的区域会快速建城扩张，导致我国城市化推进的质量不高。

（3）我国城市化引起的其他相关问题

无论是从理论上还是从国外的实践上看，城市化进程应减少城乡收入差距（Henderson，2007），而且这一判断在很多国家得到了验证。但这种城乡收入差距随城市化进程逐渐减少的现象在我国并未得到验证（陈钊等，2011）。我国在城市化过程中存在城乡收入差距进一步拉大的情况，大量的研究表明，我国自20世纪80年代中期以后，城乡收入、区域收入差距一直在扩大，如果进一步把区域收入差距分解为城乡收入差距和城市内部、农村内部收入差距，则地区收入差距70%可由城乡收入差距来解释（万广华，2006）。

有学者指出，我国当前城市内部的人口存在"二元社会"现象，即我国城市常住人口中有相当一批无城市户籍，而且随着城市化进程的加速，这一类人口数量还在进一步增加，在城市里形成有城市户籍人口与无城市户籍人口的收入差距进一步拉大的情况（陆铭、陈钊，2008）。王伟同（2010）基于我国数据的实证研究表明，我国居民的福利状况并未随我国城市化率的提升而改善，相反，当前的城市化模式，即无城市户籍人口在城市人口中的比重不断上升,反而阻碍了我国居民福利的改善。

还有国内学者通过对比我国东、中、西部地区的城市化水平,指出当前我国城市化存在严重的区域不平衡现象,而这种不平衡加剧了我国区域发展的不平衡(董文栓,2005)。

从我国城市化研究的文献中可以看出,目前学术界主要以"经济增长"为目标来探讨我国城市化道路或城市化模式,关注城市规模效应和城市体系建设,以及城市化过程中引起的一系列问题。国内学者从多个角度利用多种经济学、地理学的研究方法进行了大量实证研究和理论讨论,为今后有关我国城市化的研究打下了良好基础。但也不难发现,关于城市化道路或模式的研究多停留在城市化规模的争论、城市化道路或模式的描述性分析上,未深入提出实现的可行性路径。

## 第二节 黄河下游农区城市化历史及发展现状

### 一 我国不同区域以及黄河下游农区的城市化水平变动情况

通过对城市化问题文献的梳理我们不难发现,城市化问题本质上就是一个国家或地区在其经济发展的过程中,人口在地理空间分布上的一种变化情况。众所周知,城市就是达到了一定人口规模和人口密度、聚集了各种非农产业从业者(包括文化精英)的地方(诺克斯,2009)。巨大的外部经济效应导致非农产业向城市聚集。而在以三次产业划分的产业结构中,我们也不难发现,第二、第三产业较第一产业有着无与伦比的优势,第二、第三产业的集聚必然会引起人口的集聚。因此,一个区域城市化的发展历程从某种程度上说就是其经济发展的过程。为更全面系统地了解黄河下游农区的发展状况,我们回顾了1991~2000年该区域的城市化情况,具体见表5-1。

表 5-1　1991～2010 年黄河下游农区城市化率变动情况

单位：万人，%

| 年份 | 总人口 | 城市人口 | 城市化率 | 年份 | 总人口 | 城市人口 | 城市化率 |
|---|---|---|---|---|---|---|---|
| 1991 | 9312.09 | 1344.93 | 14.44 | 2001 | 10301.73 | 2133.25 | 20.71 |
| 1992 | 9393.56 | 1437.30 | 15.30 | 2002 | 10360.88 | 2195.02 | 21.19 |
| 1993 | 9282.59 | 1497.92 | 16.14 | 2003 | 10413.73 | 2349.18 | 22.56 |
| 1994 | 9338.07 | 1628.14 | 17.44 | 2004 | 10467.03 | 2752.86 | 26.30 |
| 1995 | 9399.19 | 1732.62 | 18.43 | 2005 | 5207.14 | 1372.73 | 26.36 |
| 1996 | 9466.18 | 1800.12 | 19.02 | 2006 | 10539.70 | 3104.36 | 29.45 |
| 1997 | 9623.16 | 1873.13 | 19.46 | 2007 | 10599.10 | 3388.95 | 31.97 |
| 1998 | 9695.92 | 1883.16 | 19.42 | 2008 | 10654.97 | 3564.25 | 33.45 |
| 1999 | 6102.39 | 960.72 | 15.74 | 2009 | 12306.95 | 4337.93 | 35.25 |
| 2000 | 10231.48 | 2017.6 | 19.72 | 2010 | 10386.27 | 3593.17 | 34.60 |

注：1991～1998 年和 2000～2004 年、2006～2008 年及 2010 年城市包括河南 9 市：许昌、漯河、新乡、鹤壁、安阳、开封、周口、商丘、濮阳，山东 10 市：菏泽、聊城、济宁、德州、泰安、莱芜、滨州、淄博、东营、潍坊，安徽的亳州；1999 年城市包括河南 9 市，安徽的亳州，河北的沧州和邯郸；2005 年城市包括河南 9 市和安徽的亳州。以上数据均根据各省统计年鉴计算得出，其中，2009 年亳州、邯郸、沧州为常住人口，河南和山东的城市是户籍人口；2010 年河南 9 市和亳州为常住人口，山东 10 市为户籍人口；亳州自 2006 年以后总人口是常住人口。一些城市在一些年份用户籍人口，另一些年份用常住人口，在于其所在省的统计年鉴上这样统计，我们已经尽可能地前后保持一致，且在同一年份里尽可能地做到口径一致。

可以看出，经过 20 年的发展，黄河下游农区总人口由 1991 年的 9312.09 万人增长到了 2010 年的 10386.27 万人，[①] 城市化率由 1991 年的 14.44% 提高到了 2010 年的 34.60%。与此同时，我国的城市化率由 1991 年的 26.94% 提高到了 2010 年的 49.95%。黄河下游农区的城市化水平与全国平均水平的差距由 1991 年的 12.50 个百分点，拉大到了 2010 年的 15.35 个百分点。该区域的城市化

---

① 1991 年的数据为户籍人口，不包括河北两市的人口。2010 年的数据为常住人口，包括河北两市的人口。我们知道这一区域为人口净流出区域，因此，2010 年的人口数会少于其常住人口数。这一点和 2008 年相比就可以看出来了。

发展速度和水平远低于我国的平均水平。

与同期我国经济发展水平更高的长三角、珠三角城市化水平相比,这种差距更为明显。1992~2010 年黄河下游农区的城市化率分别与长三角、珠三角的差距由 17.15 个百分点、25.25 个百分点拉大到了 31.20 个百分点、48.12 个百分点(见表 5-1、表 5-2)。

表 5-2 珠三角、长三角城市化率变动情况

单位:人,%

| 年份 | 指标 | 珠三角 | 长三角 |
| --- | --- | --- | --- |
| 1992 | 总 人 口 | 2007.53 | 7272.21 |
|  | 城市人口 | 814.03 | 2359.55 |
|  | 城市化率 | 40.55 | 32.45 |
| 1994 | 总 人 口 | 2101.20 | 7341.14 |
|  | 城市人口 | 950.72 | 2564.84 |
|  | 城市化率 | 45.25 | 34.94 |
| 1996 | 总 人 口 | 2170.41 | 6908.43 |
|  | 城市人口 | 1011.61 | 2638.28 |
|  | 城市化率 | 46.61 | 38.19 |
| 1998 | 总 人 口 | 2237.69 | 7443.69 |
|  | 城市人口 | 1057.49 | 2831.79 |
|  | 城市化率 | 47.26 | 38.04 |
| 2000 | 总 人 口 | 2563.60 | 7540.79 |
|  | 城市人口 | 2981.23 | 3291.91 |
|  | 城市化率 | 69.50 | 43.86 |
| 2002 | 总 人 口 | 2364.88 | 7570.58 |
|  | 城 市 | 1264.21 | 3303.95 |
|  | 城市化率 | 53.46 | 43.64 |
| 2006 | 总 人 口 | 2821.27 | 8321.62 |
|  | 城市人口 | 3766.99 | 6207.66 |
|  | 城市化率 | 79.55 | 65.07 |
|  | 常住人口 | 4735.47 | 9450.21 |
| 2007 | 总 人 口 | 2872.47 | 8707.20 |
|  | 城市人口 | 3936.67 | 6424.38 |
|  | 城市化率 | 79.84 | 65.90 |
|  | 常住人口 | 4930.68 | 9749.11 |

续表

| 年份 | 指标 | 珠三角 | 长三角 |
|---|---|---|---|
| 2008 | 总人口 | 2920.82 | 13467.52 |
|  | 城市人口 | 4134.31 | 8951.49 |
|  | 城市化率 | 80.46 | 60.23 |
|  | 常住人口 | 5138.48 | 14863.36 |
| 2009 | 总人口 | 2967.02 | 13536.11 |
|  | 城市人口 | 4336.58 | 9452.77 |
|  | 城市化率 | 80.88 | 61.80 |
|  | 常住人口 | 5361.72 | 15296.05 |
| 2010 | 总人口 | 3024.57 | 13626.86 |
|  | 城市 | 4646.04 | 10276.52 |
|  | 城市化率 | 82.72 | 65.80 |
|  | 常住人口 | 5616.39 | 15618.51 |

注：2006~2010年，长三角城市化率为城市人口除以常住人口，其中上海的城市人口为非农业人口加外来人口（居住半年以上），2005年以前总人口为户籍人口，城市人口为非农业人口，长三角城市化率＝非农业人口/年末户籍人口；2006年以前的上海、浙江省各市、江苏省各市的城市人口为非农业人口，城市化率＝非农业人口/年末户籍人口。

1992~1996年，长三角包括14个城市：上海、无锡、宁波、舟山、苏州、扬州、杭州、绍兴、南京、南通、常州、湖州、嘉兴、镇江；1997~2002年，长三角包括15个城市：上海、无锡、宁波、舟山、苏州、扬州、杭州、绍兴、南京、南通、常州、湖州、嘉兴、镇江、泰州；2003~2007年，长三角包括16个城市：上海、苏州、无锡、常州、镇江、南京、扬州、泰州、南通、杭州、宁波、嘉兴、湖州、绍兴、舟山、台州。2008年9月，国务院印发《关于进一步推进长江三角洲地区改革开放和经济社会发展的指导意见》，将长三角扩大到两省一市（江苏、浙江、上海）。

珠三角2000年及2003~2010年数据来自《广东统计年鉴（2011）》，珠三角城市包括广州、深圳、珠海、佛山、江门、东莞、中山、惠州和肇庆。2003年以前数据根据每年《广东统计年鉴》数据计算得到，城市人口为非农业人口，城市化率为非农业人口/年末户籍总人口，珠三角城市包括广州、深圳、珠海、佛山、江门、东莞、中山、惠州市区、惠阳、惠东、肇庆市区、高要和四会。

资料来源：根据《中国统计年鉴》及各省统计年鉴数据计算得出。

这里需要说明的一点是，2006年以前我国在计算城市化率时，均以非农业人口除以总人口，而在我国这样一个户籍制度非常严格的国家，能否取得城市户籍在很大程度上意味着能否真正实现身份由农民转变为市民,也就是我们一般意义上说的实现城市化。但在2006年以后,我国对城市化率的计算方法进行了调整,城市人口的统计范围变成了在城镇区域居住半年以上的所有人员,当然也包括进城务工的农村人口。这会对不同区域(人口净流出区域和人口净流入区域)带来不同影响,如黄河下游农区这一人口净流出区域,在2005年以前,即在以户籍人口计算城市化率期间,这一区域的城市化率1991~2005年仅上升了11.92个百分点,而2006~2009年上升了5.80个百分点,增长速度大幅度提升。

这就存在学术上的争议了,即我们是否应把无城市户籍却居住在城镇时间超过6个月的人口算为真正意义上的城市人口,如果我们把这部分"待城市化人口"从统计意义上的城市人口中去除,那么相应的2006~2010年长三角、珠三角的城市化率如表5-3所示。

表5-3 2006~2010年长三角、珠三角城市化率

单位:%

| 年份 | 2006 | 2007 | 2008 | 2009 | 2010 |
|---|---|---|---|---|---|
| 长三角 | 61.03 | 61.82 | 56.10 | 56.83 | 60.80 |
| 珠三角 | 65.67 | 65.40 | 65.62 | 65.45 | 67.92 |

对于黄河下游农区的城市化率,我们也认为根据城市化的内涵,有必要重新估算,即鉴于这些地区小城镇的现实情况更加接近于农村地区,我们在统计这一区域的城市人口时,如果只统计县级以上的常住人口,这一区域的城市化率会是多少。黄河下游农区人口多,人口密度大,工业基础薄弱,当地城市对本地农业人口吸纳能力弱,城市化水平提升缓慢,其城市化水平较全国平均水平的差距一直呈现明显拉大的趋势。同时,我们不难发现,这一区域城市化水平的提升对我国城市化水平提升的推动作用显著。

## 二 我国近期人口、非农经济活动在空间上的变动趋势及现状

我们在研究一个国家或地区的城市化问题时，不可能脱离其所处经济社会发展的背景。我国的区域研究常常按三大区域来划分，即东部、中部和西部，我们所研究的区域基本以中部地区为主，包括东部地区个别省份的一部分。因此，我们首先来看一下，近几年人口特别是常住人口，以及经济活动在我国三大地区中的变动情况。

在人口指标的选择上，我们统计不同区域的常住人口，在分析变化趋势时，以不同区域常住人口占全国总人口比重这一相对指标来分析和判断不同区域的变动情况；经济活动情况也同样选取相对指标。选取相对指标较绝对指标更便利，因为按绝对指标计算出来的增长率往往受基数年份的影响，而相对指标则不会受基数年份的影响。

在基数年份的选择上，我们以2006年为研究起点。这主要有以下两个原因：一是从2004年开始，东部沿海地区开始出现民工荒问题，2005年、2006年，学者根据刘易斯拐点的理论假说，深入讨论了我国是否出现了刘易斯拐点，当前学术界一般把2006年视为我国出现刘易斯拐点的年份。二是《中国统计年鉴》一些数据的计算方法从2006年开始发生了变化，特别是我国中西部地区常住人口和户籍人口数据开始分开统计。

**1. 我国近期人口流动趋势**

从表5-4中可以看出，除东部地区外，中部地区、西部地区以及东北地区均属于人口净流出区域，且人口向东部地区集聚有加速趋势（除2009年外）。五年间，东部地区常住人口占全国总人口的比重上升了1.72个百分点。与此同时，中部地区、西部地区常住人口比重较2006年分别下降了0.20个、0.36个百分点，东北地区的常住人口比重下降最大，高达1.16个百分点。但我们

也不难发现,五年间,东部地区户籍人口占全国总人口的比重仅上升了 0.55 个百分点,远低于常住人口比重上升幅度。因此,从全国人口的流向可以看出,我国人口总体上向东部地区集聚,但实质性融入东部地区的人口数量远小于因经济原因流入东部地区的人口数量。

表 5-4 我国各区域人口比重变动情况

单位：%

| 地区 | 2006 年 | | 2007 年 | | 2008 年 | | 2009 年 | | 2010 年 | |
|---|---|---|---|---|---|---|---|---|---|---|
| | 户籍人口比重 | 常住人口比重 | 户籍人口比重 | 常住人口比重 | 户籍人口比重 | 常住人口比重 | 户籍人口比重 | 常住人口比重 | 户籍人口比重 | 常住人口比重 |
| 东部 | 33.42 | 40.21 | 33.53 | 40.44 | 33.63 | 40.94 | 33.71 | 41.22 | 33.97 | 41.93 |
| 中部 | — | 26.82 | — | 26.71 | — | 26.71 | — | 26.68 | — | 26.62 |
| 西部 | — | 27.44 | — | 27.35 | — | 27.31 | — | 27.28 | — | 27.08 |
| 东北 | — | 5.54 | — | 5.49 | — | 5.04 | — | 4.82 | — | 4.38 |

资料来源：根据各年《中国统计年鉴》整理计算。

## 2. 经济活动在不同区域的变动趋势

从表 5-5 中可以看出,东部地区第二、第三产业产值占全国第二、第三产业产值比重虽有轻微下降,但仍然在 60% 以上,中西部地区比重虽然有所上升,但相对于中西部地区的人口规模仍然过低。从三大区域人均差距可以明显看出这种情况。2005 年东、中部人均 GDP 相差 13160 元,东、西部人均 GDP 相差 14430 元,2010 年东、中部人均 GDP 相差 22112 元,东、西部人均 GDP 相差 23878 元；2005 年东、中部人均非农产业产值相差 13011 元,东、西部人均非农产业产值相差 14162 元,2010 年东、中部人均非农产业产值相差 21932 元,东、西部人均非农产业产值相差 23308 元。人口流向基本上反映了各地区间非农产业的发展情况。在可预见的未来,我国总体上仍会长期保持人口向东部地区流动的趋势。

表 5-5　东、中、西部地区非农产业产值比重

单位：亿元，%

| 年份 | 全国 | | | 东部 | | | | 中部 | 西部 |
| --- | --- | --- | --- | --- | --- | --- | --- | --- | --- |
| | 第二产业总值 | 第三产业总值 | 第二、第三产业总值 | 第二产业总值 | 第三产业总值 | 第二、第三产业总值 | 第二、第三产业比重 | 第二、第三产业比重 | 第二、第三产业比重 |
| 2005 | 87598.1 | 74919.3 | 162517.4 | 56765.02 | 45227.37 | 101992.39 | 62.76 | 19.31 | 17.33 |
| 2006 | 103719.5 | 88554.9 | 192274.4 | 66570.72 | 53569.20 | 120139.92 | 62.48 | 19.28 | 17.71 |
| 2007 | 125831.4 | 111351.9 | 237183.3 | 78293.20 | 65248.25 | 143541.45 | 60.52 | 19.11 | 17.51 |
| 2008 | 149003.4 | 131340.0 | 280343.4 | 91500.29 | 76768.53 | 168268.82 | 60.02 | 19.59 | 18.39 |
| 2009 | 157638.8 | 148038.0 | 305676.8 | 97050.07 | 86749.22 | 183799.29 | 60.13 | 19.95 | 18.90 |
| 2010 | 187581.4 | 173087.0 | 360668.4 | 114553.30 | 1028510 | 217404.30 | 60.28 | 20.76 | 19.60 |

资料来源：历年《中国统计年鉴》。

### 3. 地级及以上城市经济、人口总量变动情况

2006~2010年，无论是我国的人口还是经济活动，明显有向地级及以上城市集聚的趋势（见表5-6）。2006~2010年地级及以上城市的人均GDP由30245元增加到53550元，增长了23305元，不仅远高于全国平均水平的增长值13492元，而且高于东部地区的同期增长值18787元。这一区域2010年集中了全国第二产业产值的64.7%，第三产业产值的68%。我国地级及以上城市数量2010年为287个，平均人口规模为135万人，总体而言，处于最佳人口规模区间。2006~2010年，我国城市化率由44.34%上升到49.95%，增长了5.61个百分点，而与此同时，地级及以上城市人口占全国人口比重仅上升了1.32个百分点，如果考虑各区域人口的自然增长率，我国城市化率的提升，是因为绝大多数的农业人口流向了地级以下城市，即县城和小城镇。而这一区域包括农村地区，GDP总量仅占全国的38.99%，这也就不难理解，我国当前的城市化推进为何没有减少城乡收入差距了。

表 5-6　全国地级及以上城市人口、GDP

| 年份 | 人口 | | GDP | |
|---|---|---|---|---|
| | 人口绝对数(万人) | 占全国的比重(%) | GDP绝对数(亿元) | 占全国的比重(%) |
| 2006 | 36285.04 | 27.75 | 109743.29 | 59.94 |
| 2007 | 36763.79 | 27.97 | 132271.90 | 62.73 |
| 2008 | 37249.64 | 28.19 | 157284.51 | 63.03 |
| 2009 | 37619.34 | 28.33 | 186279.50 | 61.95 |
| 2010 | 38794.60 | 29.07 | 207744.00 | 61.01 |

资料来源：历年《中国统计年鉴》。

由表 5-7 可知，地级及以上城市在我国东、中、西部地区的分布虽然总量相差不大，但东部地区 400 万以上人口规模的城市占全国总量的 58.3%。并且东部地区地级及以上城市达到最优人口规模（人口在 100 万以上）的比重达 60%，而中西部地区地级及以上城市达到人口最优规模的比重分别仅为 39.5%、37.6%。按城市最优规模理论，中西部地区的城市不仅发展水平远低于东部地区的城市，而且发展质量远低于东部地区的城市。如果再考虑单个城市会随其所处的由临近城市组成的空间结构而发生变化，规模收益会发生很大的变化，中西部地区地级及以上城市无论是数量还是质量上均远远落后于东部地区，中西部地区百万人口城市更多的是以单个城市存在于其所在区域，并未形成国外和我国东部地区的城市间的有效组织体系。

表 5-7　2010 年全国地级以上城市按人口规模的分布

单位：个

| 地区 | 按城市市辖区总人口分组 | | | | | |
|---|---|---|---|---|---|---|
| | 400万以上 | 200万~400万 | 100万~200万 | 50万~100万 | 20万~50万 | 20万以下 |
| 东部 | 7 | 17 | 28 | 25 | 9 | 1 |
| 中部 | 2 | 6 | 24 | 36 | 13 | 0 |
| 西部 | 3 | 5 | 24 | 27 | 24 | 2 |

资料来源：《中国统计年鉴（2011）》。

## 三 我国城市化现状、问题及其对黄河下游农区城市化的影响

**1. 非农经济活动的集聚程度远高于人口集聚的程度**

我们以非农产业产值占全国非农产业产值的比重代表非农经济活动的集聚程度，从表5-4和表5-5中我们不难发现：2010年，60.28%的非农产业产值集中在我国东部地区，但东部地区人口（以常住人口计）仅占全国总人口的41.93%，而以户籍人口计仅占全国总人口的33.97%。这种非农经济活动高度集中，但人口未随非农经济活动集中而呈现同比例集中情况，显然和我们理论讨论的城市化一般规律是不符的。这样的一种结果自然会带来一系列问题，如城乡收入差距进一步拉大、城镇二元结构出现、待城市化人口逐渐增加等。

**2. 我国城市化水平的快速提升是小城镇快速发展拉动的**

分析一下2006~2010年的数据，不难发现我国表现出来的城市化速度的提高是小城镇的快速发展拉升的。2006年我国的城市化率为44.34%，而2005年为42.99%，2006年城市化率的明显提升在于从2006年开始，我国的城市化率计算方法发生了调整。2006~2010年，我国城市化率从44.34%提升到了49.95%，增长了5.61个百分点；而与此同时，我国地级及以上城市人口数占全国总人口数的比例仅从27.75%提高到了29.07%，仅增长了1.32个百分点。可见其间我国大部分新增城市人口（以常住人口计）是流到了县城及小城镇。虽然学术界对我国城市化道路的模式已经从多个角度、多个方面证实，小城镇主导型的城市化模式并不适合我国未来的城市化道路，但现实是我国仍然走的是一种以小城镇为主导的城市化模式。这也就难免出现我国耕地面积的快速流失，以及土地城市化快于人口城市化。非农产业高度集聚在我国地级及以上城市，且未来这一趋势仍在进一步加强，很难想象这样一种拉动城市化水平的路还能走多长。当然，这种情况我们

不能一概而论，特别是我国东部地区的一些小城镇依托其特有的区位优势（如紧靠大城市，成为以大城市为中心的城市群中的一员，从而实现非农产业的快速发展），成功地实现华丽转型。我国中西部地区的小城镇更多的仅仅是改变了农民的居住地，但其从事的仍然是农业生产活动，这与城市化的内涵格格不入。

**3. 我国城市化存在较大的不稳定性**

我们不否认当年统计城市化率的方法有其科学的一面，但也正如学术界指出的那样，我国当前的待城市化人口问题是我国城市化必须面对、解决的一个问题。而这一问题能否解决，对黄河下游农区的意义非常重大，正如前文指出的那样，有近10727万人常住东部地区，而无当地户籍。这种情况并非只存在于东部地区，在中西部地区也同样。我们以河南省为例：2010年，河南省外出务工人员达1843万人，其中1047万人的务工地点在省外，796万人在省内各级城市务工。① 省外务工人员中有50.26%流向我国东部地区，47.46%流向我国中部其他省份；流向地级及以上城市的比重为72.86%，流向建制镇的比重仅为3.36%。如果按当前计算城市化水平的方法，河南省的城市化率是这样来计算的：首先从河南省的总人口中减去1047万在外省务工的人口，然后把省内流动的795万人（这一部分97%流向了城镇，从事非农产业）计算在城镇人口中。而2010年河南省城市化率为38.8%，总人口基数为9405万人，如果把外出务工但户籍仍在本地的人员仍计算为农村人口的话，我们可以发现，2010年河南省的城市化率仅为27.3%，② 当然这是一个估算

---

① 河南省数据均来源于《河南统计年鉴（2011）》。
② 计算方法：第一，9405万人是河南省2010年常住人口，我们把这一数字加上河南省1047万的外出务工人员数，可以估算出2010年河南省的户籍人口总数（这一年河南省没有公布户籍人口数）；第二，从河南省以目前方法计算出来的城市人口数3649万人中减去2010年进城务工人员795万人，进一步计算，可以得出2010年河南省以户籍人口计算的城市化率。

出来的数值。但我们不难发现，这一数据相对于河南省2004年以户籍人口统计出来的城市化率28.9%，相差并不大，当然这里有计算误差，如河南省常住人口中有外省常住人口等因素存在。考虑到这种情况，我们以这种方法重新估算河南省2009年（本年度有官方统计的户籍人口数）以户籍人口计算出来的城市化率，也仅为29.4%，远远低于目前以常住人口计算出来的城市化率。而笔者多年来从事黄河下游农区的研究，虽然河南省全省数据是根据官方统计数据估算出来的，但和我们实际到各地的调研情况基本类似。①

**4. 黄河下游农区城市化面临的多重困境**

（1）18亿亩耕地红线约束下的城市化困境

我国东部地区尤其是长三角、珠三角等先行工业化地区的城市化走的是自发聚集即内生式道路。自发聚集带来的土地使用浪费和土地使用方式转换引发的问题在全局上尚没有对整个经济社会结构造成明显的负面影响，但这种情况发展至今，已引起中央政府的高度重视，明确提出18亿亩耕地红线不能破的政策。这一政策对后工业化地区的影响日渐突出。如何在耕地面积不减少、粮食稳步增产的情况下实现工业化和城市化以及农业现代化，即"三化"协调发展，成为中西部地区特别是粮食主产区亟须解决的问题。而我们研究的黄河下游农区是一个典型的粮食主产区，当前城市化水平非常低，经济发展水平不高，很多区域第一产业就业比重超过或接近50%，如河南省的周口、开封、濮阳、商丘等。

（2）当前的户籍、土地制度对这一区域影响深远

农区当前一个典型的劳动力就业特征是存在大量外出务工人员。如周口市每年外出务工人员达200万人，商丘市外出务工

---

① 具体情况可见笔者的多个调研报告——《鹤壁城市形态研究报告》《周商一体化研究》《新密产业升级研究》。

人员也在100万人左右，其他几个城市虽然绝对数量没有这么多，但也多在30万人。① 而这些外出务工人员以河南省官方统计，基本上以中青年为主。按当前的制度环境，可以留到打工所在地的很少，这些人的子女、老人留在户籍所在地，无形中加大了这一区域的财政负担，带来了大量社会问题，如留守儿童问题、老人养老问题、农村治安问题等。这些外出务工人员在东部地区"奉献"完青春后，绝大多数只能回到家乡，而且以当前的社保制度，在这些人的社保资金在工作所在地交满15年的前提下，仅个人账户部分可以带回户籍所在地，而企业交纳部分只能留在打工所在地，这对外出务工人员而言损失非常大。如果加上不少企业没有给这些务工人员缴纳"三金"的话，损失则更加严重。

(3) 虽是人口大市、大省，企业也出现招工难问题

另一个对该地区发展不利的因素也在逐渐显现，即近年来这些区域的企业也纷纷出现了招工难的问题。如郑州富士康的招工竟然需要各级政府组织。笔者在周口这一传统意义上的劳动力大市调研发现，很多县份外来企业的招工也出现了由政府出面组织的现象，很多县份招商引资时都把保证招到工人当成吸引投资的承诺。当然，出现这种情况的主要原因在于这些区域能够提供的工资与东部等发达区域有差距，无法对本地外出务工人员带来较强的吸引力，但我们也绝不能否认东部沿海地区以及大城市更多的就业选择、更多的市场机会以及更好的子女教育在吸引着这些祖祖辈辈务农的农民工。这种情况不仅使得东部地区产业升级缓慢，影响我国的产业结构调整，而且使得我国中西部地区无法承接东部地区相对落后的劳动密集型产业，经济发展水平与东部地区越拉越大。

---

① 这些数字是根据《河南统计年鉴》公布的户籍人口与常住人口估算出来的。

## 第三节 城市化是经济社会发展的基本趋势

### 一 我国城市化进程中存在的问题的经济学分析

城市化是以人为中心，按照经济规律做出理性选择的结果。这种结果反映的是理性的"经济人"——企业和消费者在给定的条件下，如何做出选择，以达到目标最大化，最终做出其工作、生活、生产空间点上的选择的过程。城市化过程包括城市化供给和需求两大主体。城市化需求主体是指向城镇聚集的人口和企业。其中，以消费者为代表的"人"将对就业机会、收入水平、社会保障、生活环境、交通条件、历史文化等因素做出综合评价后进行理性选择；城市化的另一需求主体——企业，会对一个城市围绕生产相关的各种因素进行综合评价后，做出理性选择。城市化的两大需求主体的客观追求目标不一致，但有千丝万缕的内在联系。比如：一个城市的企业越密集，对劳动力的需求越大，工资水平可能越高，这个城市对消费者的吸引力就越大，劳动力越容易聚集，更完善的劳动力要素市场就越容易形成，从而对企业产生更大的吸引力，形成经济理论上所讲的因果累积循环。

城市化供给主体是指为城市化需求主体提供其聚集所必需的基本条件的行为主体。如果在一个产权明确和要素自由流动的制度背景下，城市化供给主体是多方的，如城市土地的所有者、提供基础设施的企业，以及提供公共服务的政府等。当前我国的城市化供给主体基本上为各级政府，主要原因在于我国土地的产权制度以及户籍制度。

如果把城镇视为消费者眼中的消费品和生产者眼中的特定生产要素，二者的区别则非常明显。城镇作为消费品表现出较强的公共物品属性。原因在于，城镇可以提供更好的生活、工作条件。虽然一些城市往往需要消费者承担更高的房价等成本因素，但这些城市相对于其他城市有更高的收入、更多的就业机会、更好的子女教育等。

城市化的供给主体——各级地方政府,对城市化的需求主体在长期以来是区别对待的。现实表现为各级地方政府对招商引资的无比热情和对流入农民工的"百般挑剔"。这其中最重要的原因在于,中国当前的政府考核机制是上一级政府通过考察下一级政府辖区内的相对经济增长绩效来晋升地方官员,而且这一机制在实证研究中已经被证明确实在使用(陆铭,2009)。成功招商对一个城市经济增长的作用,至少在短期是非常明显的,同时可以给当地政府带来大量税收。我国各级政府对招商引资的热情本质上没有区别。如果真要讲区别的话,仅在于经济发展水平高的城市可能对"小额"投资的热情低,而经济发展水平低的城市对各种额度的投资都表现出极大的热情。比如:北京、上海等城市的市长在面对世界五百强企业的投资时会出面接见相关人员;对一些投资额度低的企业,则由低级别的官员接见;对一些投资额度更少的企业甚至出现拒绝现象。

当然,各级政府对人的限制也不是一概而论的,对不同层次人员的态度是不一样的:对高层次人才的态度则会表现出像对企业一样的热情;对一般劳动者的态度则会根据当地企业生产、发展的要求,呈现一种"逐渐放宽"的趋势。这种趋势在不同级别、不同区域的城市又有所不同。如果地级及以上城市和县级及以下城镇对比,则明显表现出地级及以上城市限制更多。

对于城市化的另一需求主体——企业,在当前制度背景下,选择权较一般劳动者有优势,这一点从上文的分析中可以看出。

上述情况造成了我国城市化进程中的两个主要问题:一是大城市的供给不足;二是小城镇的供给过剩。这两个问题在我国城市化推进过程中所带来的问题已经越来越突出。如越来越多待城市化人口的出现、城市社会"二元结构"问题、城市化过程中仍然不断拉大的城乡收入差距问题,土地城市化速度高于人口城市化速度且有逐渐拉大的趋势，以及18亿亩耕地红线限定下东中西部地区的城市发展问题等。限于我们主要研究黄河下游农区的城市化问题，我们不再一一分析上述各种问题。

## 二 黄河下游农区城市化模式的理论分析

通过对我国、黄河下游农区以及我国不同区域城市化的历史和现状的数据整理和分析，我们认为黄河下游农区的城市化问题，既有我国城市化过程中普遍存在的问题，如户籍制度、土地制度等共同面临的问题，又有这一区域特有的问题。如这一区域人口密度大，经济发展水平低，农耕文化影响深远。当前最突出的一个问题是这一区域城市化刚刚进入加速发展时期，不同于我国的长三角、珠三角等发达地区（这些地区基本完成了城市化进程或进入了城市化的减速发展时期），面临18亿亩耕地红线的约束。黄河下游农区多数地区是我国的粮食主产区，很多耕地被划为我国的基本农田，其所面临的土地限制问题较我国其他区域更为严重。因此，黄河下游农区当前城市化的问题就集中体现在如何解决当前面临的两大难题上：第一，这一区域外出务工人员多，受当前户籍、土地等制度的限制，无法在务工所在地实现完全性的城市化转移。第二，这一区域较我国先行发展区域而言，刚刚进入城市化的加速发展时期，就受到了非常严格的土地限制。这一问题学术界已经给出了较为明确的答案，其最终解决也只有靠中央政府来推动，在这里我们不再做进一步的阐述。黄河下游农区的城镇体系构建，即如何把这一区域65%左右居住在农村、40%~50%仍从事农业生产活动的常住人口转化为城市人口，从事非农业生产，是本研究需要深入讨论的问题。

**1. 黄河下游农区需要什么样的城市，需要什么样的城市化**

黄河下游农区应发展什么样的城市，或者说什么样的城市才是当前这一区域最需要的城市？答案是仁者见仁、智者见智的，被广泛传播的说法是：大、中、小布局合理的城镇体系。但究竟什么是合理的城镇体系？换句话说，大城市多大算合理，多少算合理？中等城市多大及多少算合理？大、中、小城市以什么样的空间格局存在算合理？这些问题都无法从笼统概括的"合理城镇体系"中找到答案。也就是说，这种"合理城镇体系"的说法还是模糊的，给主张各种不同观点的人留下了较大的解释空间，以至于在实际操作层面仍然无法找到统一的标准，当事人仍然是按照自己的理解提出政策主张和操作方式。这就使我们在实际的政策导向上有的主张做大城市，实施中心城市带动战略，并给出了农民进城选择的优先次序：能进大城市不进中等城市，能进中等城市不进县城，能进县城不进小城镇。有人主张继续发展小城镇，甚至做大做优农村居民点，让农民不离故土就能享受现代城市的生活方式，即所谓的就地城市化，并认为这就是新型城市化。一些地区根据这一认识，进行了大规模的乡村整治规划，提出了未来十年使得人口空间聚居的状态实现三个1/3的目标，即中心城市1/3，县城加重点镇1/3，镇以下中心村（或称新型农村社区）1/3，确定了中心城区、县城、镇、农村社区四级城镇的空间范围、空间布局及分步推进计划。

但我们从近几年我国人口流向所反映出来的人口流动显示偏好中发现，非农产业发达、非农就业机会多的城市才是外出务工人员的首选，这一点无论是从人口在我国三大区域的比重变动情况还是从地级及以上城市的人口比重变动情况上看，均无一例外地得到了证实。但这并不能把问题回答完，毕竟还有很多人员没有外出务工，这些没有外出务工的人员就不需要城市化了吗？或者换个说法，这部分人就不要过上像城市里一样的生活了吗？究竟这些人为何没有选择外出务工，原因是多种多样的，我们无法一概而论。让农村人口在农村过上像城市人口一样的生活，至少是居住条件类似，是很多支持小城镇和农村社区建设学者的一个基本逻辑前提。但这个逻辑前提是否正确，很有必要讨论一下。

从外出务工人员的就业地选择来看，他们中72%[①]选择了地级及以上城市，可见大多数人认为城市的生活是像地级及以上城市的生活。

比较城镇的两个需求主体——企业和消费者，我们不难发现，企业基本上可以在一定约束条件下实现最优选择。但是作为城镇另一个需求主体的消费者，尤其是农民工，往往很难实现最优选择（以缩小城乡差距为目标），他们常常选择地级及以上城市为工作所在地，而其家人却在家乡被小城镇城市化了。通过了解我国人口的流向和非农经济活动的集聚趋势，以及河南省外出务工人员的工作地选择，我们认为，黄河下游农区在构建这一区域的城镇体系时，应充考虑各地区的实际发展情况，在推进城市化的进程中以大中城镇为主导，推进该地区的城市化。当然，个别经济发展条件好的重点镇可根据实际情况，给予必要的支持，但不可再以小城镇为主导推进城市化进程。

**2. 现代城市功能结构形态**

以上讨论尚未涉及外出务工人员在特定地域内的空间格局和功能关系状态。实际上，大、中、小城市及农村社区空间布局和规模结构状态，取决于特定地域内同一规模层级城市（或城镇）之间以及不同规模层级城市或城镇之间由功能关系而决定的空间格局状态。城市就其功能来说是为更多的居民或者说更多的经济社会活动主体提供公共服务平台。一方面，基础性公共服务功能投入的最小经济规模决定了居民点（社区、城镇）最小的人口聚居规模（低于该规模，居民点就无法提供基本公共服务系统，也就无法满足居民对较高水平公共服务的需求，居民也就无法进入更高层级的生存状态）；另一方面，城市能够提供的公共服务项目数量、层次和质量也取决于城市规模和由城市规模决定的市场规模。从这种意义上说，随着人们对公共服务需求种类的增多和质

---

① 以河南省这样一个外出务工人口大省为例说明。

量的提升，城市的规模会越来越大，几乎所有国家在工业化过程中都经历了人口向特定空间聚集的过程，这一过程持续的时间很长，即使是已经高度发达的欧、美、日等国家和地区，这种聚集趋势也仍未结束。但是，单一空间内人口聚集过多、城市规模过大，又会带来交通拥挤、噪声污染、环境污染等一系列负效应，从而使得居民在满足种类更多、水平更高、质量更优的公共服务体系的同时，不得不付出其他方面的额外成本，正负相抵，城市规模过了一定临界水平，正效应就会减小。如何做到既满足多种、高端和优质公共服务体系需求，又降低甚至避免由此带来的负效应呢？合理的逻辑只能是：综合、高端、优质公共服务体系留在以大城市为载体的人口及要素聚集的核心空间，而将居住区、工厂、商场等布局于与核心空间有一定距离的空间，各个空间与核心空间之间又通过便捷的交通、通信系统连接起来，从而形成特定地域内合理的空间功能结构。核心空间提供的高端、优质公共服务体系可由一定半径内各功能区共享，各次级功能区也为核心空间的高端、优质公共服务体系提供了规模足够大的市场，从而对其形成强有力的支撑。这样，特定地域内要素向特定空间聚集的要求可由以一个或两个核心空间为半径形成的密集城镇区域来满足。只要进入这个半径圈，人们就能分享核心空间的高端、优质公共服务体系，获得由聚集带来的经济社会活动质量的提升，又能避免直接进入核心空间造成的负效应。正因为这种结构可以兼顾两方面的优势，现实当中城市群才成为要素聚集发展的高级形态。因此，农民进城和居住空间结构演化的讨论还必须涉及同一规模级别城镇（聚居点）及不同规模层级城镇（聚居点）之间的功能关系，以及由这种功能关系形成的城市空间结构状态，即城市群问题，也就是要讨论在特定地域内城市群的布局以及城市群内部的结构状态。

**3. 城镇体系演化的路径：内生还是建构**

接下来的问题是，在农民进城过程中，居住空间结构聚集演化的路径或方式是什么,究竟是自发聚集还是规划聚集,即城镇体系的形成究竟是内生式还是建构式?一般认为,长三角、珠三角等先行工业化地区的城市化走的是自发聚集即内生式道路。需要指出的是,这种自发聚集或内生式城市化是在传统制度约束下进行的。一是户籍制度约束,进城农民工不能自动或自愿取得城市户籍,人进城了,身份还是农民。二是社保制度约束,进城农民工不能自动或自愿享受城市社会保障,人进城了,医保、养老、低保等都与城市居民不同,进城农民工属于城市中的另外一个人群。三是土地制度约束,耕地变成了工厂,宅基地由村落状态变成了现代城市形态,但权属形态仍没有变,集体所有、耕地性质、不能市场化转让的规则仍保留着。面对这些规则约束,自发聚集或内生式城市化过程之所以能够发生,是因为另外两种要素即劳动和资本(物质资本和货币资本)在空间上的流动自由化了,流动增值被劳动者和资本所有者所认识,流动和聚集成为基本趋势。作为要素聚集的结果,乡村变成了城市。但这样的城市完全是人及资本要素在空间上自发聚集的结果,而不是在规划引导下有序聚集的结果。之所以聚集没有受到规划引导,一是因为另一要素即土地要素的计划使用方式没有变,要实现规划聚集,就要层层审批,尤其是要层层审批土地利用方式的改变,成本太高。二是因为先发地区违规成本低。从政府控制的角度来说,长三角、珠三角等率先走上工业化的地区,基层政府受到快速发展愿望的强烈驱使,来不及考虑资本究竟在哪里聚集更优,也等不及层层审批的漫漫征程,干脆纵容甚至推动在现有制度框架下的低成本土地使用及使用方向转换。三是因为自发聚集带来的土地使用浪费和土地使用方式转换引发的问题在全局上尚没有对整个经济社会结构造成明显的负面影响;同时,上级政府为局部地区快速发展的态势所激励,也很容易对基层的违规行为"高抬贵手",甚至视而不见。四是因为各级管理者尤其是基层管理者对城市化规律和发展趋势的认识及驾驭能力有限,可能不懂得规划发展的意义和价值，也就没有规划发展的紧迫性和自觉性。五是因为人们对数量更多、水平更高、质量更优的公共服务体系需求尚不强烈。正是基于上述原因，我国工业化先行地区，尤其是珠三角地区的城市化呈现"一高一低"的特征："一高"是土地城市化率很高，如深圳、东莞等地基本上已经没有耕地，区域内土地都建成了城市与工业区；"一低"是城市建设水平低，中心城区以外的大部分村镇及工业区的城市建设水平并不高，功能也不完善，有的成为脏、乱、差的城中村，甚至成为黄、赌、毒的温床。显然，这样的城市形态并不利于人民群众享受现代城市文明的生活方式。

后发地区规划发展也是必然选择。一是空间上波及面越来越广的自发聚集的快速工业化、城市化造成的问题，尤其是土地浪费和土地用途改变，在全局上已经对整个国民经济格局产生了重大影响。上级政府尤其是中央政府对稀缺土地资源使用，特别是改变土地用途的控制日趋严格，基层政府违规成本大大提高，原始土地使用权和所有权掌控者与资本所有者的自发交易受到控制，规划使用，或者说先规划、后审批、再使用成为常态，规划聚集成为制度强约束下被迫的选择。二是资本对落地空间的选择日益挑剔，特定空间要素显得拥挤，高效利用成为更优化和优先的选择，规划聚集成为现实需要。三是经济社会活动主体对数量更多、水平更高、质量更优的公共服务体系需求日趋强烈，如何降低供给成本和扩大市场需求成为供给者考虑的现实问题，为达到最低单位供给成本和最大规模分享的最优供给要求，规划聚集也就成为必然了。四是基层政府对城市发展规律的认识水平提升，科学规划，或者说按照城市发展自身规律进行规划，使引导和促进城市优化发展、快速发展成为可能。基于对上述因素的考虑，河南这样的后发工业化地区必须且只能选择规划聚集的道路，也就是必须且只能选择建构式城市化道路。

**4. 农民利益关系如何处理**

不管是自发聚集还是规划聚集，农民进城和城市空间演化过程都会涉及农民利益关系，这种利益关系如何处理，不管是理论上还是实践中，都需要认真探索。这主要涉及两个问题：一是农民进城后如何与城市原居民一样分享现有的公共服务体系，即进城农民如何与城市现有的户籍、医疗、教育、低保、养老等制度对接？二是农民离开原居住地后，其原有的利益如何保障？如农民承包的耕地的使用权及其相应的利益是继续由农民自由处置和享有，还是转移给另外的利益主体？农民宅基地的使用权及其中的利益是继续由农户占有和自由处置，还是转移给另外的利益主体？有人主张"双放弃"，即放弃耕地承包权和宅基地使用权，以换取"双权益"，即换取城市户籍和城市住房；有人主张在原有权益不受任何损害的情况下，农民获得城市居民同样的公共服务。究竟孰是孰非，理论上一时难有结论，但实践上的探索一刻也没有停止过，有价值的解决方案会日渐浮出水面。

## 参考文献

[1] 简新华、黄锟：《中国城镇化水平和速度的实证分析与前景预测》，《经济研究》2010年第3期。

[2] 俞宪忠：《是"城市化"还是"城镇"化——一个新型城市化道路的战略发展框架》，《中国人口资源与环境》2004年第5期。

[3] 王小鲁：《城市化与经济增长》，《经济社会体制比较》2002年第1期。

[4] 王平、肖文：《二次城市化、土地开发与经济增长》，《财经研究》2011年第9期。

[5] 辜胜阻：《统筹解决农民工问题需要改进低价工业化和半城镇化模式》，《中国人口科学》2007年第5期。

[6] 蔡秀玲：《中国城镇化历程、成就与发展趋势》，《经济研究参考》2011年第63期。

[7] 章征涛、李世龙：《城市化的虚荣——对我国城市化现状的认识》，《城市发展研究》2011年第12期。

[8] 季建林：《当前我国农村经济的主要问题与出路》，《经济理论与经

济管理》2001 年第 1 期.

[9] 朱莉芬等：《城镇化对耕地影响的研究》，《经济研究》2007 年第 2 期.

[10] 陆铭：《建设用地指标可交易：城乡和区域统筹发展的突破口》，《国际经济评论》2010 年第 12 期.

[11] 马晓河、胡拥军：《中国城镇化进程、面临问题及其总体布局》，《改革》2010 年第 10 期.

[12] 陆铭、陈钊：《为什么土地和户籍制度需要联动改革——基于中国城市和区域发展的理论和实证研究》，《改革学术月刊》2009 年第 9 期.

[13] 陈风桂等：《我国人口城镇化与土地城镇化协调发展研究》，《人文地理》2010 年第 5 期.

[14] 樊纲：《经济学家樊纲论要素流动与缩小地区差距》，《领导决策信息》2000 年第 34 期.

[15] 于晓明：《对中国城市化道路几个问题的思索》，《城市问题》1999 年第 5 期.

[16] 傅十和、洪俊杰：《企业规模、城市规模与集聚经济——对中国制造业企业普查数据的实证分析》，《经济研究》2008 年第 11 期.

[17] 刘永亮：《中国城市规模经济的动态分析》，《经济学动态》2009 年第 7 期.

[18] 杨波、朱道才、景治中：《城市化的阶段性特征与我国城市化道路的选择》，《上海经济研究》2006 年第 2 期.

[19] 胡必亮：《究竟应该如何认识中国的农业、农村、农民问题》，《中国农村经济》2003 年第 8 期.

[20] 安虎森、陈明：《工业化、城市化进程与我国城市化推进的路径选择》，《南开经济研究》2005 年第 1 期.

[21] 段禄峰、张沛：《我国城镇化发展模式探讨》，《商业时代》2009 年第 6 期.

[22] 周民良、褚玉楠：《省会城市功能发挥与"两型社会"城市群建设》，《中国地质大学学报（社会科学版）》2009 年第 4 期.

[23] 李京文：《中国区域经济发展的回顾与展望》，《中国城市经济》2008 年第 1 期.

[24] 陈彦光、周一星：《城市规模－产出关系的分形性质与分维特征——对城市规模－产出幂指数模型的验证与发展》，《经济地理》2003 年第 4 期.

[25] 何景熙：《我国西部小城镇非农就业的产业基础研究——基于镇区人口普查数据的经验分析》，《民族研究》2004 年第 1 期.

[26] 官锡强：《从台湾农村城市化模式看广西农村城镇化的路径选择》，《城市发展研究》2007 年第 3 期。

[27] 吴福象、刘志彪：《城市化群落驱动经济增长的机制研究——来自长三角 16 个城市的经验证据》，《经济研究》2008 年第 11 期。

[28] 胡俊生：《我国乡村工业化城市化发展模式辨析——兼论西部地区工业化城市化道路选择》，《延安大学学报（哲学社会科学版）》2000 年第 4 期。

[29] 许经勇：《对中国特色城镇化道路的深层思考》，《经济经纬》2006 年第 1 期。

[30] 段进军：《关于我国小城镇发展态势的思考》，《城市发展研究》2007 年第 6 期。

[31] 辜胜阻、李永周：《我国农村城镇化的战略方向》，《中国农村经济》2000 年第 6 期。

[32] 胡少维：《加快城镇化步伐 促进经济发展》，《当代经济研究》1999 年第 10 期。

[33] 国风：《中国农村工业化和劳动力转移的道路选择——论我国的小城镇建设》，《管理世界》1998 年第 6 期。

[34] 赵新平、周一星、曹广忠：《改革以来中国城市化道路及城市化理论研究述评》，《中国社会科学》2002 年第 2 期。

[35] 聂华林、王宇辉：《西部地区农村城镇化道路的思考》，《社科纵横》2005 年第 5 期。

[36] 傅先兰、刘学敏、史培军：《西部大开发与城市化道路》，《农业经济问题》2002 年第 8 期。

[37] 李富田：《小城镇：是农民的乐土吗？》，《农村经济》2003 年第 12 期。

[38] 刘永红、郑娅：《城镇化道路该怎样走？——小城镇主导型发展模式的误区及其矫正》，《调研世界》2001 年第 2 期。

[39] 李富田、李戈：《进城还是进镇：西部农民城镇化路径选择——对四川省 31 个镇、村调查》，《农村经济》2010 年第 4 期。

[40] 洪银兴、陈雯：《城市化模式的新发展——以江苏为例的分析》，《经济研究》2000 年第 12 期。

[41] 王小鲁：《中国城市化路径与城市规模的经济学分析》，《经济研究》2010 年第 10 期。

[42] 何景熙：《我国西部小城镇非农就业的产业基础研究——基于镇区人口普查数据的经验分析》，《民族研究》2004 年第 1 期。

[43] 陈光庭：《中国国情与中国的城镇化道路》，《城市问题》2008 年第 1 期。

［44］聂高民：《中国特色城镇化道路的几点思考》，《宏观经济管理》2008年第3期。

［45］潘海生、曹小峰：《就地城镇化：一条新型城镇化道路——浙江小城镇建设的调查》，《政策瞭望》2010年第9期。

［46］张艳明、章旭健、马永俊：《城市边缘区村庄城镇化发展模式研究——以江浙经济发达地区为例》，《浙江师范大学学报（自然科学版）》2009年第3期。

［47］仇保兴：《中国特色的城镇化模式之辩——"C模式"：超越"A模式"的诱惑和"B模式"的泥淖》，《城市发展研究》2009年第1期。

［48］程必定：《统筹城乡协调发展的新型城市化道路——兼论成渝试验区的发展思路》，《西南民族大学学报（人文社会科学版）》2008年第3期。

［49］周一星：《中国城市工业产出水平与城市规模的关系》，《经济研究》1988年第5期。

［50］辜胜阻：《放宽户籍限制是城镇化制度的重大突破》，《理论参考》2010年第2期。

［51］蔡昉、都阳：《经济转型过程中的劳动力流动——长期性、效应和政策》，《学术研究》2004年第6期。

［52］杨波、朱道才、景治中：《城市化的阶段特征与我国城市化道路的选择》，《上海经济研究》2006年第2期。

［53］陆铭、陈钊：《城市化、城市倾向的经济政策与城乡收入差距》，《经济研究》2004年第6期。

［54］陈钊、陆铭：《从分割到融合：城乡经济增长与社会和谐的政治经济学》，《经济研究》2008年第1期。

［55］程开明：《从城市偏向城乡统筹发展——城市偏向政策影响城乡差距的Panel Data证据》，《经济学家》2008年第3期。

# 第六章　黄河下游农区农业现代化与组织结构变迁

黄河下游农区是农耕历史最悠久、农业比较优势最突出的地区，也是我国最主要的粮食产区，农业的现代化是这一区域现代化的最重要组成部分。本章在界定内涵的基础上，对该区域农业现代化的实践途径和组织结构演变进行了系统探索。

## 第一节　农业现代化的界定

农业现代化是农业生产和社会经济发展到一定阶段的产物或成果。迄今为止，人类农业的发展经历了原始农业、传统农业和现代农业三个发展阶段。从总体上说，这种划分是以生产力水平（主要包括生产工具、劳动者的技能和生产力的组合方式等）为标志的。现代农业是在采用大机器生产的现代工业的基础上发展起来的。发达国家农业现代化大体上从18世纪末19世纪初开始，到20世纪六七十年代完成。人类第一次在农业生产和经营中大规模自觉应用现代科学技术和农业机器，现代农业广泛采用以"机械-化学技术群"为核心的现代科学技术、现代工业提供的生产资料，以及科学管理方法，同时，现代农业是高度发达的商品经济业态。

## 一 何谓现代化

现代化的概念是西方学者提出来的。20世纪60年代以来，西方出现了现代化研究的热潮，但迄今对现代化含义的理解还存在分歧。迪恩·C.蒂普斯（1996）认为：现代化包括经济领域的工业化、政治领域的民主化、社会领域的城市化、意识形态领域的世俗化等在内的多层面转变。吉尔伯特·罗兹曼（2005）把现代化视为社会在科学技术革命的冲击下，业已经历或正在进行的转变过程。总体来看，学者们倾向于把现代化理解为一个包括政治、经济、社会、文化等方面内容的全方位的社会变革（傅晨，2001）。"现代化"与"工业化"或"西化"是不同的。对我们来说，工业化意指制造业的发展。制造业发展过程的确会出现在建设现代化的社会中，但它只是诸多发展过程中的一个过程而已。当然，也可以赋予"工业化"一词以更宽泛的含义，把"工业化"与"现代化"等同视之的倾向，源于用过程的某一种因素去指称整个过程的做法，"工业化"一词往往指我们所谓的现代化的整个变化范围。"工业化"这个词的弱点在于其中缺乏农业现代化的内涵。

而"西化"一词是与工业化先行国家（英、美、法等）的现代化模式联系在一起的。然而，这些模式绝非西方国家莫属，况且也不是所有西方国家都已实现了高度的现代化。现代化模式不仅与现代化本身的要素有关，而且与相关国家独特的国情有关。西化意味着聚纳各种各样的西方特色，用西化来说明现代化，可以说是用词不当（罗兹曼，2005）。

我们把现代化视为社会在科学技术革命的冲击下，业已经历或正在进行的转变过程。业已实现现代化的社会的经验表明，最好把现代化视为涉及社会各个层面变革的一个过程。某些因素直接被改变，另外一些因素则可能发生意义更为深远的变化。因为新的，甚至表面上看来毫不相干的因素被引入，会改变历史因素在其中运作的环境。其本质特征或界定因素包括：国际依存度的加大、非农业生产尤其是制造业和服务业的相对增长、出生率和死亡率由高向低的转变、经济增长的持续、收入分配的更加公平、各种组织和技能的专门化、官僚科层化、政治参与大众化（无论民主与否）、各级水平上的教育扩展。此处所列因素数量还能大大增加，究竟有多少因素应当涵盖进去，究竟各种因素的相对比例是多少，尚无一致认识。

可以用非生命动力资源与生命动力资源之比来简单界定现代化程度。当上述比率达到这样的状态，即在不发生深远社会变革的情况下，生命动力（在人类历史的大部分时间里指的是人力）资源的增加已经变得无法补偿非动力资源哪怕是相当少量的减少，一个社会或国家便可以被认为实现现代化了。该比率越高，现代化程度越高。

## 二 农业现代化的内涵

### 1. 国外关于农业转型问题的研究

在西方经济理论中，并没有农业现代化的概念，西方学者更多地将注意力集中于传统农业如何向现代农业转型，即农业转型。所谓农业转型，在理论上等同于我国所说的农业现代化。现代经济发展理论对农业转型问题的研究，最全面、最权威的成果当推美国芝加哥大学经济学家西奥多·舒尔茨，他于20世纪60年代初期完成了《改造传统农业》一书，他把传统农业看成一种特殊类型的经济均衡状态，要想打破这种均衡状态，提高农业生产效率，必须有新的要素投进来。重新配置传统农业体系内的资源，并不能带来生产率的显著增长，只有通过技术变革——新的耕作技术、更好的农作物品种、更有效的动力来源、更便宜的植物养料的应用，有意义的增长机会才会成为可能，引进新的生产要素实际上就是许多经济学家反复强调的促进经济增长的关键因素——技术变迁。因此，从舒尔茨的描述中能够得出这样的结论：农业现代化的关键在于技术变迁。

速水佑次郎和弗农·拉坦研究了日本和美国农业的演进过程，

提出了"诱致性技术变迁理论",这种理论认为:农业生产对技术的需求,取决于特定经济中生产要素的相对稀缺性。农民总是选择能够节约稀缺生产要素并更充分利用丰富生产要素的技术。因此,日本的要素禀赋诱致出了一条以生物技术为主的农业现代化道路,而美国的要素禀赋诱致出了一条以机械技术为主的农业现代化道路。速水佑次郎和弗农·拉坦的贡献在于他们揭示并论证了生产要素禀赋与技术道路选择之间的因果关系。

在农业转型过程中,制度变迁起着很大的作用。经济现代化的必要条件之一是制度变革,农业现代化的过程要求基本的制度变化。林毅夫(1992)和樊胜根(1991)运用经济计量方法,对20世纪70年代末到80年代初中国农业增长中制度因素的贡献份额进行了测算,为农业制度变迁的定量分析进行了有益探索。

### 2. 我国对农业现代化内涵认识的演变

在我国,对农业现代化内涵的认识是逐渐深化的。最初,人们认为农业现代化就是工业技术在农业中的运用,只要在农业中实现了机械化、化学化、水利化和电气化,就实现了农业现代化。因此,农业现代化的内涵就被理解为农业的机械化、化学化、水利化和电气化。

20世纪80年代,人们在农业现代化认识上的一个重大进展,是对农业现代化内涵的理解中增加了现代经营管理的内容。人们认识到农业现代化不仅是用现代的科学技术和生产手段装备农业,而且要以先进的科学方法组织和管理农业。因此,农业现代化被表述为农业生产技术的现代化、农业生产手段的现代化和农业经营管理的现代化。

20世纪90年代,人们对农业现代化内涵的认识进一步深化,取得了一系列重要的成果,具体如下。

宣杏云、王春法等(1998)在对西方国家农业现代化透视的基础上,提出应从两方面把握农业现代化的内涵:农业现代化既是一个过程,又是一种手段。因此,从根本上讲,农业现代化既是从传统农业向现代农业转变的过程,又是为加快这一转变所采取的种种政策措施的总和。

张叶（1999）认为：农业现代化是农业生产手段现代化与农业目标现代化的统一。要做到二者的统一，采用的技术必须既是先进的，又是适用的，而且这种适用性又必须符合国情。

农业部农村经济研究中心课题组（1997）提出："农业现代化不仅仅是一个现代生产要素引入或技术进步的过程，同时更重要的是，它是一个要素优化配置的过程或制度创新的过程。它不仅包括生产技术（生产条件、生产手段）的现代化，而且包括作为资源配置基础的农地经营制度、农产品价格形成制度、农产品营销制度、农业劳动力资源配置制度、农业金融制度及社区共同体职能和政府管理农业职能等一系列基本制度的现代化，这些制度从传统型向现代型的转变是农业现代化变迁的关键所在。此外，农业现代化也体现为产业特征的转型，从产业特征层面讲，包括国内产业结构演变过程中农业比较利益状态的转型，对外贸易发展过程中农业比较优势的转型，工业化过程中农业产业地位和工农业间资源配置状况的转型。"总之，人们对农业现代化内涵的理解是随着农业现代化的实践而逐步得以深化和完善的。

随着人口数量的增加和人类活动范围的急剧扩张，各种自然资源日益枯竭，环境问题日益严重，可持续发展问题越来越受到人们的重视。因此，现代农业应该是一种可持续发展农业。

近年来，我国的工业化和城市化迅速推进，而农业现代化相对滞后，随着国民经济的持续快速发展，农业占国民经济的比重持续下降。城乡二元结构体制及人地关系高度紧张的基本国情，使得农业本身的比较效益日益低下。尽管农业生产率不断提高，但无法阻止农业地位的下降、农业人口的外流、农业生产环境的恶化，以及农村的日益凋敝，尤其是随着农村青壮年劳动力的大量外流，"老人农业"已经名副其实，人们已开始担心将来谁来种地的问题。

以上问题的产生虽原因各异，但均与人们对农业的传统认识密切相关。按传统理论，农业通常被看成一个经济部门或产业，其功能只是提供食品、原材料等。农业只是工业部门的"小侍女",而农业现代化只是工业化、城市化的副产品而已,随着工业化、城市化的推进,农业现代化能够自然而然地实现。在农业现代化严重滞后于工业化、城市化的背景下,我国提出了"三化"协调发展,但在多数人眼中,农业的角色仍然只是为工业提供相应的保障。这些认识的共同特点是缺乏对农业本身的关怀,没有认识到随着社会的发展和居民生活水平的提高,人们对农业的需求在发生变化,而农业本身具有多功能性,如经济、社会、生态和文化功能等,这些功能能够满足人们对高品质生活的追求。幸运的是,越来越多的人已经认识到农业具备多功能性,相关的研究也在逐步深入。中国政府对农业的态度也在发生相应转变,农业的多功能性也进入了政策制定者的视野。2007年中央"一号文件"提出建设现代农业,必须注重开发农业的多种功能,强调农业不仅具有食品保障功能,而且具有就业增收、生态保护、文化传承及观光休闲等功能。这标志着中国政府对农业发展的理念发生了重大转变。

## 第二节 农业现代化的相关文献

### 一 目前我国理论界对农业现代化的讨论

我国理论界对农业现代化讨论的内容主要包括以下四个方面:一是农业现代化的内涵及特征(顾焕章等,1999;康芸等,2000;傅晨,2001;叶普万,2002);二是发达国家实现农业现代化的模式(廖少云,1998;黄金辉,2003;杜朝晖,2006;宣杏云,2006;邓汉慧等,2007;翟雪玲等,2007);三是农业现代化的指标及评价体系(刘晓越,2004;蒋和平,2005;易军等,2005;傅晨,2010);四是有中国特色的农业现代化道路的探索(牛若峰,2001;陈锡文,2007;尹成杰,2008;白文周等,2008;蒋和平，2009；王国敏，2009）。

这些研究从不同角度讨论了农业现代化问题，极大地丰富了农业现代化的理论，并对指导我国农业现代化的实践做出了重大贡献，同时也为更深入地研究农业现代化提供了基础。这些文献多是从宏观角度研究农业现代化问题的，如把整个中国作为研究对象，这有一定的合理性，比如在体制等方面中国具有很大的一致性，但中国是一个大国，各地在地形地貌、气候、种植结构、文化传统、人口密度、经济发展水平等方面差异巨大，以中国整体为对象来研究农业现代化问题，所得结论的适用性必然受到极大限制。

目前，在我国农业现代化的研究以及实践中，对技术、农业产业化等方面关注较多，对农业经营管理、市场化、专业化等方面则关注较少，而农业的商品化、市场化是农业现代化的重要内容。一般来说，在传统农业以及多样化经营阶段，农业商品化、市场化、专业化程度较低，而且经营规模较小。随着我国传统农业向现代农业过渡，农业商品化、专业化、市场化程度都在提高，农业经营规模也在逐步扩大。

## 二 现代农业的特征

从总体上看，现代农业主要具有以下几个基本特点：第一，随着以自然科学为基础的现代农业技术体系的形成和推广，农业生产中大规模采用以现代科学技术为基础的生产工具和生产方法，使农业生产和经营的科学化程度空前提高。第二，由于现代农业机械体系的形成和各种农机具的广泛应用，农业由"畜力－改良农机具生产型"转变为"机械动力（电力、内燃机）－现代机器生产型"。现代农业的生产实现了机械化，并向自动化迈进。现代农业能源的投入也相当大，农业及其相关产业成为石油消耗量最大的部门。第三，农业生产的专业化程度越来越高，农业生产中的社会分工日益深化。不仅地区分工和产品种类上的分工越来越细，而且生产工序上的分工已形成，如产前、产中和产后的分工，以及产中主要作业工序上的分工。在此基础上，一个比较完整的农业社会化服务体系形成了，大量的农业生产及其产前、产后经济活动是由各种专业化服务组织来完成的。第四，发达的农业市场经济形成，不仅大部分农产品成为商品，而且农业生产所必需的各种生产要素也成为商品。农产品市场和农业生产要素市场空前发达，尤其是农业生产要素市场的产生和发展，成为现代农业的一个重要特征。第五，随着专业化和协作的发展，农业的产业组织方式发生了根本变化，农业的产业链条延伸，开始实行一体化经营和企业化管理。第六，劳动生产率普遍得到了大幅度的提高，大量农业劳动力转移到工业以及其他非农产业，农业人口和农业劳动力在总人口和总劳动力中所占比重大大下降。第七，农业基础设施完备，交通便利，为农业生产和农民生活提供了方便的条件，城乡差别明显缩小。第八，注重发挥农业的经济、社会、生态、文化等方面的多种功能，使农业的发展具有可持续性。

　　黄河下游农区是一个典型。这个区域有着悠久的历史，传统文化在这里影响较大。从地理方面看，这里地势平坦，适于农耕，所以开发较早，以大宗农产品如粮食作物种植为主，适于大规模的机械化耕作；从气候方面看，这里属于亚热带向温带过渡的地区，适于农作物生长，但水资源并不丰富，对农业的发展形成制约；从资源的角度看，这个区域资源较为贫乏；从人口方面看，这里人口密集，所以造成农业的小规模经营；从经济发展水平看，这里属于欠发达地区，经济发展水平不高。由于东部地区的工业化、城市化是以牺牲农业为代价的，西部地区由于生态原因不适于大规模粮食生产，所以中部传统平原农区就责无旁贷地承担起了国家粮食安全的重任。由于上述原因，这个区域的"三农"问题表现得最为突出。该区域农业现代化的实现将会极大地促进我国"三农"问题的解决，保障国家的粮食安全，为国民经济持续发展及结构转型提供坚实的基础。因此，这一区域如何实现农业现代化，是一个值得深入研究的重大课题，具有极强的理论及实践意义。

## 第三节 黄河下游农区农业现代化的实践探索

### 一 黄河下游农区农业转型之路

从农业发展阶段看,和传统中国一样,黄河下游曾是一个典型的传统农业区,但在过去的 60 多年里,经历了前所未有的大转型,走过了不同的发展阶段,具有以下显著特点。

第一,黄河下游农区农业大转型的初始条件相当低下,落后于全国平均水平。新中国成立初期,我国曾是一个非常典型的农业国,农村总人口比重为 87.5%,农业劳动力比重为 88%,当时中国农村居民家庭恩格尔系数在 98% 以上。到改革开放初期,虽然经过近 30 年的建设,但我国总体经济发展水平仍十分低下,1978 年,我国农村人口仍占总人口的 82.1%,农民人均纯收入只有 133.6 元。和全国平均水平相比,黄河下游农区的农业发展水平更低。1978 年,河南省农业产值占 GDP 的比重达 39.8%,农村人口比重为 86.4%,农民人均纯收入为 104.7 元,分别与全国 28.2%、82.1%、133.6 元的平均水平有一定差距。

第二,黄河下游农区农业转型的速度低于全国平均水平。从农业占 GDP 的比重、农民人均纯收入、农村人口比重等指标衡量,黄河下游农区的农业转型速度均低于全国平均水平,如 2010 年,我国农村人口比重下降为 50.05%,农业产值占 GDP 的比重则下降为 10.1%,农民人均纯收入则上升为 5919.0 元,而同期河南省的农村人口比重为 61.2%,农业产值占 GDP 的比重为 14.1%,农民人均纯收入为 5523.7 元。作为典型的黄河下游传统平原农区,开封市这种特征更为明显,如 2010 年,开封市的农村人口比重为 63.89%,农业产值占 GDP 的比重为 23.7%,农民人均纯收入为 5390.0 元(见表 6-1)。

表6-1 中国、河南、开封农业转型发展演变

| 指标 | 中国 | | | | 河南 | | | | 开封 | | | |
|---|---|---|---|---|---|---|---|---|---|---|---|---|
| | 1978年 | 1990年 | 2000年 | 2010年 | 1978年 | 1990年 | 2000年 | 2010年 | 1978年 | 1990年 | 2000年 | 2010年 |
| 人均GDP(元) | 381 | 1644 | 7858 | 29992 | 232 | 1091 | 5450 | 24446 | 289 | 1092 | 4876 | 19750 |
| 人口密度(人/平方千米) | — | — | — | — | 423 | 518 | 568 | 597 | — | — | — | 755 |
| 农业产值占GDP比重(%) | 28.2 | 27.1 | 15.1 | 10.1 | 39.8 | 34.9 | 23.0 | 14.1 | 33.3 | 41.6 | 32.0 | 23.7 |
| 农民人均纯收入(元) | 133.6 | 686.3 | 2253.0 | 5919.0 | 104.7 | 527 | 1986 | 5523.7 | 182 | 612 | 2096 | 5390.0 |
| 农村人口比重(%) | 82.1 | 73.6 | 63.78 | 50.05 | 86.4 | 84.5 | 76.8 | 61.2 | 85.28 | 83.20 | 80.69 | 63.89 |
| 粮食产量(万吨) | 30476.5 | 44624.3 | 46217.5 | 54647.7 | 2097.4 | 3303.5 | 4101.5 | 5437.1 | — | — | — | — |
| 粮食产量占全国比重(%) | 100 | 100 | 100 | 100 | 6.9 | 7.4 | 8.9 | 9.9 | — | — | — | — |
| 农村居民家庭恩格尔系数(%) | 67.7 | 58.8 | 49.1 | 41.1 | 60.7 | 55.0 | 49.7 | 37.2 | — | — | — | 34.0 |
| 城乡居民收入比(倍) | 2.57 | 2.20 | 2.79 | 3.23 | 3.01 | 2.41 | 2.40 | 2.88 | 1.99 | 1.82 | 2.11 | 2.68 |

资料来源:1978~2011年《中国统计年鉴》,1978~2011年《河南统计年鉴》,2000~2011年《开封统计年鉴》。

第三，今后几十年，黄河下游农区将经历一个加速转型期，农业发展将出现重要的转折点。随着我国经济快速发展及沿海地区的产业加速向中西部转移，黄河下游农区将面临难得的发展机遇。工业化、城镇化的快速推进，经济发展方式的转变，均对黄河下游农区的农业发展提出了更高的要求。

## 二 农业经营规模变迁

### 1. 农业经营规模演变

改革开放以来，我国农业事实上又回归了传统的小农经营，农村人均耕地面积变化并不大（见图6-1）。黄河下游农区是我国的人口聚居区，人口密度高于全国平均水平，但这一地区的农业经营规模要低于全国平均水平（见表6-2）。除了农业经营规模小之外，耕地的细碎程度严重，一户的土地被分割成十几块，这给耕作带来了极大的不便。

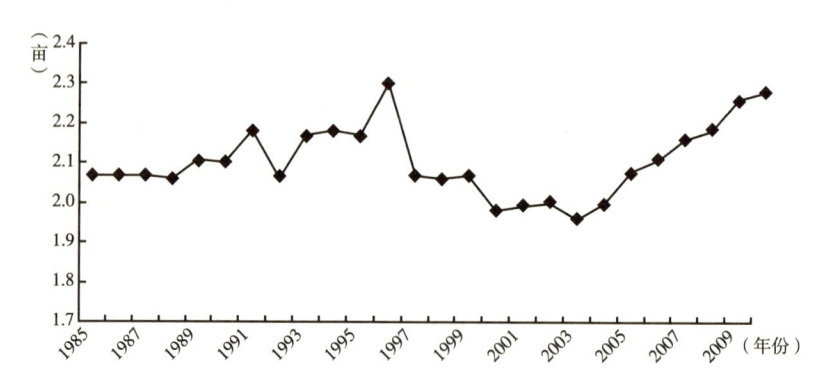

图6-1 我国农村居民人均耕地面积

表6-2 我国及部分省份农业经营规模

| 指标 | 中国 | 河南 | 山东 | 河北 | 安徽 | 江苏 |
|---|---|---|---|---|---|---|
| 人均耕地面积（亩/人） | 2.28 | 1.68 | 1.56 | 1.98 | 1.87 | 1.12 |
| 户均耕地面积（亩/户） | 9.12 | 6.72 | 6.24 | 7.92 | 7.48 | 4.48 |

注：每户按4人计算。
资料来源：《中国统计年鉴（2011）》。

## 第六章 黄河下游农区农业现代化与组织结构变迁

20世纪90年代以来，尤其是邓小平南方谈话以后，我国经济开始快速发展，城市的高收入和农业的比较效益低下导致越来越多的农民进城打工，这为扩大农业经营规模创造了条件，各个地区根据自身条件进行了探索，出现了一些农业规模经营的案例，这些规模经营案例以大户或合作社为主。黄河下游农区大部位于平原地区，又属于旱作农业区，比较适合大规模农业经营，但由于我国及该地区的现实情况，这种规模经营的范围是有限的，在经济及社会没有完全转型之前，农业还是相当一部分人的生存来源，并承担着重要的社会保障职能。因此，农业的规模经营注定需要一个漫长的发展过程。

**案例：鹤壁市钜桥万亩粮食高产核心示范区**

钜桥万亩粮食高产核心示范区位于鹤壁市淇滨区钜桥镇，钜桥镇原属浚县，后转归淇滨区，全镇共有35个行政村、5.2万亩耕地，全镇共有4万人口。示范区成立于2008年，涉及刘寨村、钜桥村、申寨村、姬庄村、白庄、草屯6个行政村2013户，规划建设面积11340亩。

淇滨区高度重视粮食高产核心示范区创建工作，采取了一系列支持示范区建设的有力措施，示范区粮食产量连年创全国新高。2008年，15亩和50亩超高产小麦攻关田亩产分别为681千克和673.4千克，万亩小麦核心区平均亩产617.7千克。2009年，经农业部、科技部组织专家测产验收，示范区万亩小麦核心区平均亩产690.6千克，比全区平均亩产455千克多235.6千克，创我国万亩小麦核心区产量最高纪录；百亩攻关田小麦平均亩产751.9千克。当年万亩浚单20连片夏玉米高产示范区平均亩产858千克，刷新了全国夏玉米万亩平均产量纪录，比全区平均亩产452千克多406千克。

钜桥万亩粮食高产核心示范区的主要做法如下。

第一，科学规划。创建之初，示范区就瞄准"全国一流，全省最好，产量最高"的目标，高标准编制了示范区建设规划。淇滨区建设了较为完善的基础设施，如灌溉设施、气象服务设施等。

第二，健全机制。淇滨区从2008年开始就成立了区万亩粮食高产创建工作领导小组，在国家粮食攻关项目建设的契机下，在鹤壁市委市政府的推动下，淇滨区成立了万亩示范区，并组建了专家指导组和示范服务组，开展技术服务和指导。为克服一家一户小规模经营的局限性，淇滨区专门成立了3个农机合作社，通过土地转包、土地托管、阶段式托管等土地流转方式，大力推行规模化种植、产业化经营。目前，聚喜来、辉煌、鑫盛三个农机合作社共经营土地3291亩。聚喜来农机合作社成立于2009年，目前已流转土地800多亩，2010年底计划流转土地5000亩。目前该合作社参与流转土地的农户共有200多户，入股的农户有20多户（基本是以带农机、资金、土地、技术等入股，以土地入股的有10户，合作社每年支付1200元/亩给不以土地入股的农户，以土地入股的农户参与年底分红，合作社不支付相关流转费）。合作社以10万元为一大股，以1万元为一小股，大股持有者有参与合作社经营管理的权利，小股持有者没有经营管理权，合作社的创始人投入了100万元，占合作社70%的股份。在具体运作方面，合作社采取了阶段式托管和全托两种方式，前者是指农户把播种、耕种、收割等一些重要环节交给合作社管理，合作社收取低于市场价的服务费，即在经营方面还是农户分户经营；后者是指农户把土地托管给合作社，农业生产的所有环节均由合作社统一管理、统一经营，农户完全从农业生产中脱离出来。以土地入股的农户如果遇到自然灾害等情况，将得不到年底分红，有相应的风险，所以有些农户就采取了全托的方式，无论发生什么情况，农户都能得到固定的土地流转费。辉煌农机合作社成立于2009年，目前共流转土地1500亩，涉及农户170多户，合作社共有3个股东，没有以土地入股的农户，合作社向流转土地的农户支付1200元/（亩·年）的流转费。3个股东把土地从农户手中流转过来后，进行统一经营管理，农户不再参与流出土地的经营管理，只是每年收取相应的手续费。鑫盛农机合作社的运作模式和辉煌农机合作社类似。

第三，强化措施，搞好相关服务。示范区引进了大型种业公司，积极推广订单农业，使示范区粮食增产又增收。除此之外，示范区还开通了气象服务大喇叭和科技服务热线电话，市农科所派出6名技术骨干，成立了技术服务组织，长期坚持在示范区进行巡回服务；示范区还选配了17名专职农民技术员，确定了50个农业科技示范户，构建了较为完善的农业科技服务体系。在示范区内，市农科所还建立了高产典型和管理样板，通过宣传和发动，引导群众看着学、跟着学、自愿学，在示范区内形成了良好的科学种田氛围。

第四，统一模式。示范区集中实施了六个统一：一是统一聘请专家对农民技术员和技术骨干进行培训；二是统一品种和种植布局，向群众补贴供应优质玉米包衣种子，每斤价格比市场价优惠2元；三是统一播种时间和种植模式，实施标准化管理；四是由专业合作社统一供应农药、化肥，集中打药，提高病虫害防治效果；五是统一收获时间，集中适时收获；六是统一采用秸秆粉碎全量还田，长期坚持培肥土壤地力与推广配方施肥相结合。

## 2. 外来资本介入和粮食规模经营

随着经济社会的发展，企业所面对的外部环境发生了很大变化，农业所提供的机遇受到了一些工商业资本的注意，一些企业开始介入农业，甚至直接介入农业生产环节。在这些工商资本的推动下，一些地区出现了农业的规模经营。从农村青壮年劳动力日益流入城市和目前引起人们广泛关注的"老人农业"问题看，这种由企业推动的农业规模经营有一定意义和合理之处。

但从农业本身的特点看，农业生产的对象是有生命的植物或动物，具有很强的季节性以及空间上的分散性，因此，农业同时面临自然风险和市场风险，这使得农业天然适合家庭经营，从世界各国的农业发展状况看也是这样。因此，企业在逐利性动机的驱使下，介入农业生产环节可能会带来非常严重的后果，逐利性动机使得企业的经营短期化行为非常明显，这会对农业生产所依赖的土壤、水等自然资源和环境产生不良影响。在我国，工商资本，尤其是有政府背景的工商资本往往处于强势地位，这会使其在介入农业领域时违背农民意愿，强行推进农业的规模经营，使得弱势群体的利益受到严重损害。这种模式经营状况取决于企业的经营状况，而企业的经营状况又受到各种因素的影响，一旦企业经营遭遇困境，就会带来严重的社会后果。因此，工商资本介入农业生产环节而推进农业规模经营的行为不应被提倡。

**案例：鹤壁市浚县王庄乡中鹤集团农工商一体化模式**

中鹤集团全称是河南中鹤农业产业科技集团有限公司，位于河南省鹤壁市浚县王庄乡。浚县古称黎阳，依傍黄河故道，气候适宜，土地肥沃，水资源丰富，盛产小麦、玉米、大豆、花生等作物。该地区为黄河故道亚洲小麦黄金圈，是亚洲最适合小麦生长的黄金地带，是国家优质小麦种植基地、优质玉米育种基地、优质粮食产区和商品粮集散地，周边地区小麦、玉米种植面积占可耕种面积的90%以上，年产商品粮小麦700万吨、玉米1000万吨，原粮区位优势显著。王庄乡有51个行政村76个自然村，9.8万亩耕地，7.3万人口，人均耕地只有约1.3亩。

集团成立于1995年，注册资本10.28亿元，正式员工3000余人，2009年底公司总产值达8.5亿元。依托国家对农业发展的政策支持，集团已发展成一个占地5.8平方千米的粮食精深加工产业园。中鹤集团是从事农业产业化全产业链经营的集团公司，拥有农业开发、集约化种养、粮食收储与粮油贸易、小麦加工、玉米加工、豆制品加工、零售、环保与能源等相关业务，是国家财政参股企业、国家"十一五"食品安全科技攻关项目示范基地、河南省重点龙头企业。集团拥有河南中鹤纯净粉业有限公司、河南淇雪淀粉有限公司、河南淇淇食品有限公司、中鹤营养面业有限公司等全资子公司。

中鹤集团是从只有几间厂房的小面粉加工厂逐步发展壮大的。在逐渐向高端市场发展的过程中，集团认识到，要想保证产品质量，必须确保拥有优质的粮源。而传统的一家一户的小规模分散经营很难保证粮源的质量，因此，必须进行土地流转，实现农业的规模经营。为顺利推进土地流转，集团发起成立了鹤飞农机服务专业合作社，注册资金3000万元。合作社吸纳从事各类农机作业服务的农户为会员，组织开展农机跨区、机播、机耕、机收、农业技术支持等系列化服务。合作社刚成立就投入1485万元，购进小麦、玉米两用机110台，无偿提供给农机手社员，目前已发展农机手社员200户，投入"三夏生产"。合作社有三大发展目标：一是搞好自身建设，三年内建成组织健全、配置齐备、功能完善、运行合理的农机服务实体机构，拥有大中型农机1000台，农机总动力达5万千瓦，可满足本区域20万亩农田正常作业的需要，并辐射周边地区；二是建好合作组织，本着"互惠互利、协作共赢"的原则，三年内发展社员1000户，对2万家农户提供系列化农机服务，形成"公司+合作组织+社员+农户"的规模经营模式；三是打造粮源基地，以粮食安全生产为突破口，积极推进土地成片集中流转，通过承包、代种、分项服务等模式，培植规模种粮大户，实行标准化生产、集约化经营，着力打造优质生产粮源基地，探索粮食可持续发展新路子。

合作社首先选择了南坡、南苏洵两个村进行土地流转的试点，通过细致的工作，合作社已和南苏洵的农户签订了2000亩的土地流转协议，合作社下一步准备逐步把全乡的近10万亩耕地全部流转。

土地流转后由中鹤集团统一经营，农户不再经营。对转出土地的农户来说，集团有两种补偿方式：第一种是集团建厂用地的补偿，集团按市场价每年支付给农户1000斤小麦/亩和1000斤玉米/亩，或者是集团一次性买断农户的土地，每亩地支付给农户2.75万元，农户可以将这笔钱存在集团中，集团给农户高于银行的利息，每年年底给农户结算一次。目前，大部分农户采取了一次性买断并把钱存在集团中这种方式。第二种方式是一般的土地流转，集团每年给农户1200斤小麦/亩，实际上按市场价以钱支付。

流转出土地的农户可以选择外出打工，也可以选择在集团中务工或者自己做生意。目前，在集团所在地小齐村，外出务工的有100多人，在集团做工的有400多人，并有十几人经营饭店，十几人在搞运输。集团有明显的产业优势，足以解决当地人的就业问题，比如集团建立的腐竹厂，可以吸纳6000人就业。除此之外，集团还有小麦加工、玉米加工、大豆加工、杂粮加工、速冻食品加工、休闲及熟食加工、油脂加工、冷饮食品加工、编织袋生产、纸箱包装、饲料加工、肉制品加工、粮食物流、农机物流、蔬菜加工、零售及配套等业务，为吸纳就业提供了广阔的空间。

为推动土地的顺利流转并提高农民的福利，集团出资建立了中鹤社区，社区占地600亩，近期规划容纳1万~2万人，远期规划容纳10万人，等社区完全建成后，这里将形成一个小城市。

除粮源优势外，集团还拥有诸多优势。①收储优势，中鹤集团在鹤壁及周边地区设立独资粮食收购网点260多个，建立长期代收客户资源点2000余个，单日收购小麦、玉米能力在10000吨以上，总仓储规模达100万吨，集团拥有铁路专用线，并拥有中原地区最大的粮食物流港。②产业互补优势，中鹤集团拥有目前国内最完整的玉米、小麦、豆制品加工及能源产业链，产业链之间优势互补，极大地节约了生产物料的投入，实现了资源的再利用，促进了粮食的就地转化增值，降低了产品的制造成本，完成了由单一型产业链向综合型循环产业经济的转变,具有可持续发展的潜力及核心竞争力。③科研优势,集团是国家"十一五"食品安全科技攻关项目示范基地,以及河南省专用小麦粉工程技术中心。现拥有各类专业人才500人,其中博士3人、硕士15人。而且集团斥资5000万元建设的综合研发楼,拥有全套国际先进的食品检验化验设备和无菌实验室。集团长期与河南工业大学等科研院校紧密合作,设立大学专项奖学金,为集团建立高素质的科研队伍提供保障。④全产业链经营优势,集团拥有16万亩的种植基地,从种子到餐桌,集团层层把关,通过产业链的上下游延伸,实现了对产品质量的全程控制,保证了食品安全的可追溯性,让人民群众吃得放心。

集团的运营提高了农民的收入,并有效地推进了工业化和城镇化,实现了工业化、城镇化和农业现代化的协调发展。集团采用企业+农户+基地的模式,成立农村合作社,统一规划农产品种植、畜牧养殖、饲料加工等规模化产业。集团通过标准化和集约化种养,完成了从高成本的资源消耗型向资源节约型的现代农业转型,提高了农作物及畜牧类产品的品质和产量,保障了农户收益的最大化。同时,集团拥有16万亩的流转土地,通过迁村腾地、土地平整,使实际土地利用面积增加了约12.5%,用于粮食生产,同时建设生态新社区,让农民转化为股份制企业的技术工人和现代化的城镇居民。

## 第四节 黄河下游农业经济及社会组织结构的变迁

### 一 农业产业结构变迁

改革开放以来,黄河下游农区的农业结构得到了明显优化。一是种植业内部结构,即粮食和经济作物之间的结构变化。改革开放以来，我国及河南省的粮食播种面积占总播种面积的比例总体上呈下降趋势（见图6-2），从改革开放初期的83%左右下降到目前的68%左右。在粮食产业内部，结构也得到了明显优化，目前，地区初步形成了一批以优质专用小麦、玉米和水稻为主的优质粮食生产基地。2009年，河南省优质粮食种植面积达10636万亩，占粮食种植面积的73.6%。其中，小麦、玉米、水稻的优质化率分别达69.8%、81.8%和93.9%，比2005年分别提高15.5个、27.6个和7.9个百分点。二是种植业和林业、畜牧业及渔业之间的结构变化。总体趋势是种植业的比重在下降，其他行业尤其是牧业的比重明显上升，但在2003年后出现了一些新的变化，种植业的比重重新上升，牧业的比重则有所下降（见图6-3）。

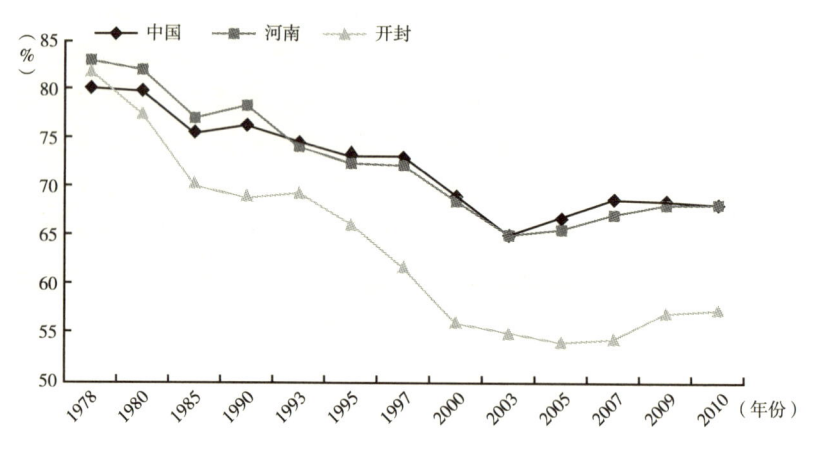

图6-2 中国、河南及开封粮食播种面积占总播种面积的比例变化

## 二 农业组织形式的变迁

改革开放以来，黄河下游农区的农业经营组织形式也发生了很大变化。1978年的改革造成了事实上的小农分散经营，由于该地区人多地少，农业经营的分散化、细碎化更为明显。在市场

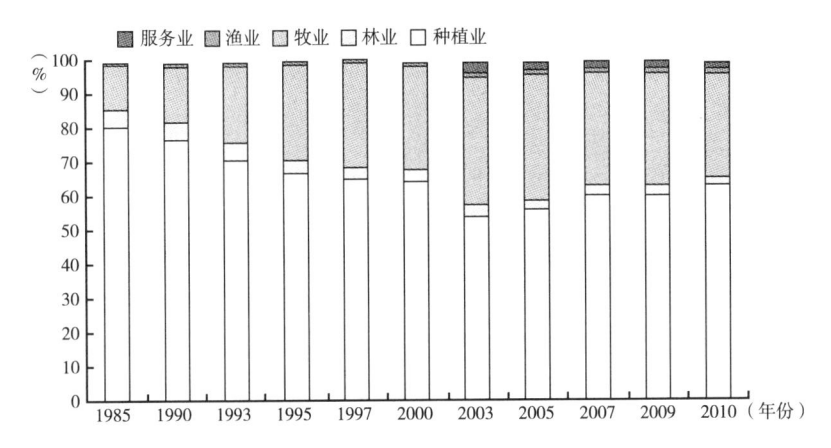

图 6-3 河南省农林牧渔业及相关服务业增加值结构变迁

注：此处的服务业是指为农林牧渔业服务的相关产业。

经济条件下，小农户和大市场之间的矛盾逐渐显现，并日益加深。因此，为适应市场经济发展，农业组织形式发生了明显变化。其主要表现形式是"龙头企业+农户"、农民合作组织等。以河南省为例，截至2007年，全省符合农业部统计标准的各类农业产业化组织总数达9102个，其中属龙头企业带动型的有3918个，占总数的43%；龙头企业年销售收入达1399亿元，有287家龙头企业销售收入在1亿元以上。全省各类农业产业化组织带动农户1022万户，占全省农户总数的50.9%，平均每户从中增收1025元。

黄河下游农区的农产品加工业发展较快，有力地推动了农业发展方式的转变和农民收入的增加。以河南省为例，截至2011年9月底，全省农产品加工企业有3.1万家，其中规模以上农产品加工企业6360家，实现营业收入9102亿元，实现利润822.99亿元，上缴税金410.45亿元，分别占全省规模以上工业企业的27.01%、29.60%和29.43%。企业集群的形成推动了县域经济的发展。全省通过强化政策扶持、加大资金投入、提高服务质量等一系列措施，壮大和形成了一批不同层次、不同类别、覆盖全省的农产品加工龙头企业。截至目前,全省以农产品加工企业为主体的龙头企业带动农户1189万户;年销售收入超亿元的企业达594家;全省食品加工已发展到23个门类的24个行业,面粉、肉类、乳品的加工能力分别为710多亿斤、140多亿斤和60多亿斤,火腿肠、味精、面粉、方便面、挂面、面制速冻食品等产量均居全国首位。农产品加工业的快速发展带动了农民就业和增收。截至2011年9月底,全省规模以上农产品加工企业共吸纳159.08万人就业,占全省规模以上工业企业从业人员514.69万人的30.91%。全省各级农产品加工龙头企业为农民提供的人均年工资性收入近500元,约占农民年人均纯收入的10%。

山东、河南等省是全国发展农民专业合作经济组织起步较早的省份,尤其是山东省,是我国农业产业化的诞生地。目前,黄河下游农区的农民合作组织已形成相当大的规模,在提高农民的组织化程度、推动农业经济向集约型增长方式转变、提高农业综合生产能力和市场竞争力、促进农民增收、创新农业经营体制、培育新型农民、实现农村民主管理等许多方面,都起了重要作用。2007年《农民专业合作社法》实施以后,该地区的各级政府先后出台政策措施,进一步加大了扶持力度,立足主导产业,发挥资源优势,积极探索多渠道、多区域、多层次的联合,逐步形成了形式多样、层次丰富、内容广泛的专业合作组织体系,使农民专业合作经济组织步入规范、快速发展的新阶段。

**案例1:河南永达食业集团的"公司+农户"模式**

河南永达食业集团成立于1986年,目前已发展成集肉种鸡繁育、饲料生产、商品鸡养殖、屠宰加工、熟制品生产与贸易(出口与内销)、速冻面食生产、冷藏配送、商业连锁于一体的肉鸡产业化外向型企业,是"农业产业化国家重点龙头企业""全国食品工业百强企业""中国肉类食品行业强势企业"等。集团下辖16个分（子）公司，130多个经济实体。下属企业分布在郑州、鹤壁、安阳三市，占地3219亩，企业总资产10亿元，员工10000多人，其中各类专业技术人才850多人。集团从2002年就开始致力于疫病防治标准体系、药残监控标准体系、产品质量保障标准体系三大食品安全保障标准体系建设，目前，集团企业标准化建设涵盖了从肉鸡饲养到餐桌消费的全过程，严格按照ISO 9000和HACCP质量保障体系的要求，建立了542个企业管理标准。

集团目前拥有肉种鸡场7座，年存栏种鸡50万只；孵化厂2个，年孵化能力6000万只；饲料生产线4条，年加工能力40万吨；年出栏30万只现代化商品鸡场102座，年出栏毛鸡3000万只。目前，集团在豫北的5市20县联结了3500家规模养殖户，发展社会合同养鸡，年出栏肉鸡3000多万只，年创社会效益6000万元。标准化养殖小区目前已建成35个，年出栏毛鸡1000万只；拥有肉鸡生产线3条，日屠宰肉鸡20万只，年屠宰加工肉鸡6000万只；熟食生产厂6座，年加工能力12万吨；速冻面食生产厂1个，年加工能力2万吨；出口注册鸡肉熟食加工厂1个，年加工能力2万吨；冷库6座，物流配送中心库容量达1.5万吨；此外，集团还拥有永达放心鸡商业连锁店150家，遍布河南省郑州市主要社区及省内其他地区。

集团拥有的"永达"商标被国家认定为"中国驰名商标"，生产的"永达"牌速冻调理熟食品系列获得"中国名牌产品""中国出口免检产品"等称号；"永达"牌清真鸡肉系列产品由中国伊斯兰教协会监制，是"中国名牌农产品""河南省清真鸡肉第一品牌"。集团的产品畅销国内30多个大中城市，是麦当劳、肯德基长期的"十大鸡肉供应商"，集团产品出口至日本、智利、南非、韩国、中东、东南亚等十几个国家和地区。

集团不断探索龙头企业与农户联结的经营机制和利益机制，

形成了具有永达特色的"公司+基地+农户+标准化"的肉鸡产业化发展模式，与农民形成了互惠互利的利益共同体，带领农民养鸡致富奔小康。

在具体运作方面，集团创建了龙头企业带动的"6+1"模式。这种模式有7个主体，即政府、企业、养殖合作社、农户、银行、担保公司、保险公司，7个主体各司其职，构成了一个完整的体系。这种模式的具体运作方式如下。

政府主要负责统一规划，合理布局。政府要统一划出一定区域，建立标准化养殖小区，一个养殖小区最低养3万只鸡，多的可达15万~20万只。

龙头企业负责提供鸡苗、饲料、药品、疫苗，并进行统一防疫、统一收购，其作用是有效地降低了市场风险，构建了较为完善的技术体系。

养殖合作社则提高了农民的组织化程度，养殖合作社是以永达集团为主成立的，2008年开始试点，2009年开始正式运作，合作社名称为鹤壁市永达标准化养鸡农民专业合作社，合作社注册资本为300万元，集团持有合作社20%的股份，其余股份为合作分社所有。一个养殖小区即为一个合作分社，一个合作分社一般由6~10名农户自愿组成。一个合作分社占1%的股份，一股为3万元。目前，合作社共有80个合作分社。合作社准备在2010年底再发展40个合作分社，将合作分社数量扩充为120个，扩充以后再成立一个新的合作总社，具体运作模式如上，即一个合作分社持1%的股份，集团将代持多余股份，随着合作分社数量的增加，集团的股份将逐渐稀释，直到公司所持股份为20%。合作社对合作分社采取"六统一"的管理模式，即统一提供鸡苗、统一供应饲料、统一供应药品、统一防疫、统一处理药残、统一回收结账，每一个合作分社与合作社签订统一的合同，然后合作社再与永达集团签订合同，即由一份三方合同来保护各方利益。合作社的收入主要是集团支付给合作社的服务费，合作社向集团交售商品鸡，每交1只鸡，集团就向合作社支付一定的手续费。

农户是生产者，要负责建立养殖小区，这种养殖小区是标准化的养殖场，一个养殖小区可能有一两个或者更多农户，最多10个。一个养殖小区最低要养3万只鸡，多的可达20万只。一般情况下，一个养殖小区的投资需75万~100万元，由农户负责建设，合作社投10%（实际上是永达集团投，合作社负责管理），经集团培训合格后，农户加入合作社负责商品鸡的生产。农户把商品鸡卖给永达集团，由合作社负责把钱返还给农户。

银行发放相关的贷款，主要以合作社为平台对农户贷款，因为农户在建立养殖场和养殖过程中需大量资金，而自有资金有限，所以必须要靠银行贷款。

担保公司负责银行向农户发放贷款时进行担保，在正常情况下，农户直接向银行还款，但若出现了农户无法偿还银行贷款的情况，担保公司负责偿还银行本息。

保险公司负责对农户的固定资产进行投保，关于流动资产，保险公司还没有相关的保险，目前保险公司正在探讨流动资产的保险问题。

永达集团之所以创建这种模式，是出于食品安全的考虑，目前集团以这种模式得到的商品鸡占集团商品鸡总量的30%；集团自己养的鸡占25%；农户散养鸡占45%，散养户每户最低养5000只，最高的达2万只，散养户的商品鸡也实行"六统一"的管理模式。公司下一步要将散养户统一到这种模式。

例如，浚县王庄乡申窑头村的一个农户总共有4栋鸡舍，总投资近150万元，其中固定资产投资近100万元，合作社投了10万元，流动资产为50万元。由担保公司担保从银行贷款，永达集团派了一个技术员长期住在养殖场，负责24小时的技术指导，技术服务的收费低于市场价，养殖场现已基本建成，目前已出栏了一批商品鸡，共4万只。

## 案例2：新乡市民顺祥农作物种植专业合作社

新乡市民顺祥农作物种植专业合作社位于新乡市获嘉县，成立于2007年9月，目前已发展成员4056户，覆盖获嘉县7个乡镇53个行政村，耕地规模达4万亩。

获嘉县人均耕地面积约1.4亩，属于典型的传统平原农业区，人多地少，小规模经营。由于豫北平原的土质较好，获嘉县的农业基础较好。但随着外出务工人员数量的增多，留在家中经营农业的基本是老人、妇女，甚至儿童。合作社成立前，获嘉县的农业经营以一家一户的小农经营为主，农民在从事农业生产时购买生产资料、销售农产品都是分散进行的，成本较高，而且还时常出现农民买到假种子、假农药、假化肥等事情。看到农民有组织起来共同购买生产资料、共同销售农产品的需求，但这种需求村级集体组织又提供不了，恰逢2007年《农民专业合作社法》颁布实施，负长华理事长认为农业是一个可持续发展的行业，从事农业同样可以大有作为，于是萌生了发起成立农民专业合作社的想法。负长华是名退伍军人，退伍后在获嘉县移动公司上班，工作环境好，待遇优厚。在其萌生了辞职发起成立合作社的想法后，周围很多人，包括亲戚朋友非常不理解，并劝其放弃，但他依然坚持自己的想法，和其战友一起发起成立了新乡市民顺祥农作物种植专业合作社。负长华理事长在移动公司做客户经理时，经常到农村发展客户，故和许多村建立了良好的关系，其在建立合作社的网络时也借鉴了中国移动在各个村建联络点的做法，取得了较好的效果。

合作社成立时共有9个发起人，启动资金仅有5万元，目前合作社已有注册资金80万元，其中负长华个人占总股本的50%左右，其余股份由剩余的8个人平均持有，合作社在其覆盖的53个行政村的每个村均建立了基层社，也叫服务点，每个基层社均有一名负责人，负责人一般由村中较有威望的人担任，合作社给这些基层社的负责人按月发工资，工资额由村里合作社成员数决定，如果村中合作社的社员户数较多，则其工资相应较多，反则反之。

合作社的决策程序是：首先召开合作社的理事会，目前合作社理事会成员有3名，分别为理事长、经理和另外一名出资人；理事会商讨做出意见后，再召开各基层社负责人会议，按少数服从多数的原则进行决策。

合作社的分配方式是以低于市场价的价格向农民提供种子、农药、化肥等，具体运作方法是：合作社以较低价向各个农户提供种子、化肥、农药等生产资料，等粮食收获后，农户向合作社卖出粮食，合作社向农户返还相应的利润。

目前，合作社主要从事的业务是统一购买农用生产资料，如种子、化肥、农药等，统一销售农产品。在统一购买生产资料时，先由理事会决定使用什么品牌，然后召开基层社负责人的会议，征求大家意见，由各个基层社负责人统计自己所在村的需求数量，加总起来后，由合作社从厂家直接购买，并送到农民手中。由于管理比较到位，合作社基本不需要自己的仓库，从而节省了成本。在统一销售农产品方面，合作社首先按市场价从农民手中收购粮食，然后经过简单加工、包装（主要是除杂、统一包装、分级分等）统一出售。目前，合作社的小麦主要卖给中储粮，玉米主要卖给广东的厂商，由厂商到获嘉收购。由于量大，所以粮食可以以稍高于市场价的价格出售，一般高于市场价1分左右，合作社可以赚取中间差价。具体操作时，合作社利用粮贩从农民手中收购粮食，交到合作社，合作社只需付给粮贩少量的运费即可，由于管理较为到位，合作社不需要仓库，节省了成本。目前，合作社已注册了自己的商标"民顺祥"，合作社的农产品均以这个品牌出售。

合作社最初开展业务时采取了以下方式：首先选择一个群众基础较好的村发展社员，在一个村中选出10个农户进行重点培养，等10个农户做扎实后再做下一个村，以此延伸至目前的

53 个行政村。以先入社的农户带动其他农户，带动合作社的发展。

由于近两年合作社发展过快，其内部管理出了一些问题，主要是财务方面以及基层社负责人方面的问题，如合作社成员的合作意识不强、合作社的待遇过低等。目前合作社已整顿了财务，加强了对基层社的管理。主要做法是辞掉原来出问题的财务人员，对基层社的负责人主要采取开会、谈心等方式来统一认识。此外，合作社发展存在的另一个重要问题是税收问题，虽然《农民专业合作社法》以及相关法律均明确规定合作社享有税收优惠，但当地的国税部门无视法律，强制征税。

合作社的主导思想或方向是坚持以大田作物种植为主，附带搞些特色农产品，比如合作社已开始试种黑玉米、黑豆等作物，加以包装后作为礼品销售。

对于下一步的发展，负长华理事长的想法是：合作社首先加强内部管理，然后发展农产品加工业务。具体设想是：和企业合作做 OEM（定点生产），运用企业的加工设施和销售渠道，销售加工好的农产品。合作社下一步还准备就种子、化肥、农药等设立独立的负责人，目前这些业务都由总经理一人负责。为提高农户的收入，理事长还准备把留守在农村的妇女、有劳动力能力的老人组织起来，发展副业。

从运作效果看，合作社有效地提高了农民的组织化程度，增加了农民的收入。

目前，在获嘉县乃至河南省，农业经营大多是专业化经营，即一个农户只种植一种农作物，多样化经营的方式已经很少，故理论界有些人主张的依靠果蔬、特色农产品等"合作优势产品"带动大宗农产品尤其是粮食专业合作社的发展，是不符合实际的。

从以上描述可以看出：新乡市民顺祥农作物种植业专业合作社较为符合经典合作社的运行规则，农户参与度较高，对农民有切实的帮助。合作社主要提供相关的农业生产经营服务，并有统一销售功能的组织，农业生产还是由农户经营，合作社提供相应的产前、产中、产后服务，这可有效地解决农业生产中的"偷懒"问题。这种合作社的运作模式既符合理论，又符合中国的现实国情，是值得在中国大力推广的模式。

## 三 农业社会化服务体系变迁

改革开放以来，农村社会化服务体系建设取得了重大进步。目前，农业科技服务机构的组成为：一是政府农技服务机构。各级政府农技服务机构是农技推广体系中最主要的组成部分，是目前规模最大、覆盖面最广的由政府支持建设的科技服务体系。如各级农技推广中心、林业站、林科所、农科所、森防站、植保站、土肥站、植检站、农机站、畜牧兽医站等，都属于这一系统。二是专业协会与专业经济合作组织。近年来，各类自主型农业专业技术协会和农业经济合作组织发展迅速，各地涌现出了"农业专家大院""科技服务社""农业科技协会"等多种科技服务组织模式，在农村经济发展中显现了旺盛的生命力。茶叶、生猪、蔬菜、花卉等专业协会和农村经济合作组织有力地推动了农村经济的发展。三是示范园区基地。各地农业园区的建设和发展，对促进科技成果转化、带动地区经济结构调整、促进农民增收等发挥了积极作用。四是农业龙头企业。农业龙头企业在服务地方经济建设、拉动地方经济发展、促进农业产业结构调整和为一方农民增收的过程中发挥了重要的辐射和带动作用。它不仅可以根据产品市场需求变化的情况安排自身经营计划，而且能够运用经济杠杆来引导农民依据市场需求安排生产。五是农业科技信息网。近年来，网络的应用和普及发展极为迅速，信息传递的快捷、便利将整个市场联系在了一起。从中央到地方，只要有条件开通网络的地方，都建立了农业信息网络。

**案例：鹤壁市农业气象服务**

鹤壁市的农业气象服务业非常有特色。鹤壁市在全国率先用上了国际先进的"星陆双基遥感农田信息协同反演技术"。不光变幻莫测的天气能被准确预测，连小麦长势、生长环境都在专家的监控之下，能更及时、准确地给予农民提醒。2010年4月中旬，鹤壁市出现晚霜冻天气，气象部门利用移动雷达探测系统，提前一周做出准确预报，并与农业部门联合，指导农民提前进行浇水保温，从而将低温冻害造成的损失减至最小。鹤壁市气象局和浚县农科所如兄弟般亲密。二者建有专线，开通了预警信息"绿色通道"，发布气象预报预警、农业气象服务等信息。关键农事季节，鹤壁市气象局还组织有经验的农气专家到田间地头了解玉米、小麦的生育情况，与浚县农科所的技术人员共同探讨气象在农作物不同生育期的应用。

鹤壁市采用的"星陆双基遥感农田信息协同反演技术"将卫星遥感与地面传感、无线通信有效地结合在一起，对地表温度、空气湿度、土壤水分、病虫害等农田生态环境参数进行实时、动态、连续监测，实现了农田生态环境和作物生育期、苗情、长势以及灾情等农业生产的信息化、数字化、标准化、智能化、可视化。这些信息通过网络可直接传输到北京专家的面前，农作物的一切疑难杂症可以直接受到国家一流专家的诊断，为指导全市农业生产提供科学依据。

## 四 农业基础设施变迁

改革开放以来，黄河下游农区的农业基础设施得到了一定程度的改善。以河南省有效灌溉农田面积为例，虽然改革开放初期河南省有效灌溉面积和年底常用耕地面积有所下降，但后来有所上升（见图6-4）。不过，黄河下游农区的农业基础设施整体上仍然比较薄弱，抗灾能力不强。尤其在农田水利设施方面，普遍存在年久失修、功能老化、更新改造缓慢的问题。和新中国成立后、改革开放前的阶段相比，农业基础设施甚至还有退化。

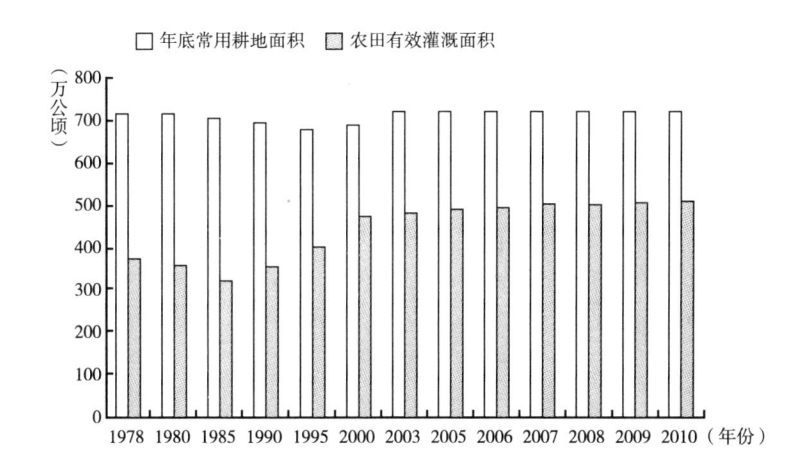

图 6-4　河南省年底常用耕地面积和农田有效灌溉面积

## 五　农业生态环境变迁

新中国成立以来，黄河下游农区农业的生态环境变迁经历了一个曲折的过程。由于历代战乱、毁林开荒、乱砍滥伐、黄河改道及决口泛滥，至新中国成立的 1949 年，该地区的森林覆盖率仅为 7.81%，平原地区则仅为 1.5%。大风、沙尘暴及干热风对平原地区的农业生产造成了极大危害，山区则出现了严重的水土流失。新中国成立后，该地区开始通过植树造林改善生态环境。在平原地区进行防护林带、农田林网等建设，在山区则启动林业生态工程建设，在一定时期内取得了良好的经济、社会和生态效益，还获得了全国知名的农桐间作、农田林网化的典型经验。在取得一些成绩的同时，该地区长期的农业开垦大大减少了土壤有机质，尤其是改革开放以来由传统农业向现代农业的转型过程中，化肥、农药的过量施用,加上农膜、农机的普及(见表6-3),土壤和地下水均被严重破坏,农业生产对环境的负面效应日益显现。

表6-3 河南省化肥、农药及农膜的投用量

单位:万吨

| 年份 | 化肥 | 农药 | 农膜 |
|---|---|---|---|
| 1978 | 52.54 | — | — |
| 1980 | 72.52 | — | — |
| 1985 | 143.58 | — | — |
| 1990 | 213.18 | 3.31 | 2.75 |
| 1995 | 322.21 | 7.56 | 5.32 |
| 2000 | 420.71 | 9.55 | 9.19 |
| 2003 | 467.89 | 9.87 | 9.88 |
| 2005 | 518.14 | 10.51 | 10.84 |
| 2006 | 540.43 | 11.16 | 11.84 |
| 2007 | 569.68 | 11.80 | 12.66 |
| 2008 | 601.68 | 11.91 | 13.07 |
| 2009 | 628.67 | 12.14 | 14.14 |
| 2010 | 655.15 | 12.49 | 14.70 |

作为典型的集约化农业区,河南农业的面源污染问题较为严重。据统计,1952年,我国化肥施用量(折纯量,下同)仅为7.8万吨,而河南仅为0.44万吨,河南化肥施用量仅占全国化肥施用量的5.6%,单位面积化肥施用量不仅低于全国平均水平,而且远低于世界平均水平。即使到改革开放初期,河南的化肥施用量也低于全国平均水平,1981年,河南化肥施用量为82.5万吨,每公顷平均化肥施用量为115.8千克,远低于大部分发达地区和部分中西部地区,如上海为482千克,浙江为344千克,湖南为248千克,贵州为118.8千克。河南农业的主体属于旱作农业体系,水、肥最为关键,但不合理地过量施肥则会带来严重后果。进入21世纪以来,河南的化肥施用量急剧增长,2010年,河南化肥施用量为655.15万吨,而全国化肥施用量为5561.7万吨,河南化肥

施用量占全国总量的 11.8%（见表 6-4）。就每公顷化肥施用量看，2008 年全国为 400 千克，河南达 835 千克，国际化肥安全施用上限为 225 千克，河南每公顷化肥施用量为国际安全上限的 3.7 倍。①

表 6-4 河南和全国化肥施用量演变

单位：万吨，%

| 年份 | 河南化肥施用量 | 全国化肥施用量 | 河南化肥施用量占全国的比重 |
|---|---|---|---|
| 1952 | 0.44 | 7.8 | 5.6 |
| 1978 | 52.54 | 884 | 5.9 |
| 2010 | 655.15 | 5561.7 | 11.8 |

资料来源：历年《中国统计年鉴》《河南统计年鉴》。

## 六 期货市场在农业现代化过程中的作用

期货市场具有规避风险和发现价格的功能，能够在农业现代化进程中发挥重要作用。根据发达国家的经验，在市场经济条件下，期货市场能够为农业发展保驾护航，进而促进农业现代化的实现。我国期货市场发展时间较短，但进入 21 世纪以来，期货市场发展迅猛，不仅交易品种不断丰富、交易量不断增加，而且市场功能逐渐得到发挥，已初步具备服务农业发展、推进农业现代化的能力，我国期货市场逐渐走上了健康的发展道路，在多个方面均取得了突破，主要表现在以下几个方面。

**1. 交易品种不断丰富**

目前，我国共有 4 个期货交易所，其中 3 个有农产品期货合约的交易（中国金融期货交易所没有农产品期货合约的交易），

---

① 每公顷化肥施用量最新数据是 2008 年的，2008 年以后的数据在统计年鉴上已无法找到。

各交易所的交易品种不重复设置。2003年3月,郑州商品交易所推出的优质强筋小麦期货合约是我国期货市场1995年初至2000年6月清理整顿后首次上市的新品种,在随后的几年里,我国不断有新的农产品期货合约上市。新品种的上市或者重新上市,促进了我国农产品期货市场品种结构的不断完善。目前我国期货市场上市交易的期货品种总数达26种,其中农产品期货占了13种(见表6-5),交易比较活跃的品种主要有豆粕、黄大豆、豆油、天然橡胶、强麦、玉米、白糖等。从表6-5可以看到:目前我国农产品期货市场的上市品种基本覆盖了粮、棉、油、糖等大宗农产品,而且在某些品种上,如大连商品交易所的大豆、豆粕、豆油等,形成了相当完整的上下游体系。可以说,目前我国适合期货交易的大宗农产品大多上市交易了,这为相关行业的生产经营者提供了规避市场风险的工具。

表6-5 中国目前正在上市挂牌交易的农产品期货

| 交易所 | 成立时间 | 交易的农产品品种 |
| --- | --- | --- |
| 郑州商品交易所(ZCE) | 1990年10月 | 强麦、硬麦、棉花、白糖、菜籽油、早籼稻 |
| 大连商品交易所(DCE) | 1993年2月 | 黄大豆1号、黄大豆2号、豆粕、玉米、豆油、棕榈油 |
| 上海期货交易所(SHFE) | 1999年12月 | 天然橡胶 |

资料来源:根据郑州商品交易所、大连商品交易所、上海期货交易所网站资料整理。

### 2. 交易量迅速增加

经过规范整顿的中国期货市场开始活跃,从2001年开始,我国期货市场的交易量稳步增长,2010年,我国期货市场的总交易量达313352.93万手,其中农产品期货市场各品种的交易量也增长迅速。我国期货市场不仅发端于农产品,而且农产品期货在整个期货市场中一直占有重要地位,尤其是 1998~2002 年,农产品期货在我国期货市场的比重占了 70% 以上。2003 年以后比重有所下降,这是由于一些新品种如金属、化工类产品以及金融期货品种上市并迅速发展,但从绝对量看,我国农产品期货市场的交易量仍然增长迅速(见图 6-5)。

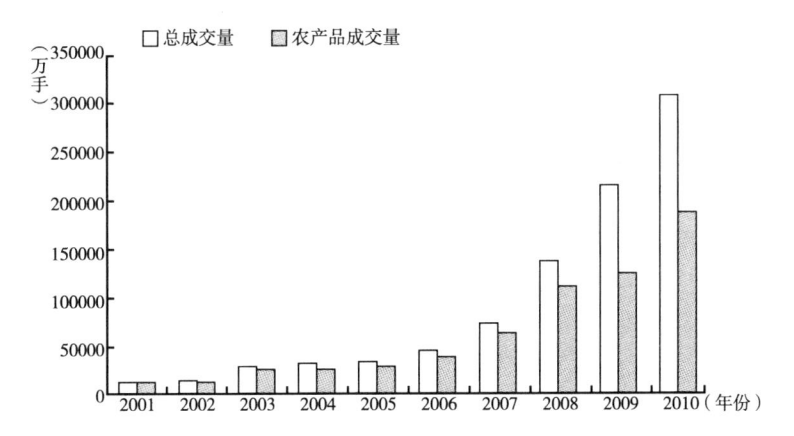

**图 6-5 2001~2010 年我国期货市场总成交量及农产品成交量对比**

资料来源:根据中国期货业协会统计数据整理。

### 3. 期货市场的功能得到初步发挥

就单个品种来看,目前我国农产品中市场化程度较高的大豆期货合约价格发现的有效性得到了广泛认可,与现货市场价格和国际市场价格均保持了较高的相关性。如 2008 年大连商品交易所的大豆期货价格与美国芝加哥交易所集团(CME)的大豆期货价格以及美国、巴西、阿根廷等国大豆的现货价格均具有高度相关性,其相关系数分别为 0.9732、0.9568、0.9039、0.9579。东京谷物交易所(TGE)的大豆期货合约由于活跃度不足,其大豆期货价格与其他地方的相关系数均偏弱,但即使如此,大连商品交易所与东京谷物交易所的相关系数仍达 0.8613(见表 6-5)。目前,大连商品交易所大豆期货合约在风险波动率和利润率等方面的指标对芝加哥交易所集团的大豆期货合约存在明显的传导效应,这种紧密的价格联系为期货市场价格发现功能的实现提供了保障。

表6-6 大连商品交易所大豆期货价格与
国际大豆期现货价格的相关性

| 对象 | DCE | CME | TGE | 美国大豆现货 | 阿根廷FOB现货 | 巴西FOB现货 |
|---|---|---|---|---|---|---|
| DCE | 1.0000 | 0.9732 | 0.8613 | 0.9568 | 0.9579 | 0.9039 |
| CME | — | 1.0000 | 0.7984 | 0.9867 | 0.9828 | 0.9656 |
| 阿根廷FOB现货 | — | — | 0.8051 | 0.9776 | 1.0000 | 0.9483 |
| 巴西FOB现货 | — | — | 0.7048 | 0.9612 | — | 1.0000 |
| 美国大豆现货 | — | — | 0.7690 | 1.0000 | — | — |
| TGE | — | — | 1.0000 | — | — | — |

注:DCE指大连商品交易所;CME指芝加哥交易所集团;TGE指东京谷物交易所。
资料来源:大连商品交易所网站。

近几年,郑州商品交易所的"郑州价格"受到社会各界的高度重视,"郑州价格"已经成为国内外关注我国农产品市场供需形势的重要窗口,成为小麦、棉花和白糖等领域的主要参考价格之一。

具体而言,期货市场在推动农业现代化进程中发挥的作用表现为以下几个方面。

第一,推动农业的适度规模经营。土地流转是目前学术界研究的热点问题,但大多数学者是从土地流出者的角度去探讨这一问题的,如哪些因素使得人们不愿将土地流转。土地流转过程中不仅有流出者,而且有流入者,随着各地户籍制度改革的推进,制约土地流出者流转土地的因素会逐步减少,问题就会逐渐转向土地流入者。对土地流入者而言,是否流入土地同样受多种因素影响,最主要的就是流入土地成本和收益的多少,根据我国目前的规定,流入的土地不能用于非农业用途。众所周知,农业是一种弱质产业,受自然风险和市场风险的双重影响，土地流入者必须能够规避这些风险获得相应收益，才愿意流入土地。期货市场为解决这一问题提供了一条途径：土地流入者在期货市场上规避价格变动风险，从而获得较为稳定的收入。这有利于提高其扩大农业经营的积极性，从而推动农业适度规模经营，如安徽的庆发集团就靠期货市场稳步扩大了经营规模。

第二，推动农业结构调整。一般来说，调整农业结构的手段有政府干预和市场引导两种。前者具有针对性强、收效快等特点，但缺点也很明显，即扭曲资源配置，容易招致群众反对，因此，在市场经济条件下，政府干预的方式应逐步减少。农业结构的调整应主要依靠市场引导的方式进行，市场引导农业结构调整的主要手段是价格，市场通过价格的变化实现资源的优化配置。期货市场具有价格发现的功能，而且和现货市场价格相比，期货市场价格具有预见性、权威性、公开性、连续性等特征，因此，在引导农业结构调整方面具有明显优势。近年来，郑州商品交易所有意识地发挥期货市场在农业结构调整方面的作用，取得了明显效果，创造出了延津模式等。

第三，促进农业产业化和农民组织化。农业产业化和农民组织化都能推进农业现代化。农业产业化就是把农业中的生产、加工和销售环节有机联系起来，这种形式于20世纪80年代后期首先在山东兴起，随后扩展到全国，在提高农民收入、促进农业发展等方面起了重要作用。农业产业化的主要组织形式是"企业+农户"，以后逐渐演变为"企业+生产基地+农户""企业+农业协会+农户""企业+合作社+农户"。通过这种机制，农业经营中的风险在企业和农户之间进行了重新配置，保证了产销的顺利进行。但在这种模式中，风险只是在企业和农户之间发生了转移，并没有消失，当出现农产品价格大起大落时，企业或农户就会遭受重大损失，从而威胁到农业产业化的顺畅运行。若要保证农业产业化的顺畅运行，就需要一种机制把风险转移出去，使风险能在更大范围内得到分配。期货市场就提供了这种机制,企业通过参与期货市场,把价格变动风险转移给愿意承受风险的投资者,使风险在全社会范围内实现了重新配置,从而保障了企业的稳健运行,进而推动了农业产业化的顺畅运行。

近年来,农业领域中"小农户"与"大市场"的矛盾成为人们关注的焦点,要解决这一问题,关键在于建立农民合作组织,让农民组织起来共同应对市场风险。2007年《农民专业合作社法》实施以来,我国农民合作组织发展迅速,截至2010年6月底,在工商部门登记的农民专业合作社约有31万个,全国平均每两个行政村就有1个合作社,实有入社农户2600万左右,约占全国农户总数的10%。但总体来看,我国农民专业合作社尚处于发展的初期阶段,普遍存在规模小、运作不规范、经营范围狭窄等问题。目前,我国农民专业合作社的主要业务仅局限于联合购买农资、联合销售农产品、提供科技信息等,且普遍存在资金实力较弱的问题。因此,农民专业合作社在发展过程中面临多种风险,比如农资、农产品价格的大幅起落,这足以导致其倒闭,势必严重阻碍农民专业合作社的发展,进而影响农民组织化程度的提高。期货市场为农民专业合作社提供了一种转移风险的机制,通过期货市场转移所面临的经营风险,农民专业合作社能获得稳健的发展。从国外的经验看,农民专业合作社是期货市场的一支重要力量,在组织农民利用期货市场方面发挥着中流砥柱的作用。

**4. 培育新型农民**

在传统农业阶段,农业经营主要依靠世代口口相传的经验,在人口流动性极小的熟人社会中,连文字都是多余的。但现代农业是依靠现代科技和现代经营管理方法来经营的。因此,农民必须了解并掌握相关的科技知识和经营管理方法,农业现代化的实现归根结底要靠现代农民。通过参与期货市场,农民能够了解和掌握农业经营的相关知识,如农产品价格的变化、影响价格变化的因素、国家的相关政策等，这无疑能够有力地促进现代农民的形成。

## 第五节 黄河下游农区农业现代化进程中的障碍因素分析

改革开放以来，黄河下游地区的农业发展虽然取得了较大成绩，但在发展过程中也存在很多不容忽视的问题，有些问题还相当严重，应当引起足够的重视。这些问题不解决，将对该地区农业的可持续发展带来严重威胁。

### 一 资源约束严重，生态环境破坏较大，农业可持续发展受到威胁

黄河下游农区的总耕地面积较大，但中低产田居多，且这一区域人口基数大，增长绝对数量多，因此人均耕地资源少，人多地少的状况日趋严重。以河南为例，2008年河南省的总耕地面积为792.64万公顷，占全国总耕地面积的6.51%；但2008年河南省的人均耕地面积为1.66亩，而同期全国的平均水平为2.26亩。河南省现有耕地的分布不平衡，耕地面积的3/4集中分布在占全省总面积55.7%的平原区。

黄河下游农区水资源短缺，属于缺水的地区。这一地区地处中国中东部，有黄河、卫河、淮河等水系，大小河1500多条，河川年径流量106.73亿立方米，多年平均水资源总量405亿立方米，地表水实际可利用量达120亿立方米。但和全国平均水平相比，这一地区的水量不足，水资源并不丰富，而且降水量季节和年际变化大，分布不均。

黄河下游农区是我国的人口集中聚居区，30多年来，人口持续增加。以河南为例，2010年底河南人口为9869万人，人口密度为597人/平方千米。人口的持续膨胀，使农业土地资源的人口承

载处于超负荷状态，水资源污染严重，农业生态平衡遭到破坏，农业环境污染加剧。

2010年，河南化肥施用量达655.15万吨，居全国首位，平均施用量为792.37千克/公顷，高出全国化肥平均施用水平375千克/公顷1.1倍，而我国化肥平均施用水平又居世界之首，大大超出发达国家设置的标准（225千克/公顷）。而且化肥有效利用率低，氮肥当季利用率为30%~40%，磷肥为10%~20%，钾肥为35%~50%，加之表施多于深施，造成肥料的有效利用率低，肥料养分流失严重，大量未被利用的化肥通过径流、淋溶、硝化与反硝化等方式污染了地表水、空气。

随着农业现代化进程的不断推进，使用农药已成为农业丰收的重要手段之一。2010年，河南农药使用总量为12.49万吨，近几年使用总量变化不大，但农药使用技术普遍落后，农药利用率仅为20%~30%，平均约有80%的农药直接进入环境。河南市场中农药品种高达300多种，近年来，传统的氨基甲酸酯类和无机类农药销售量呈下降趋势，而有机磷杀虫剂类农药销售量大幅度增加；用药次数由过去每年1~2遍，发展到现在的十几遍。农药的大量使用不但会因为食物农药残留直接危害人类健康，而且会造成空气、土壤以及地下水的污染。

黄河下游的河南、山东、河北等省均是我国的畜产品生产大省，随着畜禽养殖业的发展，畜禽粪便产生量也在不断增加，养殖业带来的生态环境问题日益突出。以河南为例，2012年河南畜牧业增加值为1233.46亿元，占河南农业增加值的32.72%。但畜牧业带来的生态环境问题也日益凸显，2010年河南省养殖业畜禽粪便产生量为1.70亿吨，尿液排放量为1.02亿吨，是工业和生活污水排放量的4%；COD排放量为106.99万吨，氨氮排放量为10.48万吨，分别是工业、生活排放量的1.5倍和1.2倍。目前，河南禽畜粪便利用率为82%左右，污水利用率不足45%。绝大部分养殖场的废水未经处理，就直接排入地表水体，导致河南养殖废水污染问题突出。

随着经济的不断发展和农民收入的不断增加,农村生活污水、垃圾等废弃物排放量也逐年增加。2010年,河南农村人粪尿产生总量为5209.245万吨,处理利用率为41%;生活垃圾产生量为1617.975万吨,利用率约为50%;生活污水产生量为139590万吨,利用率不及30%。此外,河南部分农村虽有污水收集管网,但污水大部分只经简单处理或不处理就直接排入河流;人畜粪便和垃圾等大部分没有得到处理,普遍存在随意堆放在道路两旁、田边地头、水塘沟渠,或直接排放到河渠等现象,严重污染了农村的环境。

## 二 城乡二元体制阻碍农业现代化进程

虽然近年来一些体制约束开始有所缓解,但总体而言,城乡二元体制依然明显,尤其是以户籍制度为核心的各种体制的约束,极大地阻碍了农民工融入城市的进程。这使得土地流转受到人为的阻碍,农业超小规模经营一直无法得到改变,农民无法通过从事农业经营获得体面的收入和生活,导致大量的青壮年农村劳动力流入城市,出现所谓的"老人农业"。这些都在长期严重制约着我国经济和社会的可持续发展。

## 三 农业基础设施落后

农业基础设施薄弱,抗御自然灾害能力不强。当前黄河下游农区农田水利建设中亟待解决的突出问题主要表现在以下几个方面。

**1. 资金缺乏,制约农田水利设施建设**

农村税费改革、"两工"的取消,以及大部分县乡财政入不敷出,使得对农田水利建设的投入仅仅停留在文件和口头上,真正落实在行动上的很少。开封县是农业大县,每年的农田水利建设资金至少要5000万元,这些钱国家不出;县乡政府穷,出不起;摊派到农民头上每人要近百元,这会加重农民负担,肯定也不行。

目前还无人来为农田水利建设埋单。

**2. 农田水利设施损坏严重**

黄河下游农区的农田水利设施工程大多是20世纪六七十年代修建的,经过几十年的运行,年久失修、老化、损毁现象比较严重。对河南省汝州市的调查显示:该市寺上、东马庄两村有耕地8070亩,原有机井22眼、小水库2座,水利条件非常便利,旱涝保收。但近些年来机井损毁报废的已达14眼,占64%。在报废的机井中,有2眼淤塞,12眼因水位下降而干涸。而水库因缺乏维护、淤塞、设施损坏,现在附近农田都成了"望天收"。据开封市尉氏县调查,该县原有沟、河、桥、涵、闸4000多条(座、个),目前失修、损毁的达1200条(座、个),占总量的30%;带"病"运行的2400条(座、个),占60%。而封堵、毁坏排水沟、河,造成排水不畅的现象,更是司空见惯。

**3. 农村青壮劳动力大量外出务工,使农田水利建设投劳不足**

近几年不断涌起的外出务工热虽然有力地促进了农民增收和农村经济的发展,但也不同程度地弱化了农业生产,以及农田水利建设。开封县冬季对淤泥河、圈漳河两大水系进行清淤整治时,因人力不足而全部采用机械化作业,不少村在通过"一事一议"方式筹集挖河费用时,出现了一些矛盾和问题。

**4. 保护不力,农田水利设施被盗被毁现象时有发生**

据调查,当前大量农田水利设施损毁,因管理不善,或者缺乏监管而被损毁的占50%以上,而真正自然损毁的占不到一半。

## 四 农业科技投入不足

目前,该区的农业科技投入严重不足,主要表现在以下几个方面。

**1. 农业科学实用技术普及不够**

由于农技体制上的原因,不少地方存在基层农技人员"在编不在岗,在岗不在编"的现象,很多农业科技实用技术难以得到应用。加之农民对科技认知存在局限性，致使在粮食生产中仍然存在优良品种的纯度不够，自留种、多代种使用面积仍然较大，用种量偏多，施肥不合理，生产管理粗放等与现代农业相悖的现象，以至于一些地区作物品种的抗逆性降低、后期潜存的倒伏危险增大、土地产出率递减。在化肥、农药施用上，由农民缺乏必要的农业技术知识而导致的施肥、用药不当及超量使用状况触目惊心，不仅增加了经营成本，而且直接造成了农业生态环境污染、农产品农药残留超标、农作物药害以及人身安全威胁。

**2. 农业科技推广经费投入不足**

经费投入是农业科技工作开展的基础条件，目前该区的农业技术推广经费投入严重不足，被截留或挪用的情况普遍存在。乡镇农技推广机构绝大多数编制内财政经费不能落实到位，农技推广经费大部分用于行政事业费用支出，支出结构不合理且使用效率低。

在多数县域的农业科技推广系统中，除了人员工资以及有限的人员经费外，再无其他工作经费。乡镇农技推广机构基本没有固定场所和经营费用，有的专业人员下乡指导农业生产时连路费都报销不了。河南省开封市尉氏县农业技术推广中心年经费缺口达30万元，连基本的交通工具和办公稿纸都无法得到供应保证。河南省周口市扶沟县农业技术推广站年需经费80万元，实际拨付35万元，缺口45万元，实际拨付仅占所需经费的43.8%。

**3. 农业服务体系不健全，综合服务能力比较薄弱**

基层农技、农机、植保、农资、农信、水利、种子等机构在业务上受上级机构指导，行政上由地方主管，这种条块分割的管理体制使农业社会化服务体系普遍存在组织复杂、结构紊乱、功能弱化的突出问题。据驻马店市有关部门调查，该市仅县级涉及农业的部门和机构就达十多个，且多以独立分设为主。在同一部门或机构内部，下设多个经济实体和服务站，将服务组织分割成多个主体，形成内部无序、不规范竞争状态。而分属于不同部门经营化肥、农药、农机、种子、植保、农机、金融等的机构,仍处于低水平的相互竞争格局,综合服务能力比较薄弱。这种格局若得不到及时扭转,必将制约农业资源的合理利用,导致粮食生产能力后劲不足。

## 五 农业产业化及农业组织化发展过程中存在诸多问题

首先,农产品精深加工龙头企业少,辐射带动力不强。除双汇、华龙、三全、思念等企业外,该区大部分龙头企业规模还不够大,产品质量档次较低,这与其作为农业生产和消费大区的地位不相称。据统计,山东省符合农业部统计标准的农业产业化龙头组织达11268家,销售收入超亿元的企业884家,被列入全国重点的龙头企业44家,而河南省分别只有9102家、287家和23家。但鲁西南、鲁西地区龙头企业的规模和实力远逊于其省内其他地区。河南的绝大多数农业产业化龙头企业的科技、管理水平不高。品质好、科技含量高、加工度深、附加值高的产品不多,有广阔市场前景的产品不多,销往省外、国外的产品不多。加之龙头企业生产的产品大多以鲜(活)货、原材料、粗加工品为主,致使产品销售市场的半径不大,竞争力不强,经济效益不高。

其次,农产品生产、加工、流通的产业链条短。目前,该区三次产业结构与农业产业化发展的要求还有一定差距。从横向看,产品研发能力低,新开发产品少,农产品专用程度和品质不能满足加工业的需求;从纵向看,产品深加工度不够,加工转化增值率低。资料显示,该区的农产品加工率只有40%~50%,其中二次以上深加工率仅为20%,而发达国家的农产品加工率一般在90%以上;发达国家农业初级产品与加工品的产值比例为1:5左右,而我国仅为1:0.8。河南小麦加工量虽然占小麦生产总量的2/3,但主要还是以面粉加工为主,而且产品品种少、档次低。

最后,产业化的市场运营机制不健全。这突出表现在许多地方在农业产业化发展过程中,还习惯于仅从建基地、抓主导产业入手,忽视建立、完善与之相适应的运作体系和机制,以致许多地区的主导产业结构雷同,缺乏特色。另外,农民进入市场的组织化程度低,制约了龙头企业与农户之间利益分配机制的建立和完善。目前,该区农民专业合作组织带动农户的数量占农户总数的比例不足10%,绝大多数农户仍游离在产业化组织之外,处于分散经营、自找市场状态。就是建立了"公司+基地+农户"或"市场+农户"的产业化组织,大多也属松散型经济联合体,不是"利益共享、风险共担、唇齿相依"的紧密型经济共同体。有些龙头企业与农户的关系仅仅是买断关系,有些只是与农户签订了产品购销合同,缺乏相应的技术服务和价格保护,农民得不到龙头企业生产、加工、运输、销售增值部分的利润分成。一些企业或中介组织较为关注短期收益,在利益分配过程中处于相对主动的地位。因此,在一些非合作制的产业化经营组织中,农户利益很容易受损。土地流转机制与规模经营的矛盾,在一定程度上也制约了农业产业化的进一步发展。

总体而言,农业合作组织在发展过程中存在以下问题。

(1) 合作组织的辐射范围有限

目前,各种合作组织所吸纳的成员大多集中在乡镇范围之内,个别合作组织的成员几乎全部集中在乡村范围之内。这说明各种合作组织的带动性还不够强,其辐射能力还仅仅局限在范围极小的行政区域内。农户生活的传统区域界限已经成为合作组织发展的潜在制约因素。

(2) 发展不够规范

目前,各类合作组织中以各种协会命名的占大多数,各种协会之间的差距极大。比如,从组织规模以及合作组织的服务内容来看,有些是三五个农户之间进行不定期技术和经验交流的组织,有些则是为几百甚至上千个会员提供技术、信息及产品购销服务的组织;从组建方式来看,有些是农村能人、种养大户领办的,有些则是由各类企业加盟,甚至由各级政府组织牵头领办的。这一情况如不加以改进并逐步规范,对合作组织的发展壮大将是一个极大的障碍。

## 第六节 推进黄河下游农区农业现代化的相关政策建议

### 一 转变农业发展方式,切实加强农业资源保护和循环利用,提高农业可持续发展能力

要转变农业发展方式,首先要转变对农业的理念,切实转变农业只是一个产业部门的传统看法——农业除了具有生产和经济功能外,还有社会、生态和文化的功能。多功能农业的理念要求我们从农业本身的特征出发看待和发展农业。一些地方片面地强行推进规模经营以致对生态和环境造成破坏,主要原因在于人们只关注农业的生产和经济功能,忽略了农业的社会功能和生态功能。

**1. 推进农业发展方式的转变**

从投入-产出的角度推进农业发展方式的转变,把高投入、高产出甚至高投入、低产出的农业发展方式转变为低投入、合理产出且可循环的发展方式上。农业有其自身的特点,用规模效应、专业化等理念去发展农业,从长期来看只会得到相反的效果。同工业不同,农业领域中存在范围经济,因此,这要求我们要从种养结合的角度入手,把种植业和养殖业有效地结合起来,在取得经济收益的同时,推动农业发挥生态功能,从而实现农业的可持续发展。

**2. 加强农业资源保护**

首先,加强土地资源保护。坚持实行最严格的土地保护制度,从严控制非农业建设占用耕地。通过积极推进农用地和农村居民

点整理、工矿废弃地复垦、适度开发宜耕后备土地资源等途径，加大耕地的补充力度。进一步优化基本农田布局，使基本农田由小块变大块、由零星变整体、由低产变高产。定期开展基本农田质量普查与分等定级，及时对基本农田土壤地力和环境质量变化状况、发展趋势进行动态监测与评价。加强对占用和补充耕地的质量评价，确保不因建设占用造成耕地质量下降。

其次，加强水资源保护。优化配置水资源，坚持全面节约用水。推广农田灌溉节水技术，建立饮用水源保护区制度，重点加强对丹江口库区和南水北调中线工程输水沿线、承担供水任务的大中型水库的保护。实施地下水保护行动计划，加快河流生态修复、雨洪利用、地下水补源和替代水源工程建设，遏制平原漏斗区地下水水位下降和漏斗区面积扩大的趋势。搞好水生态信息体系建设，完成淮河流域主要水功能区实时监控系统建设，扩展5个以上农村水污染治理试点。

## 二 加快推进制度改革，消除城乡二元体制的约束

首先，推进户籍制度改革。放开城镇的户口限制，让有条件的农民工逐步融入城市。其次，推进社会保障制度、医疗制度改革，让农民享有和城市居民相同的待遇。在这些改革的基础上，通过土地流转，逐步推进农业的适度规模经营。

## 三 进一步推进农业结构的战略性调整，大力发展劳动密集型、高附加值农业

黄河下游农区具有明显的劳动力优势和土地优势，因此，在建设全国重要的粮食稳定增长核心区、提升保障国家粮食安全能力的基础上，积极推动种植业向果蔬、花卉园艺业调整，大农业向畜牧业调整，农村经济向农产品加工业调整。在增加农产品供应总量的同时，突出抓好农产品质量安全建设，显著增强农产品的市场竞争力。大力发展现代粮食产业，加快发展现代畜牧产业

和优质特色农业，重点打造优质肉类、乳品、花卉园艺、林产、蔬菜、棉花、油料、水产、中药材等高附加值农业。

**1. 以粮食稳定增长核心区建设为基础**

从维护国家粮食安全、服务经济社会又好又快发展的大局出发，进一步稳定提高粮食综合生产能力，构建涵盖生产基地、粮食收储、粮食加工、食品加工、物流销售、循环利用等环节的完整粮食产业链和产业集群。围绕稳定提高粮食综合生产能力和构建长效发展机制两个重点，以强力推进中低产田改造为重点，以巩固提升高产田产量为支撑，以打造吨粮田为方向，在冀南、鲁西南、鲁西北等粮食主产区实施水利设施、基本农田、防灾减灾体系等工程建设，进一步扩大高产创建规模，显著改善粮食生产的物质技术条件。健全植保、基层农技推广等农业服务体系。完善粮食生产支持政策，充分调动农民种粮、地方政府抓粮和农业科技人员创新的积极性。

**2. 大力发展高附加值农业**

首先，从大农业的角度看，应大力发展畜牧业。认真组织实施现代畜牧产业发展规划，大力调整畜禽结构，重点提高生猪产业竞争力，扩大奶牛、肉牛等优势产品的养殖规模，进一步壮大禽类生产。大力调整畜牧业空间结构，加快发展畜产品优势集聚区和畜产品加工企业集群，确立该区在全国的优质畜产品生产核心区地位。将京广铁路沿线、豫东平原、鲁西南的传统生猪产区打造成全国重要的生猪产业集聚区；加快发展沿黄地区和豫东"一带两片"奶业集聚区；重点发展豫东平原、鲁西南、皖北肉牛产业集聚区；大力发展豫北、豫东、冀南、鲁西南肉禽产业集聚区。加快畜牧业生产方式转变，实施生猪、奶牛标准化规模养殖场改造，积极发展林地散养等生态养殖。

其次，大力发展种植业中的高附加值产业。大力发展以油料、棉花等大宗经济作物和林产、蔬菜、花卉园艺、中药材等高效经济作物为主的特色农业，加快发展设施农业、订单农业。将特色高效农业打造成该区现代农业的先导产业和农民增收的重要支柱产业。培育一批全国知名的优势特色农产品品牌。重点推进以花卉和蔬菜为主的设施农业的发展,突出花卉产业在农业结构调整升级中的带动作用,加快发展高档花卉和鲜切花生产,进一步壮大观赏苗木产业。加大牡丹、菊花、月季鲜切花和蜡梅、金桂、安桂等鲜切花(枝)品种开发及市场开拓力度;加快发展高档盆花,积极发展用基质生产的盆景和盆花;大力发展地被菊、矮牵牛等花坛植物;适度发展辛夷、山茱萸等专用花卉;保护性地开发利用野生花卉资源。围绕中心城市和重要交通干线,建设标准化蔬菜种植基地和设施蔬菜生产基地。大力发展沿黄速生丰产用材林基地,加快发展生物质能源林,推动林产业实现跨越式发展。大力推广水产健康养殖,建设沿黄、沿淮、沿淇水产优势集聚区。

**3. 积极发展农产品精深加工**

油料加工方面,在发展具有资源优势的花生油、菜籽油、芝麻油等传统产品的同时,鼓励开发山茶油、米糠油、小麦和玉米胚芽油等高档新品种,提高精制油和专用油比重。棉花加工方面,以纯棉针织产品为重点,积极发展色纺纱等高附加值品种,提高中高档服装、家用纺织品生产能力。林业加工方面,以林板家具和林浆纸制造为主。果蔬加工方面,在加快发展浓缩果汁、果肉原汁、果酒、果醋以及轻糖型罐头等传统产品的同时,扩大低温脱水蔬菜、速冻菜等产品的生产规模,积极开发果蔬功能产品、方便食品和休闲食品等新型果蔬加工产品。花卉加工方面,提高花卉精深加工能力,促进花卉天然药物、天然色素、天然香精生产。

## 四 大力推进农业科技创新与转化,提高农产品的市场竞争力

积极推进重大科技专项的实施,重点围绕主要农作物新品种选育与产业化开发、农副产品精深加工、动物重大疫病预防控制

等方向,组织实施粮食稳定增长核心区建设、畜禽健康养殖及疫病防控等一批重大科技专项,努力破解农业生产的关键性技术,提升产业整体核心竞争力。着力构建现代农业生产技术研发平台,打造国内外知名的农业科技创新平台,加强农业科技创新、团队建设,培养农业科技高层次人才,特别是领军人才。加强农业科技攻关与创新,在种植业、养殖业、林业,以及农业微生物、农副产品加工、农业装备、循环农业、农村民生科技等领域,力争研发一批先进适用技术。实施新农村建设科技示范工程,强化科技成果转化与应用,集成一批技术成熟度高、风险小、操作易、成本低的技术,通过科技富民强县、科技示范乡(镇)村建设和农村科技培训等途径,加快科技成果向现实生产力转化。

## 五 加强农业基础设施建设

### 1. 重点搞好重大水利工程建设

坚持综合治理、协调发展的原则,进一步完善防洪抗旱减灾体系,增强防洪安全、粮食安全、供水安全、水生态安全保障能力。一要加大灌溉工程建设的投资力度,进一步发挥灌区在农业生产中的主体作用。二要加大节水基础设施建设的投资力度,建立节水型农作制度和与之相匹配的技术体系、工程体系,加快大中型灌区节水改造,大力推广"喷灌""滴灌"。三要加大完善防洪排涝工程体系的投资力度,加快粮食稳定增长核心区排涝设备的更新改造。四要加大污水处理设施建设的投资力度,改善农业发展的生态环境。五要深化水利工程管理体制改革。加快实施跨流域调水及重要水源工程建设,逐步建成布局科学、配置合理的水资源保障体系。充分开发利用黄河水资源,利用黄河两岸背河洼地、废弃坑塘,建设蓄水调节工程,提高应对突发事件的能力。

### 2. 努力增强气象服务能力

重点建设气象灾害监测预警工程,完善农业气象灾害监测预警与农村气象灾害防御系统、气象灾害早期预警及防御系统、人工增雨消雹系统。建设完成空中云水资源开发工程。新建气候变化应对决策支撑系统和基层气象台站。

## 六　培育新型农民，提高农民生产技能和经营水平

积极培育新型农民。围绕绿色生产、精深加工和物流销售，积极培养农村科技骨干和实用人才，重点加强对农业合作组织领办人、农业企业经理人、农民经纪人、农村产业工人的培训。加快实施职业农民培训，按照高效种植业、规模化养殖业、特色农业、绿色农业和生态农业等现代农业的发展要求，开展农民科技培训；根据国家职业标准和不同行业、不同工种、不同岗位对从业人员基本技能和技术操作规程的要求，开展农民职业技能培训，提高农民从事现代农业的建设能力和转岗就业能力。在农业信息服务方面，要在全区范围内建设一个综合平台、服务体系和信息应用系统，基本解决农业、农村信息服务"最后一公里"问题。

## 七　推进农业产业化经营和提高农民的组织化程度

在家庭联产承包经营基础上，实行农业产业化经营，是我国农业逐步现代化的有效途径之一，也是带动农业结构调整的重要途径。推进农业产业化经营，关键是培育和壮大龙头企业，龙头企业是分散农户小生产与大市场联结的纽带，具有开拓市场、引导生产、科技创新、深化加工、配套服务的功能。实践证明，没有龙头企业牵引的农业，难以实现产业化经营，而龙头企业经济实力和带动能力，往往决定着农业产业化经营的程度、规模和成效。因此，要把龙头企业的建设作为农业产业化的关键环节来抓。在龙头企业的发展方向上，要突出市场潜力大、科技含量高、辐射带动能力强的条件，对具备这些条件的龙头企业要实行政策倾斜，在人力、物力、财力上予以重点扶持，包括资金扶持、税收

优惠、用地优先、科技投入、信息帮助等,促其上规模、上档次、上水平,发挥其更强的辐射带动能力。在经营主体上,要鼓励和支持多层次、多形式、多成分的龙头企业发展,以辐射带动能力作为评定龙头企业的重要标准。在经营形式上,采取合同契约、股份合作及联户联营等多种模式,使龙头企业与广大农户结成风险共担、利益共享的经济利益共同体。农业龙头企业要加快科技进步,提高产品质量,改善经营管理,增强竞争能力,从而成为具有市场开拓能力、资金运作能力、技术创新能力和应对风险能力的法人主体。

农民专业合作社是广大农民在家庭联产承包经营基础上,由同类农产品的生产经营者或者同类农业生产经营服务的提供者、利用者,自愿联合、民主管理的互助性经济组织,是联结分散农户与大市场的纽带,是提高农民组织化程度、促进土地资源合理配置和规模经营、推动传统农业向现代农业转变的重要组织形式。目前,该地区农民专业合作社的主要运作模式如下:①龙头企业领办型。以从事农产品加工、销售、科研等业务为主的农业龙头企业,吸收相关农户组建专业合作社,实行"龙头企业+农民专业合作社+农户"的产业化经营发展模式,这可以做到真正的利益联结密切,为合作社提供产前、产中、产后服务。②能人大户领办型。由农村能人、农民经纪人、种粮大户、农机大户等牵头组建"农民专业合作社+农户+基地"的农民专业合作社发展模式,这可以发挥其技术、资金、销售渠道等优势,将农民组织起来,形成统一、整体的行业和产业优势,促进农民增收。③农产品行业协作型。该类合作社是以从事农产品生产、销售、加工的企业与农户等为主体,按照自愿互利的原则,以产品和技术为纽带组建的农民专业合作组织,为会员提供市场、技术等信息服务。农民专业合作社在提高农民的组织化程度、增加农民收入等方面起到了重要作用,所以各级政府应把支持农民专业合作社的发展作为一项重要任务。

## 八 完善和探索农业补贴和生态补偿机制

黄河下游农区是我国重要的粮食生产基地，但粮食比较效益低是一个突出的问题，这引起耕地撂荒和目前让人担忧的"老人农业"等问题。粮食安全是国家的战略问题，也是重要的社会问题。原来的农业补贴方式在新形势下的不足之处愈发凸显，因此，应进一步研究农业补贴问题，探索新的补贴方式。

农业对生态环境的影响引起了越来越多人的关注，因此，需要探索生态补偿机制。尽快健全农业生态环境补偿制度，包括耕作补偿、牲畜饲养方式转变补偿、绿色农产品生产补偿、农业废弃物循环利用补偿等。在补偿方式上，建议采取政策性补偿与市场补偿相结合的模式。

## 参考文献

[1] 郜亮亮、黄季焜：《不同类型流转农地与农户投资的关系分析》，《中国农村经济》2011年第4期。

[2] 刘芬华：《究竟是什么因素阻碍了中国农地流转——基于农地控制权偏好的制度解析及政策含义》，《经济社会体制比较》2011年第2期。

[3] 蔡昉、王德文、都阳：《中国农村改革与变迁：30年历程和经验分析》，格致出版社、上海人民出版社，2008。

[4] 〔美〕吉尔伯特·罗兹曼：《中国的现代化》，江苏人民出版社，2005。

[5] 〔美〕西奥多·W. 舒尔茨：《改造传统农业》，商务印书馆，2006。

[6] 〔美〕黄宗智：《华北的小农经济与社会变迁》，中华书局，1986。

[7] 〔日〕速水佑次郎、〔美〕弗农·拉坦：《农业发展的国际分析》，中国社会科学出版社，2000。

[8] 林毅夫：《制度、技术和中国农业发展》，格致出版社、上海三联书店、上海人民出版社，2008。

[9] 耿明斋、李燕燕：《中国农区工业化路径研究：以欠发达平原农区

为例》，社会科学文献出版社，2009。
［10］易军、张春花：《北方沿海地区农业现代化进程的定量评价》，《中国软科学》2005年第1期。
［11］蒋和平：《中国特色农业现代化应走什么道路》，《经济学家》2009年第10期。
［12］傅晨：《广东省农业现代化发展水平评价：1999～2007》，《农业经济问题》2010年第5期。
［13］檀学文：《现代农业、后现代农业与生态农业——"'两型农村'与生态农业发展国际学术研讨会暨第五届中国农业现代化比较国际研讨会"综述》，《中国农村经济》2010年第2期。

# 第七章　黄河下游农区的现代社会结构与制度架构构建

现代化的制度框架与社会结构是黄河下游农区工业化、城市化追求的目标，也是黄河下游农区现代市场经济持续发展的基本条件。这一传统农区现代化目标的实现与现代经济发展基础的奠定依赖于公共财政体制的建立，而目标实现程度的最终判断标准则隐含在由公共财政体制提供的现代公共产品的供求机制与配置格局中，并表现为以城市化为特征的公共产品种类结构多元化与空间结构集聚化的供给方式的改变。本章将从制度基础、制度内涵与制度目标三个方面，对黄河下游农区现代化转型的路径与框架目标进行分析。

## 第一节　黄河下游农区现代化的制度障碍
——户籍制度与二元结构造成的城乡分割

### 一　户籍制度与二元结构的研究现状

影响我国黄河下游农区农民社会经济生活现代化改造的主要制度障碍是长期以来实行的以户籍制度为基础的二元结构。随着我国城市化进程的加快与人口流动的规模逐渐扩大，传统户籍制度的弊端日益受到了政治学、社会学、经济学等各方面专家学者的关注和重视,对传统户籍制度进行研究的文献众多,遍布各个领域。根据研究领域、出发点和视角的不同,我们将关于户籍制度的研究文献大致分为以下几类。

第一,对户籍制度的历史学研究。不少学者注意到了户籍制度的历史渊源与贡献,他们的研究主要集中在历史上户籍制度对户籍管理(包括调查、登记、立户、分类、管理等)、行政体制(包括官僚机构、组织和人员设置),以及作为征税基础的人口资料统计等方面的贡献。其中,杨子慧、张庆五的《中国历代的人口与户籍》从整体上概括性地考察了历代人口变动的情况以及户籍制度变迁的轨迹,指出户籍制度是伴随着国家机器的产生而产生的重要财政制度,强调此制度与国家征调赋税制度、兵役制度息息相关,书中虽提到户籍制度与国家体制的关系,也涉及户籍制度的经济功能,但理论解释仍局限于阶级理论的范围之内,缺乏必要的经济学分析。宋昌斌在《中国古代户籍制度史稿》中从户籍制度的起源、调查登记、立户原则、户等、户类、户口编制、户口迁徙、户口保养八个方面,详尽考察了从先秦到明清的户籍制度发展情况,但作者的研究重点在于先罗列史料,然后对其进行分类整理,并未在史料基础上做理论总结,因而对户籍制度的发展规律及其经济意义没有做进一步的探讨。樊树志的《中国封建土地关系发展史》探讨了封建社会中人与土地、土地与赋役之间的关系,以及由此引申出的社会关系,并为我们提供了有关户籍制度在封建土地制度中所承担的角色和所产生的影响的历史材料,但同样缺乏有意义的经济学分析。此外,涉及中国户籍制度的历史研究文献还有顾道先的《清朝末期至中华民国户籍管理法规》、周荣德的《现代户籍》、姜涛的《中国近代人口史》等,这些文献分别从各自不同的角度,不同程度地触及了户籍制度的内容、特点、性质以及变迁历史,对我们理解户籍制度的历史沿革有一定的参考价值,但这些论著多是对历史资料的罗列整理,对户籍制度的经济学意义与经济学价值几乎没有涉及,更不要说对户籍制度和现代经济关系的探讨了。

第二，对户籍制度的社会学研究。在研究中国的城乡关系、乡-城人口迁移、社会分层与流动等问题时，不少学者将户籍制度视为一个至关重要的因素，他们认为对城市和农村户口的划分，以及对农村人口转换为城市人口的严格控制导致的户口权益差别，是造成这些社会问题的原因。特别是陆益龙（2004）认为，户籍制度中的户口、籍地、迁移限制和附加费等核心要素在一定程度上违背了正义原则，因此他提出的户籍制度改革导向是要追究和实现制度的正义目标。陈成文、孙中民（2005）意识到了现行户籍制度在利益分配上的城市偏向型内涵，强调户籍制度造成了不同等级的利益关系和社会身份差别，认识到设置的户口迁移条件在一定程度上加剧了地区间发展的不平衡，并指出一元制模式是户籍制度改革的最终选择。张冬苹、刘晓芳（2009）认为，中国当前的户籍制度对公民的身份做了不公平的界定，限制了人口迁移的自由度与市场调节功能，增加了人口流动成本，妨碍了劳动力资源的合理配置和人才的使用。王海光（2003）认为户籍制度是我国计划经济体制下为支持工业化赶超战略而建立的行政体制，城镇居民和农村居民因户口不同，在福利和劳动就业机会方面面临不同的待遇，形成了两种不同的身份等级，这既不公平又有失效率，需要彻底改革。江业文（2006）强调户籍制度是我国工业化战略中处理和解决工业和农业、城市和农村、市民和农民的关系及矛盾的产物，其在不断完善和固化过程中，严重制约了农村的发展，进行户籍改革有利于打破城乡二元结构，是解决"三农"问题的突破口。李晓飞（2010年）利用定量研究，总结出非农户口者与农业户口者在经济地位、政治地位和社会地位方面存在差别，户籍制度仍然是导致当代中国社会差别的重要因素。这些社会学者的研究，指出了户籍制度的社会影响与经济结果，但并没有对这些制度的经济意义进行分析，因而无法提出切实可行的改革方向。

第三,对户籍制度的政治学研究。鉴于户籍制度的利益影响,不少学者从公民权利(如选举权的城乡差异、对自由迁徙权的限制)的角度讨论了现行户籍制度的弊端,他们认为现行的户籍制度造成了城乡人民在事实上的不平等。湛中乐(2009)认为,户籍制度改革从根本上说是个政治平等的问题,改革的方向是去除户籍制度的额外内涵,仅成为与人口流动相关的信息载体。赫广义(2007)认为,当前的户籍制度是中国"城乡分策"的核心制度,违背了《宪法》上"法律面前人人平等"的原则,使城乡居民在社会权利和社会福利方面存在了事实上的不平等。祖智君、咬亮(2007)认为,当前的户籍制度出现了职能上的"异化",强化了控制人口自由迁移和利益分配的职能,淡化了人口信息统计职能,造成了城乡居民在政治权利(如选举权)、经济权利(如就业、住房、医疗)和文化权利(如受教育权)上的不平等。

第四,对户籍制度的政策性研究。也有学者根据行政调研或对实际观察的直观感受,对户籍制度的改革问题提出了不同的设想和建议。岳德松(2006)认为,我国的户籍制度还带有浓重的计划经济色彩,阻碍了城乡一体化的发展,改革的重点应放在"渐进"和"配套"两个方面,动力基础和配套改革的成效是户籍制度改革的关键。杜睿云、段伟宇(2011)认为,伴随着经济发展,在城镇化背景下,国家对人口迁移等的规定逐渐放松,户籍制度改革应关注的重心应放在破除现有户籍制度的利益分配功能,或者是使其能够合理流转,进而实现城乡居民利益权利的无差别待遇。孙小民(2012)提出了户籍制度改革的原则,强调了公平正义原则、循序渐进原则、帕累托改进原则、系统配套原则,主张采用"农业人口-城市常住人口-非农业人口"三元户籍制度的过渡模式,在"点、面、片"在小城镇试点的基础上总结经验,然后在大中城市推广。韩震(2012)认为,户籍制度改革应该遵循市场经济规律和社会治理规律,废除歧视性规定和政策,剥离附加在户籍制度上所有不适当的管制影响,恢复户籍的本来面目和功能。杨成钢、赵小殊（2009）认为，户籍制度之所以要改革，是因为其身上附加了太多社会资源和社会福利的分配功能，改革的方向应当是保留户籍人口登记管理的功能，实行城乡统筹发展，实现公共资源分配的均等化。伍先江（2009）认为，户籍制度的功能是人口基本信息管理和公民身份证明，户籍制度改革要进一步降低户口迁移门槛，推进大城市户籍改革，相关政策要配套改革，反对户籍制度"取消说"和"一步到位论"。许玉明（2007）认为，户籍制度改革关键是要抹去横亘在农民和市民之间的收入和各种福利差距，应当坚持局部利益服从整体利益、城乡统筹、循序渐进、系统配套、政府主导与市场机制相结合、政策引导与农民自愿相结合等基本原则。祖智君、咬亮（2007）认为，户籍制度改革可以通过修改《选举法》保证国家政治结构平衡，从《宪法》上保障公民迁徙自由，去除户籍制度的利益分配职能，保障社会制度的正义公平，实现城乡统一下的公民平等。这些研究就户籍制度改革提出了许多有价值的建议，为理论研究与实践提供了可资借鉴的思路，但是这类研究大多缺乏系统的理论或实证研究，不能提供可信的政策依据，而且观点仍注重常识性的概括，因而政策借鉴意义不大。

第五，对户籍制度的经济学研究。理所当然的是，户籍制度吸引了众多经济学家的关注。在经济学领域，学者们主要认为现行户籍制度限制了劳动力的自由流动，影响了市场资源配置作用的发挥，阻碍了我国市场经济的发展，现行户籍制度不仅损害了公平原则，而且在一定程度上损害了效率原则。

鉴于研究工具的差异，我们对户籍制度的经济学研究文献进行了进一步细分，具体分类如下。

**1. 制度经济学角度的研究**

不少学者采用了制度分析的方法对户籍制度的经济意义进行了分析。翁仁木（2005）利用外在制度和内在制度的关系，阐述了我国户籍制度产生的合理性，但也强调，伴随着市场经济体制的建立，这种制度安排逐步和经济个体追求效用最大化的原则相违背，从而阻碍了整个社会资源配置达到帕累托最优的调整，因此改革势在必行。樊小钢（2004）认为，城乡二元户籍制度的形成和固化是计划经济的产物，此制度本身并不具有限制人口流动与迁移的作用，实际发挥作用的是和户籍制度有关的教育、住房、就业、医疗等相关的一系列制度，进行户籍改革时应当同时改革与传统户籍制度相配套的其他一系列制度。樊小钢敏锐地观察到了户籍制度的公共经济意义，但未能做进一步的分析。葛笑如（2003）利用成本－收益分析法，对我国二元户籍制度下农村居民、城镇居民和国家这三个利益主体进行了研究，得出了三大主体均"成本大于收益"的结论，强调我国户籍制度和劳动力产权制度处于一种不均衡的状态，指出我国户籍制度的变迁是社会主义市场经济发展的需要，是一种内生型的制度变迁，同时也认为户籍制度改革是国家在社会共识的前提下主导的制度变革，是一种外生型的制度变迁。

**2. 政治经济学角度的研究**

也有学者关注了户籍制度的经济利益内涵，强调了政策工具与政策目标的关系。彭希哲、赵德余、郭秀云（2009）指出，户籍制度改革的政治经济学命题表现为决策者的政策目标的优先序是从工具性目标向权利和平等的价值性目标的转变。户籍制度改革的本质是决策者放弃限制人口自由迁徙的权利及其相关的社会福利，来实现经济发展与社会稳定的工具性目标，将流动人口的权利保障及其正义性纳入自身的社会总福利函数，并赋予其权利价值在政策目标序中的优先地位。户籍制度重构的核心问题是权利重新界定和利益调整。此外，陈洁（2007）用新兴古典经济学城市化理论分析了中国当前户籍制度存在的问题，认为户籍的二元结构造成了城乡人口间不公平的身份等级，阻碍了劳动力资源的合理配置和市场经济的发展，它是阻碍我国城市化进程的主要制度因素，而进行户籍制度改革可以降低内生交易费用、促进专业化分工，进而推动城市化进程。许玉明（2007）认为，当前的户籍制度改革是一种浅表化的改革，是城乡之间、区域之间利益博弈的结果，户籍跨地区迁移和与户籍相关的社会就业和社会保障政策并没有得到深化改革，中国的国民收入再分配制度在城乡之间、发达地区和不发达地区之间依旧处于严重的不公平状态。尽管没有强调公共产品的供求关系，但这些政治经济学研究还是触及了户籍制度的问题本质与经济内涵。

**3. 计量经济学角度的研究**

当然，国外经济学研究方法的大量涌入，必然会影响户籍制度研究，不少学者运用了更为规范的经济学分析方法来讨论户籍制度问题。夏茂森、朱宪辰、江玲玲（2012）对1985～2009年中国25个省份的财政分权、户籍制度与区域经济增长之间的影响关系进行了实证检验，将户籍制度纳入模型，检验存在户籍制度的影响下，我国的财政分权对经济增长的影响。运用动态面板数据GMM分析方法，进行模型估计，并得出结论，户籍制度对经济增长的负面影响显著，户籍制度不但削弱了省级财政分权中省级政府财政收入增加额的提留比例对经济增长的积极作用，而且加重了财政分权对经济增长的负面影响。同时，省级财政分权的转移支付对区域经济增长的影响却不显著。此外，户籍制度还使得省级以下地方财政分权中的地县级预算内财政收入占全省预算内财政收入比重对区域经济增长的作用发生了逆转。李勇坚、夏杰长（2008）通过对中国户籍制度、城市化与服务业的增长进行实证分析，认为以人口自由流动为代表的户籍政策松动，推动了服务业增长，但因人口不能自由迁徙，流动劳动力的收入和消费大幅度分离，导致中国服务业未能充分发展。这些更为规范的研究进一步证实了户籍制度的不利影响，却并不能为我们的改革进程设计提供帮助。

不过，也确实有不少研究户籍制度的学者涉及了公共产品均等化。例如，赵航飞（2009）认为，只有解决公民在公共产品和社会福利待遇方面的非均等化体制问题，户籍制度改革才能顺利进行，但如何解决公共产品均等化问题，赵航飞并未进一步分析探讨。叶建亮（2006）研究了转轨过程中的经济发展导向政府的城市人口控制问题，证明非歧视分配政策和任由城乡人口自由流动的政策组合并非一个有效率的户籍制度安排，除非城乡之间有足够的资本和均等化的公共产品投入，不同主体之间在关于城市人口规模的控制上存在利益差别，歧视性分配政策有助于缩小不同主体之间的利益差别。实行非歧视的公共产品分配政策，同时对城市人口规模按照生产效率加以控制，是现有体制下有效率的户籍制度安排。叶建亮关注的重点是城市人口控制，只是提及了公共产品投入和户籍制度，并未做深层研究。黄书猛（2008）分析了公共产品二元体制与农村劳动力迁移的关系，在此基础上分析了二元体制对城市公共产品配置和财政竞争均衡水平的影响。王伟同（2009）强调，我国城乡基本公共服务非均等化的原因是依附于户籍制度的社会福利安排的先天制度缺陷。在这种情况下，居民依据其自身的户籍身份，将获得截然不同的公共产品供给保障，使得城市户籍身份成了一种相对稀缺的社会资源。王伟同虽关注户籍制度与公共产品均等化的关系，但只是表面化的论述，并未有相关的公共经济学分析。

总之，在对我国户籍制度改革的早期研究中，学者们多将重点放在法律、政治、社会正义等方面，认为户籍制度导致中国城乡二元结构，阻碍经济的发展，需要弱化户籍的作用，最终实现城乡居民身份平等和迁徙自由。但是中国户籍制度的历史贡献与经济学意义一直未得到讨论，中国户籍制度改革的公共经济理论基础也很少得到关注。

## 二 城乡二元户籍制度的背景、出路及其公共经济学原因分析

事实上，以户籍制度为基础、以城乡二元结构为藩篱的中国

公共产品提供机制是典型的计划经济时代的遗留物,所谓的城乡分割的二元户籍制度的公共产品保障功能,主要考虑的是国防建设需要与城市居民公共产品需要,广大农村居民的发展需要与生存保障并未被考虑在内,传统公共产品体制提供的公共产品也不是在特定区域内均匀分布、共同享用的,而是遵循了国防军人优先、城市工业次之、农村居民最后的模式,正是在这种战时公共产品提供模式的约束下,中国才会在20世纪50年代末期出现粮食供应不足时,出现作为粮食主产区的河南、安徽最难获得粮食保障的局面(范子英,2010;刘愿,2010)。刘愿(2010)曾经指出:"在集权体制下,普通农民因政治权利缺失,其食物获取权遭到国家、集体和乡村特权阶层的剥夺,导致'大跃进'饥荒的发生。"其实这里的问题不仅是集权的问题,而是不同利益集团之间的生存竞争,以及城乡之间的公共产品竞争问题。

然而,尽管当代学者对户籍制度口诛笔伐,对户籍制度的弊端进行了全方位的分析,但我们必须强调,户籍制度作为传统农耕文明的制度核心,曾经在中国早期的发展过程中做出过巨大贡献,并成为东方农耕文明成功的标志之一(宋丙涛,2008)。正是由于户籍制度在中国传统财政体制史上的极大成功,一个因生存公共产品缺失而产生的社会主义体制,才会对它情有独钟,并导致一个特别重视革命参加者的生存公共产品供给,而忽视其他人的生存公共产品供给的中古体制的延续(冯友兰,2000),以至于"新中国在匆匆完成社会主义经济改造后就迅速建立了高度集权的计划经济体制,赶超与优先发展重工业即成为'大跃进'时期中央计划机构要强行实施的价值序列,人民尤其是农民的吃饭权被强制置于工业化目标之下,其政治权利系统性的缺失最终演化成一场严重的灾难"(刘愿,2010)。

当然,新中国成立的公共产品供给机制之所以会出现这样的城乡分割现象,既不是当时中国决策人的认识出现了偏差,又不是中国决策人的能力有明显缺陷,而是中国近代以来客观的地缘政治与国际环境共同作用的产物。澳大利亚学者维斯与霍布斯（2009）在研究中认识到，一个国家或地区的工业化往往是外来地缘政治压力的结果，而不是新古典经济学强调的利益最大化追求的产物，因此，很多发展中国家的早期政策选择需要用它面临的地缘政治与国际环境来解读。中国城乡分割的户籍制度正是在特定地缘政治与国际环境下产生的。

新中国成立以来的地缘政治，决定了新中国早期工业化进程以国防军工与重工业为导向。这使得中国的工业化一开始就没有以人的发展为目标，没有以城市聚集为导向，[①] 从而使与发达国家发展序列刚好相反的重工业化优先发展成为一种必然选择。中国的早期工业化所依赖的只能是典型的精英型城市化战略与以户籍制度为基础的少数人的公共产品保障战略，城市发展的主要任务是支持以国防军工为核心的工业化，而不是提供市场经济发展所需要的基础设施与弱势群体所需要的公共产品。作为这些特殊目标与政策导向的结果，一个有效的以国防为目标、以生存为基础、以精英筛选为手段的户籍制度逐渐形成并慢慢固化，最终成为中国社会分割、公共产品分类歧视提供以及城市化滞后扭曲的直接原因与制度基础。

事实上，以外向出口为导向的、缺乏城市化与现代化跟进发展的工业化带来了长期的不利影响，在发达国家早期出现的伴随着现代工业化而出现的公共产品集中提供的城市政府服务优势没有出现，劳动力结构通过劳动技能积累与子女接受城市教育而不断改善的现代化过程也没有出现，劳动力从第一产业逐步向第二产业、第三产业转移的趋势更没有形成。总之，现代化的、以城市为载体的现代社会结构与制度框架没有形成。中国的工业化只是在较低的层次上进行着低水平的原工业化扩张与简单的加工业

---

① 相反，中国的工业化长期遵循的是反城市化的西迁模式，分散的三线城市建设与东部技术工人的内迁是这一战略的典型体现。

## 第七章 黄河下游农区的现代社会结构与制度架构构建

重复,作为社会主体的人并没有发生太大的变化。老一代的农民工回家了,他们的子女仍然带着农村的生活方式与零技能积累,从头开始重复着其父辈的低层次打工之路。而一年一次的春运高峰以及"老不养、少不教"的妻离子散的两地分居生活则始终提醒着他们,现有的非现代生活结构以及打工收入的非城市化消费模式是难以摆脱的。当然,这些农民工子女的上学问题与家庭关爱问题、留守人口的社会保障问题同样也提醒我们,缺乏城市化的工业化带来的城乡两极分化的恶果,正孕育着社会的不安定因素。

近代以来的现代经济发展首先不是一个工业化的进程,而是一个城市化的进程。因为经济发展的逻辑首先是劳动力结构转型的逻辑,是农民进城的逻辑,而不是就地工业化的原工业化逻辑。历史资料告诉我们,美国 1870～1910 年经济的高速发展,首先是就业结构的调整与居民结构的调整,是劳动力从生产力水平较低的农业转向生产力水平较高的工业的结果,而不是工业部门劳动生产力水平提高的结果;是农民生活方式的城市化的结果,而不是城市居民生活水平提高的结果。尽管在现代化的过程中,农业领域的生产力水平也曾经历了大幅度提高的过程,但无论是早期的英国,还是后来的美国、德国、日本,经济增长主要是劳动力结构改善的产物。换句话说,英、美、德、日等发达国家的经济腾飞主要是劳动力从农业转入工业与服务业的结果,而不是农业生产本身生产力提高的结果。因此,一个国家或地区的城市化生活方式与工业化生产方式共同构成了现代化起步的关键。

另外,欧洲许多国家的教训,特别是意大利北部地区与荷兰的教训也表明,工业化本身的发展完全是可逆转的,缺乏城市化的原工业化不可避免地会走上迅速衰落的道路。在《经济史展望》2011 年第 4 期中,英国学者 Allen 和 Weisdorf 对英国产业革命前后的城乡劳动力的工作努力程度进行了研究,他们的研究再次证实了前人的研究结果,那就是城里工人的工作努力不仅提高了人均生产力水平，而且扩大了内部市场，从而为工业生产的规模扩大以及工业化的持续发展提供了良性循环的基础。因此，农民即使只是变为简单的建筑工人，只要是居住在城里，对工业化持续发展的推动能力就是不可低估的。历史的经验教训都表明一个地区的城市化水平决定了该地区工业化持续发展的空间。而城市化的核心就是作为居民的农民与作为产业的工厂享受城市提供的具有规模经济效应的公共产品与公共服务，而取消户籍制度与摆脱城乡二元结构的束缚是公共经济规模发展的前提。

在改革开放之前的黄河下游农区的传统社会中，农村的公共服务，特别是养老保障主要是依靠传统的孝道文化、家庭和集体经济等非正式制度来供给的，这样的小型公共经济活动很显然不具有规模经济效应，因而限制了这些传统农区现代经济的持续发展空间。尽管从1987年开始，我国政府一直试图建立农村社会养老保障制度，但因不具有规模经济效应、不符合现代社会的要求，中国农村已经建立的新型农村合作医疗、新型农村养老保险及针对特殊群体的"五保"供养制度，并不能实现高效的良性运转，养老保障供给仍然只能以家庭保障的非正式制度为主，农村的现代化并未取得太大进展。

进入21世纪以后，一方面，由于人口老龄化与集体经济的消失，越来越多的农区老年人基本养老保障问题更趋严重。再加上工业化、城市化造成的农村年轻人大量流入城市及计划生育造成的家庭小型化和空巢化，农村传统的家庭保障等非正式公共经济制度被严重弱化，根本无法持续支撑大量老年人的基本养老保障。特别是随着经济的发展，农村土地与集体经济带来的收益占家庭收入的比重越来越低，传统的最低公共产品提供模式更是难以为继，农村集体公共产品提供模式已经出现危机。另一方面，尽管政府强力推进农村养老保障的相关项目建设，2003年甚至建立了新型农村合作医疗制度，2007年创建了农村最低生活保障制度，2010年又开始正式推出新型农村养老保险制度，但是，规模不经济带来的低效率使得这些制度仍然没有改变农村社会养老保障以家庭保障为主的原有格局。再加上农村传统的家庭养老功能弱化,农村养老风险不断加大,不少农村老年人养老保障无着落,生活无依靠,尤其是高龄老年人体弱多病,生活状况堪忧。另外,农村居民进城接受城市规模经济条件下的公共服务的通道迟迟没有打开,相反,背道而驰的浪费型新农村建设反而一再被缺乏经济学常识的人所强调,城乡二元结构所带来的公共服务不均等现象日益严重,并在大量农民工进城的背景下,出现了空间上共存的显性化特征与社会问题加剧的趋势。

在大城市工作的外地人很难拥有务工地的城市户口,不能享受到和当地人相同的公共产品。一些学者认为给外地人提供同样的公共产品会加重当地政府的财政负担;另外一些学者则担心,户籍制度放开后,大量农村人口涌向城市将造成严重的城市社会问题。

然而,如果我们了解了公共经济学的基本原理,知道了城市只是一个公共产品供给的空间单元,那么我们就会认识到,是否有权利享受城市提供的公共产品,仅仅是一个公共产品的购买地点问题,也就是一个税收上的地域税收管辖权与公民税收管辖权的选择问题。鉴于我国一直选择的是地域税收管辖权,因此以居住地、工作地点为纳税地点早已成为我国税制的基本原则,在大城市居住的非户籍居住者实际上已经支付了这些公共产品的价格,此时剥夺他们的公共产品享受权,很显然是一种对财产权利的侵犯。因此,给予外地人以公共产品享受权只是物归原主而已。农村人口涌入城市带来的所谓社会问题,其实恰恰是公共经济的规模经济所要求的居住地聚集的规模判断问题,对于公共经济的规模经济与规模不经济的判断,至今并无科学定论,因为一方面我们看到了墨西哥城、圣保罗市的大而无度,另一方面我们看到了东京都市圈与纽约大都市区的井然有序。因此,农民进城是否带来社会问题,很可能取决于城市管理模式是否优化,而不取决于农民是否进城。

何况，户籍制度放开后，虽然短期内北京、上海等城市会涌入大量人口，但在长期，当有些人发现在这些城市中生活并不能提高自己的福利水平时（如自己知识匮乏、工资低、城市消费高等），人们就会向其他城市转移。这样，人口不断流动，最终会达到一个稳定状态，每个城市的人口都不会迅猛增加或迅猛减少了。总之，经过这个均衡过程，涌入并在城市长期居住的人口必然是能够找到工作、能够向政府纳税的人，也就是说，涌入城市的人口是有条件享受公共产品的人，政府虽然要向更多的人提供公共产品，但所收的税也增多了，所以外来人口不会加重当地政府的负担，也不会损害原城市居民的利益，反而能带来公共产品的规模经济效应。

## 第二节 黄河下游农区现代化的目标
——公共服务均等化与社会福利制度改革

### 一 公共服务均等化与黄河下游农区的现代化转型

20世纪90年代以来，随着我国经济的快速增长，公共服务不均等现象对城乡经济社会发展差距进一步拉大的影响，日益成为大家关注的焦点。学术界关于公共服务均等化问题的研究主要涉及以下几方面：一是公共服务供给现状；二是公共服务非均等化的原因；三是实现公共服务均等化的路径选择。从研究方法上来看，有从政治学角度切入的，也有纯粹利用地方数据进行实证分析或构建指标体系进行论证的，还有一部分学者基于公共经济学的角度来分析公共服务均等化问题，但从公共服务均等化与传统农区现代化转型之间的关系的角度进行研究的并不多见。

首先是对公共服务均等化含义的界定。"公共服务均等化"一词是我国理论界和实践部门根据我国地区间和城乡间公共服务供给不均等的现状而提出的,它实际上由"公共服务"和"均等化"两个词组成。目前,大多数学者认为公共服务均等化是我国公共财政制度改革的基本目标之一。从资料上看,项中新(2000)是较早研究公共服务均等化问题的人,他对公共服务均等化的意义、路径选择及制度安排等方面都进行了初步研究,但他主要关注地区间公共服务均等化问题,并未对公共服务均等化做适当界定。安体富、任强(2007)将公共服务分为基本公共服务和一般公共服务,认为基本公共服务指与民生密切相关的纯公共服务,除去基本公共服务以外的服务都是一般公共服务,如行政、国防、高等教育、一般应用性研究等。同时指出"均等化"只能是大体均等,不可能绝对均等,内容包含两个方面:一是居民享受公共服务的机会均等;二是居民享受公共服务的结果均等。相比之下,结果均等更重要。他们不仅对公共服务范围进行了界定,而且对均等化的内涵进行了阐述,但他们仅把公共服务均等化局限于公共产品与服务收益分享方面。在此基础上,江明融(2007)将公共服务均等化界定为政府及其公共财政为不同利益集团、不同经济成分或不同社会阶层提供一视同仁的公共服务,具体包括公共服务收益分享、成本分摊、财力均衡等,改变了过去那种仅仅将公共服务均等化局限在公共服务供给收益分享的片面观点。

其次是对我国公共服务供给不均等现状的研究。比较流行的对公共服务供给现状的研究主要是利用实证分析或构建指标体系进行论证。安体富、任强(2008)通过构建一个包括4个体系25个指标的中国公共服务均等化水平指标体系,对我国公共服务的均等化水平从量的角度进行了客观评价,发现我国地区间公共服务水平的差距在2000~2006年呈逐步扩大的趋势,尤其是在科学教育、社会保障、环境保护和公共卫生方面。王伟同(2009)通过实证分析和城乡二元体制下的公共服务提供模型分析,发现我国原有的城乡二元公共服务分配结构没有随城市化水平的提高而相应改变,并且我国更多的是基于政府公共服务的供给导向,而非基于公众公共服务的需求导向。陈志楣（2008）通过比较分析，认为我国不同地区的经济发展水平不均衡，同一层次的公共需求和不同层次的异质性公共需求也与公共供给存在背离，公共服务的提供出现了从东到西的梯次性失衡，呈现大都市－区域中心城市－县城－镇的递减性供给格局。

对我国公共服务供给不均等原因的研究实际上占据了研究文献的主流。这方面的研究主要集中在农村公共服务供给不足或在供给过程中存在的问题。从目前已有文献来看，学者主要从以下三方面来分析。

第一，政治学层面。罗尔斯在其经典著作《正义论》一书中将正义原则作为制度的首要价值和终极目标，他指出："正义是社会制度的首要价值，正像真理是思想体系的首要价值一样。一种理论，无论它多么精致和简洁，只要它不真实，就必须加以拒绝和修正；同样，某种法律和制度，不管它们如何有效率和有条理，只要它们不正义，就必须加以改造或废除。"江明融（2007）在此基础上，从正义性的理论视角深入分析了公共服务均等化问题，并指出财富由农村流向城市的转移机制和城市偏向性的公共服务供给制度是造成公共服务供给不均等的制度因素。而韩淑梅（2008）通过分析户籍制度，认为我国现行户籍制度被人为赋予了太多的"附加值"，从而也赋予了部分人本应属于全体居民的基本公共服务的特权。吴志鹏（2009）在此基础上提出以户籍制度为基础的，包括社会保障制度、就业制度、教育制度等的城乡二元结构是导致城乡居民享有公共服务的能力、机会和权利不平等的罪魁祸首。王伟同（2009）则从城市化进程的角度，探讨了以城市化为标志的社会结构变动对公共服务规模的影响，通过实证分析得出：我国各地区间城市化进程的不同是导致公共服务提供水平不同的重要原因之一，并指出当前的城镇化道路固化了原有的城乡二元公共服务体制下的差异化福利分配结构。吕炜、王伟同（2008）从政府偏好和政府效率的视角出发，研究了发展失衡、公共服务与政府责任的问题。根据 2003 年 53 个国家和地区的横截面数据，他们建立了回归方程，通过分析比较发现，政府主观层面的原因造成了公共服务提供量和理论上存在较大差距，政府失责的程度在不断提高。张军、傅勇（2007）从官员体制的角度认为，政府官员任免权高度集中使得地方政府转变成增长型政府，这弱化了公共服务供给的效率。麻宝斌（2009）从行政管理的角度认为，政府间关系划分不合理导致基本公共服务问责制缺失。曹静晖（2011）从政府监管的角度，提出政府的公共服务绩效管理评价体系不利于当地公共服务建设。当前公共服务的均等程度、社会公平的程度等没能通过恰当的指标及其权重分配体现在绩效评价当中，从而使得地方政府片面追求 GDP 增长而忽视对公共服务的提供。陈志楣（2008）指出，导致我国公共服务非均等化的因素除了政府的绩效评价体系外，还有"单中心"的政府治理结构。麻宝斌（2009）从行政法学的角度认为，我国目前现有的公共服务法规未经整合，存在各地方之间和地方与中央之间的法规相矛盾、相冲突的现象，缺乏系统、协调的法规体系。

第二，财政体制和财政能力层面。吴志鹏（2009）从财政支出水平和支出结构方面指出，我国目前用于公共服务方面的财政支出占财政总支出比重较低，并且在科教文卫与社会保障等基本公共服务方面，国家财政对农村的支出严重不足。安体富（2007）分析了政府间事权与财权的关系，提出财力与事权的不匹配是导致基层政府财政困难、公共服务提供能力低的关键。中国财政学会"公共服务均等化问题研究"课题组（2007）从转移支付的角度认为，我国目前转移支付形式过多且相互之间缺乏统一的协调机制，税收返还、一般性转移支付规模过小且制度设计不完善，专项转移支付规模过大且运行不规范，省级以下财政转移支付制度不完善。金人庆（2006）认为除此之外，转移支付监督管理评价体系的缺位也是地方公共服务供给能力不足的原因之一。在此基础上，曹静晖（2011）认为，政府间事权与财权的不对称和转移支付制度的低效并存的双重困境,是公共服务供给不足的主要原因。李华(2005)在城乡二元体制基础上,提出分税制在一定程度上扩大了城乡差距,尤其是在公共服务的提供能力方面。蔡东东(2007)从财政分权的角度对中国地方公共产品的供给进行了研究,认为中国目前的财政体制与规范的财政分权体制的偏差,是导致地方公共产品问题的最根本原因。

第三,公共经济学层面。江明融(2007)从供给机制方面指出,自上而下的公共服务供给决策机制使得出现非消费意愿下的部分公共服务过度供给、非完全公共消费品以及劣质公共服务,浪费了大量有限的公共资源。王伟同(2009)进一步指出,我国公共服务提供机制是基于政府提供能力和偏好而非实际公共需求的,这使得公共服务供给与需求相背离。崔宝玉、张忠根(2008)基于地方公共产品理论,讨论了具有溢出效应的地区间地方公共产品最优供给效率。曹静晖(2011)通过研究二元财政体制,认为歧视性、非均衡的基本公共服务供给制度使人们无法享受均等的基本公共服务。吴志鹏(2009)认为供给主体单一、责任不清是公共服务均等化建设的主要障碍之一。就目前来看,私人组织、第三部门等参与主体受政府政策、产权界定和自身文化素质等因素的影响,难以大规模进入农村公共服务供给领域,政府仍是单一的供给主体。实际上,中央和地方在农村公共服务的供给责任划分上不合理,也一定程度上造成了农村公共服务供给主体的错位。

第四,有不少学者对我国公共服务均等化的政策提出了建议。其中政治学家更为关注抽象的原则。江明融(2007)提出,应明确树立公平正义的理念,在"城乡统筹的发展战略"指引下,构建符合我国实际的公共服务均等化制度。彭希哲(2009)认为,应渐进地改革户籍制度,按照"权利与义务相对等"的原则,通过政策体系的透明化以及管理与服务手段的不断完善,使流动人口在履行义务的同时,公平地享有权利。吴志鹏(2009)认为,应着力破除城乡二元结构，保障农村居民享有与城市居民同等的权利。中国财政学会"公共服务均等化问题研究"课题组（2007）指出，应转变政府职能，解决社会经济发展的薄弱环节。曹静晖（2011）从行政管理方面提出，要明确公共服务职能的任务范围和行为边界，加强中央和地方政府在公共服务上的分工协作，完善绩效评价和问责机制。陈志楣（2008）提出，要寻求政府与市场机制的有机结合。马国贤（2007）从行政法学角度提出，要将横向转移支付法律化，明确发达地区对欠发达地区的转移支付责任。

而财政学界则更为关注政策的可行性。金人庆（2006）从财政支出角度提出，要逐步增大国家财政投资规模，调整财政支出结构和方向，把更多的财政资金投向公共服务领域，向农村和社会事业发展薄弱的环节倾斜。安体富（2007）通过分析事权与财权关系，认为应进一步明确中央与地方政府及地方各政府之间在提供义务教育、公共卫生、社会保障和生态环境等基本公共服务方面的事权，改变过去传统的按隶属关系划分的办法，健全财权与事权相匹配的财政体制。中国财政学会"公共服务均等化问题研究"课题组（2007）通过分析我国转移支付制度存在的诸多问题，提出应以一般性转移支付为主，以专项转移支付为辅。马国贤（2007）补充提出了以基本公共服务最低公平为基础的转移支付制度，并建议启动横向转移支付机制。麻宝斌（2009）从分税制角度提出，要改革现有的中央与地方的财税分配体制，但并未给出具体的改革建议。而金人庆（2006）则对其做出了回答，提出将容易造成税源转移和地区间分配不公的税种改为中央固定收入，适当调整共享税分成比例；完善出口退税负担机制，将地方负担的出口退税规模控制在地方财力可承受的限度；将非税收收入纳入中央与地方共享范围，规范土地资源类收入管理，明确资源类收入的归属。曹静晖（2011）提出要完善省级以下财政管理体制，理顺省级以下的两级财政管理体制，即省直管县财政和县直管乡财政，减少财政管理的层级，但未对其政策可行性进行研究分析。

经济学家则更为强调效率。孙开（2005）认为，要解决公共服务供给问题，必须改进农村公共产品供给的决策程序，由"自上而下"转变为"自下而上"，同时适度扩大乡镇区划范围，降低政府运作成本。江明荣（2007）在此基础上认为还应重构公共服务需求表达机制，建立健全公共服务均等化的衡量指标体系以及公共服务均等化的激励与约束机制，以提高公共服务均等化的效率。同时在遵循"帕累托改进原则"及适当触动城市居民既得利益的前提下，构建城乡统筹的公共服务供给制度。陈志楣（2008）则从公共服务提供次序上提出应优先加强对西部贫困农村的支持力度，然后着力解决社会成员最急需的公共服务问题。郭瑞萍（2005）提出建立以政府供给制度为主、以私人供给和第三部门供给为辅的农村公共服务供给制度。这在一定程度上拓展了公共服务供给主体，但如何整合三者之间的关系，其并未做出说明。吴志鹏（2009）提出要建立城乡一体化基本公共服务体系的保障机制，并补充了城市对农村的支持反哺机制，但如何推行该反哺机制及其可能引起的效应并未谈及。

总之，大多数学者从政府治理、财政分权、地方税制、公共选择机制等因素与地方公共服务供给关系的角度出发，认为农村公共服务供给不足的根本原因是经济发展水平低造成的财政能力薄弱、公共支出压力大，提出要明确地方公共服务的属性和收益范围等，明确供给主体，合理划分各级政府职责，采用多种方式共同提供地方公共服务。其研究更多地偏向于政府调控，并且有不少学者从政治学角度探讨，缺乏经济学支撑。从其研究工具来看，政治学、财政学、计量经济学及公共经济学的有关方面都有所涉及，但公共服务指标的选取掺杂了较多的主观判断，且数据收集具有一定的局限性。因此，很多依靠具体地区的案例研究和模拟实证研究求得的结论难以被广泛应用。特别是这些学者没有回答为什么中国长期未能建立起统一的均等化公共服务体系，以及发达国家在公共服务机制与内容的选择和设计上有何经验和启示。

事实上,尽管很多人认为一个现代化的社会应逐步建立健全城乡统一的公共服务提供制度,但与很多人的主观想象不同,即使在西方,公共服务提供的均等化概念也不是原来就有的,而是经历了一个反复的发展过程。

关于西方发达国家的公共财政体制,中国财政学界的学者们(张馨,1997;宋丙涛,2007;高培勇,2007)早已达成了共识:公共财政体系是现代经济发展得以持续的真正保障。然而,他们的研究一再表明,公共财政的内涵虽然包含了诸多方面的内容,但以大纳税人决策为核心的公共服务供求双方讨价还价机制才是市场经济的持续发展能够经受住外来压力与挑战的真正原因。这样一种制度安排由于符合了经济交易原则而提高了公共经济的效率。很显然,这是一个典型的产权保护原则与有偿交换原则相结合的预算机制,即只有纳税的人才拥有公共产品的产权,才能参与公共服务的决策。虽然因为技术的原因,公共服务的产权并不能清楚地得到界定,但没有出钱的人没有产权是很清楚的。这种对产权给予无条件保护的原则构成了英美市场经济得以持续发展的制度基础。确实,有利于市场经济发展的国家经济体制的核心是更为有效的公共财政体制,而公共财政体制的核心是财政预算。然而,为了确保决策过程的效率,公共财政并未让所有的纳税人参与这个决策过程,真正参与的只能是少数成功的市场经济主体的代表。

然而,这种能确保近代经济革命爆发的宪政原则与公共财政体制很显然无法满足所有公民,甚至大多数非纳税人的生存公共服务需求,更不能保证公共服务的均等化。

## 二 公共服务均等化的本质、依据及其政策含义

随着城乡一体化进程的发展,不同身份的人应该享有相同公共服务的呼声日益高涨,并表现为理论界(安体富,2007)对公

共服务均等化的持续关注与政策执行部门的改革努力。然而,当政策制定者与理论研究者强调与抨击中国的城乡二元公共服务体系与结构时,很少有人从理论的角度对公共服务分配的依据与原则进行思考,因而也就无法理解公共服务均等化蕴含的两类不同含义。事实上,在讨论政府服务的对象时,仅仅依据"人民政府服务人民"的原则是没有任何意义的,因为这是一个根本不具有可操作性的抽象原则。特别是,当人民内部的利益诉求有所差异时,如何分配或提供公共服务,就需要一个合乎经济学原理的原则与可以操作的具体办法来予以落实。

**1. 两种不同的均等化与公共服务提供机制——公共财政和民主财政**

迄今为止的公共服务分配原则大体上可以分为两类:一类是典型的公共财政原则,其依据是布坎南的政府经济人假设与市场交易原则,其服务对象是市场经济中的成功者,该原则要构建的是典型的发展导向型公共服务体系或公共财政体系,其经济学理论基础是市场经济学与产权保护激励理论。另一类是典型的民主财政原则,其依据是罗尔斯的正义论或无知之幕原理,其服务对象是市场经济中的失败者,该原则要构建的是典型的生存保障型公共服务体系或民主财政体系,其经济学理论基础是福利经济学与产权来源非法理论。

依据公共财政原则提倡的公共服务均等化,强调的是机会面前人人均等,或者说金钱面前人人均等,也就是在公共服务的供求关系中,强调付费者或纳税人的权利,因而主张实行以纳税为基础的决策参与宪政机制。表现在中国的现实生活中,就是强调农村居民在中国以间接税为主体的财政收入体系中的贡献,从而主张农村居民应该像城市居民一样享受同样的公共服务,特别是对在城里工作的农民工来说,由于其工作生活的场所和城里人没有区别,所以其负担的税收和地理分布也是完全一样的,因此应该享受当地的公共服务。

依据民主财政原则提倡的公共服务均等化，强调的是上帝面前人人平等，也就是所有的人都有绝对的机会生存，是绝对意义上的均等化，但均等的内涵是生存，而不是发展。这个公共服务均等化的主张强调在公共服务供求关系中保留弱势群体，也就是非纳税人的参与机会与权利，从而在制度设计上为弱势群体的生存保障提供经济可能性。表现在现实生活中，就是要强调农村弱势群体的生存权利，关注社会保障机制的构建，特别是强调提供城乡一体化的无差异的社会保障机制。

公共财政坚持所谓的"用脚投票"，强调付费的大纳税人决策机制，其中大商人、大贵族在起决定作用，这一机制并不是民主决策机制。政府所要提供的公共服务有固定的成本，只要有人判断该公共服务给其带来的效用高于成本，那么交易就可以成功，而且公共服务的提供有"外溢性"。如果一笔交易做成了，又有大量的消费者剩余存在，那么这笔交易就是非常有效的，而"大纳税人决策机制"就是这样有效的。

然而，这种相当成功的公共财政制度也存在一些问题。"大纳税人决策机制"实际上是会赚钱的富人在做决策，这就导致了两个结果：①商人们知道如何与政府讨价还价，从而让政府来提供他们进行市场经济活动所需要的公共服务，例如对产权的保护、制度的变化，因此，企业、市场经济发展很快；②大多数富人很难看得到穷人的生存问题，富人决策的公共机制对两种人很不利——懒汉和笨蛋，这两类人会被市场淘汰。

确实，这种能确保近代经济革命爆发的宪政原则与公共财政体制很显然无法满足所有公民，甚至大多数公民的生存公共服务需求。于是，以穷人的生存公共服务需求满足为目标的社会主义运动与社会民主运动就成为愈演愈烈的群众运动，并最终威胁到了近代经济发展的基础——公共财政体制与宪政预算机制。正是在这一背景下，作为对这个以宪政为基础的大纳税人决策的公共财政体制的一种矫正，公共服务决策的权力逐步通过民主运动的方式转移到了作为社会大多数的非纳税人或小纳税人的手中。于是，发达国家的政府不仅先后接管了弱势群体的生存公共服务的供给，而且使民主政治体制成为确保生存公共服务供给的最后保障机制，逐步被上层富人社会广为接受。由于民主政治体制的广泛传播，在发达国家的财政预算过程中，那些几乎不必承担成本的大众决策者几乎无一例外地赞成大规模的社会福利计划与收入再分配计划，从而使得以产权保护为基础的公共财政体制逐渐滑向了自己的对立面：合法的税收与财政制度逐渐否定了私人产权的神圣性，关注经济发展的公共财政逐渐演变为关注分配的民主财政。

尽管发达国家的精英们普遍接受了民主决策的财政机制，但由于这两类公共服务（穷人生存保障与市场发展条件）需求协调的困难，分别有利于两类公共服务供给的民主政治与宪政体制不仅不能总是一致的，而且实际上经常是相互矛盾的。因此，强调宪政产权与经济发展的自由主义经济学才会再次获得发达国家社会精英们的普遍认可，并在20世纪末导致了一场席卷全球的轰轰烈烈的私有化运动。财政学家布坎南长期致力于和凯恩斯主义者马斯格雷夫的争论，这些经济学思潮在财政学领域中折射，是财政学家力图消除民主运动对公共财政制度不利影响的尝试。

事实上，在产业革命中，随着公共财政决策机制的日益完善，穷人的生存公共服务供给日益遭到忽视，从而产生了现代化转型过程中难以逃避的社会矛盾与公共服务供给领域的利益冲突。而面临生存威胁的弱势群体通过各种各样的社会运动来反对这个有效的正式制度，就成为生存竞争的必然。

很显然，这两种财政体制的争论实际上是两类公共服务的竞争，以富人为代表的强势群体更为推崇公共财政体制，这个体制由于激励了有能力的社会精英的发展积极性而有利于经济发展，但会在现有产权的分布与能力分布不均的前提下导致社会贫富差距扩大，进而导致社会的不稳定；而以穷人为代表的弱势群体则更为推崇民主财政体制,这个体制由于确保了弱势群体的生存而有利于社会的稳定,但因为破坏了付费者决策的经济原则而影响了经济发展的潜力。因此,财政体制中的这两种冲突就一直得不到解决,发达国家不得不在金融政策的反复摇摆中一再爆发经济危机,而盲目模仿与引进公共服务均等化与民主财政制度的发展中国家不得不在国家权威丧失的过程中陷入内部秩序的混乱。

确实,民主政治运动实际上是一个试图在原有的体制内解决这一穷人的生存公共服务偏好显示、决策与供给问题的中庸式尝试。当然,作为民主政治发展的结果及对穷人生存公共服务需求的反映,社会保障与充分就业就几乎成了罗斯福新政之后各个发达国家政府的主要任务。正因为此,顺应了这一潮流的凯恩斯主义的宏观经济政策才受到了普遍欢迎。然而,不理解民主政治运动发展背后的这些公共经济原因,大多数的财政学家(Musgrave,1984)试图用政治学与社会学来解释公共财政民主化、公共服务均等化潮流的合理性,用福利经济学的集体主义来解释收入再分配的合理性,从而使对民主政治与收入分配公平的误解越来越深,以至于收入再分配的合理边界长期得不到说明、民主财政的无限扩张导致的经济危机长期得不到解释。

**2. 两种公共服务均等化的理论基础——福利经济学与公共选择理论的产生及发展**

公共财政是英国在产业革命过程中建立起来的财政体制,这个机制使市场经济蓬勃发展。但由于公共财政对弱势群体的忽略,在经济发展的同时引发了一系列的社会问题与矛盾,更促进了社会主义运动与民主理论、福利经济学、正义论的诞生,这些理论对社会实践的影响导致了凯恩斯主义经济学的流行。正是在这一背景下,为了挽救公共财政体系,布坎南创立了公共选择学派与宪政经济学,从理论上论证了公共财政的合理性与必要性。

福利经济学诞生于轰轰烈烈的民主运动中,它是由英国经济学家霍布斯和庇古创立的。庇古在其代表作《福利经济学》《产业变动论》《财政学研究》中提出了"经济福利"的概念，主张国民收入均等化，且提出了效用基数论。福利经济学是西方经济学家对弱势群体反抗进行思考的产物，是试图从理论上解决两个群体之间日益尖锐的矛盾的尝试。西方经济学家承认，与经济发展和公共财政相伴随的英国十分严重的贫富悬殊问题，既无法在原有的经济学体系中得到解释，又无法在公共财政体系中得到解决。于是，以庇古为代表的西方经济学家开始从福利的角度或福利最大化的原则出发，对经济体系与财政体制的民主化改进予以论证。

边沁的功利主义原则和罗尔斯的正义论是福利经济学的哲学基础。边沁认为，人生的目的是使自己获得最大幸福，增加幸福总量，并把"最大多数人的最大幸福"标榜为功利主义的最高目标，从而使民主财政有了自己的经济学依据，使弱势群体的生存有了一定的经济学含义，具体表现为帕累托的最优状态概念和马歇尔的消费者剩余概念。帕累托最优状态是指这样一种状态：任何改变都不可能使任何一个人的境况变得更好，而不使别人的境况变坏。按照这一规定，一项改变如果使每个人的福利都增加了，或者一些人福利增加而其他人福利不减少，这种改变就有利。马歇尔从消费者剩余概念中推导出了以下政策结论：政府对收益递减的商品征税，得到的税额将大于失去的消费者剩余，用部分税额补贴收益递增的商品，得到的消费者剩余将大于所支付的补贴。马歇尔的消费者剩余概念和政策结论对福利经济学也起了重要作用。

福利经济学是以一定的价值判断为出发点的，也就是根据已确定的社会目标，建立理论体系；以边际效用基数论或边际效用序数论为基础，建立福利概念；以社会目标和福利理论为依据，制定经济政策方案。庇古根据边际效用基数论提出两个基本的福利命题：国民收入总量愈大，社会经济福利就愈大；国民收入分配愈均等，社会经济福利就愈大。他认为，经济福利在相当大的程度上取决于国民收入的数量和国民收入在社会成员之间的分配情况。因此，要增加经济福利，在生产方面必须增大国民收入总量，在分配方面必须消除国民收入分配的不均等。他把边际效用递减规律推广到货币上来，断言高收入者的货币边际效用小于低收入者的货币边际效用。他所说的收入均等化，就是国家通过累进所得税政策，把从富人那征得的税款用来提供社会福利，让低收入者享用。庇古认为，通过这一途径实现"把富人的一部分钱转移给穷人"的"收入均等化"，可以使社会经济福利极大化，从而为民主财政的出现与发展提供坚实的经济学依据，为弱势群体参与分配并获得经济资源提供理论基础。

罗尔斯为这种以社会目标为导向的经济学理论提供了哲学依据。罗尔斯的代表作《正义论》就重新采用社会契约论和自然法学说，全面论述了"作为公平的正义"的基本理论，对功利主义做了相当深刻而全面的批评与反思。他所反复论述的两个正义原则既突出了公民在秩序良好的社会中应当享受的基本平等的理论含义，又对如何处理经济与社会差别提出了独特的理论标准，并对正义理论的伦理基础做了颇有新意的论证。

政治哲学家虽然往往不情愿受社会现实所左右，而主张以彻底的理论改变世界，但其潜意识中又摆脱不了与社会现实的关系。罗尔斯的《正义论》便是一个重要的明证。该书出版时，西方社会中弱势群体争取平等权利的运动方兴未艾，人们在原则上肯定自由市场经济可以有效地实现资源有效配置的同时，也抱怨此过程还伴随着难以接受的收入、财富和权力等方面的巨大差距，以及对弱势群体生存问题的忽视，因而像福利国家等新的社会政策、政治上更为激进的对个人权利和收入均等的要求，也都诉诸正义的理论。罗尔斯颇为抽象和深奥的正义理论在20世纪第一次与权利和分配领域的政策主张直接联系在一起，推动了西方的社会运动，特别是各种弱势群体争取生存权利的民主运动。

正是由于罗尔斯对弱势群体主张的民主思潮与收入再分配予以支持，围绕正义论的争论才纷至沓来。就在《正义论》出版三年以后，哈佛大学另一位年轻的哲学教授诺齐克出版了《无政府、国家与乌托邦》，与罗尔斯进行了正面交锋。这既反映了当时对社会正义问题拥有持久兴趣，又反映了这些对弱势群体权利的探讨引起了公共财政体制主张者对产权绝对原则的担心。

正义问题的争论之所以引起关注，绝非因为人们的主观情感，而是因为现代社会存在大量的不正义现象——弱势群体的生存权利受到了前所未有的威胁，这成为社会冲突层出不穷的一个根源。罗尔斯正是在这种氛围下致力于正义研究的，其意图显而易见。

罗尔斯开宗明义地讲，正义的主题就是社会的基本结构，或者说得更准确些，就是主要的社会体制在分配基本权利与义务和确定社会合作时所产生的利益分配方式。他认为在现代道德哲学的许多理论中，某种形式的功利主义始终占据上风。从这点出发，罗尔斯便把功利主义的正义观当成了批判对象。从事实上看，由休谟、边沁、亚当·斯密和穆勒等人所传播的功利主义观念在西方社会历来是占统治地位的，这些观念原则奠定了西方政治制度、社会制度和经济制度的基础。然而这些体制并没有克服社会上存在的深刻矛盾，罗尔斯是一位改良论者，他相信要改良西方社会体制，关键在于改变占主导地位的功利主义的正义观。这是罗尔斯为自己确定的目标。

罗尔斯确信功利主义的正义观存在几个弊端：①它没有揭示自由和权利的要求与社会福利的增长欲望之间的原则区别，没有肯定正义的优先原则，正义否认使一些人享受较大利益而剥夺另一些人的自由是正当的，政治交易和社会利益不能成为妨碍基本权利实现的理由。②它假定一个人类社团的调节原则只是个人选择原则的扩大是不足取的，这里没有把人们一致赞同的原则视为正义的基础，其原则内容无法成为调节全体人的宏观标准。③它是一种目的论的理论，应尽量地增加"善"来解释正当的理论，而真正的正义原则是事先设定的。④它认为任何欲望的满足本身都具有价值，而没有区别这些欲望的性质，不管满足的来源和性质以及它们对幸福会产生什么影响。这里直接表现为对功利主义的批评，也间接地批评了西方社会存在的各种不公正现象，如分配不平等、欲望至上、种族歧视、贫困问题等。

既然功利主义的正义观不敷所用、纰缪甚多，那么应当建立什么样的正义观呢？罗尔斯的观点十分明确："我所要做的就是把以洛克、卢梭和康德为代表的传统的社会契约论加以归纳，并将它提到一个更高的层次上来。"因此，罗尔斯所依据的是传统的契约论的方法。契约论代表了一种政治上的激进主义，功利主义则意味着一种经济上的实惠思想。在资本主义体制确立后，功利主义取契约论而代之是不奇怪的。

罗尔斯的正义理论，一言以蔽之，可称为正义，即公平的理论。得出这个理论的各项原则，首先需要说明一个前提，那就是社会契约是如何产生的。这里就必须做一个理性上或逻辑上的假设。罗尔斯把这个假设环境称为"原始状态"（original po-sition），相当于自然状态在卢梭、洛克等人思想体系中的地位。原始状态纯粹是理性上的设想，在实践中无法论证。罗尔斯知道这一点，他说过原始状态是一种纯粹假设的状态。原始状态的设计意图是排除各种历史的和现实的因素，给出一个纯粹逻辑思维的状态，使人们产生正义原则。在原始状态中，所有各方都是道德的主体，都受到平等的待遇，他们选择的结果不决定于随意性的偶然事故，也不决定于社会力量的相对平衡。原始状态中的人们还得接受某些限制，这些限制是：原则应当是一般性质的而不应是特指的，最后从原始状态推出的原则应当是决定性的，在它们之上没有更高的标准。总之，这里规定了正义原则的性质，即在无知之幕的原则下，主张对弱势群体给予保护。

无知之幕这个概念是更为大胆的假设。原始状态是一种假设，它要求人们摆脱现时的各种感觉和知识，在现实社会面前拉上一道大幕，使人们纯粹从零点开始思考正义的原则。无知之幕假定各方不知道其在社会中的地位、阶级出身、天生资质、自然能力、理智和力量等情形，也没人知道其关于"善"的观念、合理的生活计划和心理特征，各方也不知道这一社会的经济或政治状况。因为每个人所据有的社会地位、条件或个人气质均会影响其对正义原则的判断，所以必须用无知之幕将它们全部隔开，这样，原始状态才能成立，才能充分认识并考虑到弱势群体生存需求的重要性。当然，原始状态的方法要取得成功，还有一个至关重要的条件，那就是必须假定处在原始状态中的人是理性的。所谓理性，就是人们在选择原则时都力图尽量增进自身的利益，他们的选择有前后相连的倾向，他们能够正确认识生存的价值与获得利润的风险。

正是在这样的条件下，罗尔斯推论出了正义原则的一般表述：所有社会价值——自由与机会、收入与财富以及自尊的基础——都应平等地分配，除非任何价值的不平等分配对每一个人都是有利的。

这个一般的正义观又可分解为两个层次，这就是罗尔斯最著名的两个正义原则：第一，每一个人对最广泛、平等的基本自由体系都拥有平等的权利。第二，对社会和经济不平等的安排应可以使这种不平等合理地符合每一个人的利益，而且与向所有人开放的地位和职务联系在一起。

这两个正义原则与罗尔斯对社会的基本结构相配套，第一个原则用于确定和保障公民的平等自由，第二个原则用于规定和制造社会及经济不平等。这里的第二个原则引起了广泛的争议，因为在私有制条件下，财富和收入的分配是绝对不平等的。那么平等原则如何才能实现呢？实质上罗尔斯观点的重点就在这里，其改良主义的理论出发点也在这里。

如何使正义原则演化为具体的制度，罗尔斯提出了"四个阶段的顺序"，第一阶段人们接受两个正义原则的选择；第二阶段召开制宪会议，确定政治结构的正义，并选择一部宪法，设定制度，这个阶段主要是确定平等的公民权和各种自由权；第三阶段为立法阶段，在这个阶段正义的第二个原则发挥主要作用；第四阶段是具体运用规范的阶段，法官和行政官员把制定的规范用于具体的事务，公民则普遍遵循规范。

罗尔斯表示，立宪政体的一个主要缺点是它不能确保政治自由权的公平价值，财产和财富分配上的悬殊远远超出了可以与政治自由权并存的程度，但为法律所容忍。这种缺陷在于民主的政治过程充其量只是一种有控制的竞争，政治制度中不正义的影响比市场的缺陷严重得多，政治权力集聚，变得不平等，得到好处的人利用国家的强制性工具来确保自己的有利地位，而弱势群体的基本生存权利与生存问题就会长期被忽视。

罗尔斯指出，在分配上，效率原则是不包含正义原则的，因而一个人得到全部产品或其他不平等分配的方式也可能是有效率的，仅仅效率原则本身不可能是正义的，应当寻找既有功利又是正义的分配方式，超越单纯的功利观念。因此，他主张差别原则，那就是使差别对待有利于境况较差者、有利于最少受惠者。这个原则引起了激烈的争论，因为如果实施这一原则，那就意味着对西方制度进行彻底的改造，有人甚至称之为"社会主义的改造"。差别原则包含着某种平均主义，同时它也反映了自由主义思潮的某些倾向，最基本的就是"平等的倾向。差别原则表明了一种对弱势群体生存状况的关注。这些均为一些理想主义的原则"。罗尔斯认为西方社会没有实现这些原则，或者说没有沿着这个方向发展。

很显然，罗尔斯的整个正义理论是改良主义的，即他想对产权私有制度做出某种修正，以缓和并协调日益剧烈的社会冲突。他在《正义论》中多次表示，两个正义原则规定了一个理想的社会基本结构或轮廓，改革过程就应朝着这个方向发展。罗尔斯的《正义即公平》一文发表于1958年，《正义论》一书出版于1971年。其间正是美国社会风云变幻的年代。资本主义社会固有的矛盾和冲突接踵而至，此起彼伏，经济危机、通货膨胀、种族歧视、民权运动、女权运动、贫困问题、抵制越战、学生运动等接连发生。这无疑会引起人们对社会正义问题的反思。罗尔斯的主要目的在于用正义即公平的观念来取代功利主义的正义观念，从而推动社会结构的变化。他的注意力集中在民权和贫困两大问题上。这两大问题长期以来在美国社会没有得到解决，这是由产权保护的基本结构决定的。

罗尔斯贬低功利主义正义观，主张正义即公平的理论，还有以下背景：20世纪60年代之后，西方社会爆发了一场争论——新保守主义与自由主义的论战。平等与自由的观念在现代社会中被视为两个并不那么协调的价值观。新保守主义坚持自由是西方社会的核心价值，过分强调平等会妨碍自由的实现，自由主义者过分强调平等，不仅给社会造成了种种危机，而且侵害了人的自由。而自由主义者则认为只有突出平等才能保证人们的自由，否则，政治和经济资源的不平等分配必然会侵害一部分人的自由。这场争论旷日持久，争论方代表着社会的不同势力。可以看出，罗尔斯力图协调平等与自由。他的第一个原则突出了自由，他的第二个原则突出了平等。不过，他的总体倾向是突出平等。因为这种争论有制度上的根源，所以罗尔斯的调和努力是难以成功的。若深入地观察，不难发现两个正义原则之间是不协调的，甚至在某种程度上是相互排斥的。这也使罗尔斯的理论实际上无法产生他所希望的社会效果，《正义论》受到来自两个方面的批评，原因也在于此。

然而，这样一种规范分析方法很显然是与主流经济学愈演愈烈的实证主义思潮不相吻合的。20世纪30年代，庇古的福利经济学受到罗宾斯等人的批判。罗宾斯认为，经济理论应当将价值判断排除在外，效用可衡量性和个人间效用的可比较性不能成立，福利经济学的主张和要求没有科学根据。继罗宾斯之后，卡尔多、希克斯、勒纳等人从帕累托的理论出发，也对庇古的福利经济学进行了批判。1939年，卡尔多发表《经济学的福利主张与个人之间的效用比较》一文，提出了福利标准或补偿原则的问题。此后，希克斯、T. 西托夫斯基等人对福利标准或补偿原则继续进行了讨论。他们主张把价值判断从福利经济学中排除，代之以实证研究；主张把福利经济学建立在边际效用序数论的基础之上，而不是建立在边际效用基数论的基础之上；主张把交换和生产的最优条件作为福利经济学研究的中心问题，反对研究收入分配问题，特别是反对将高收入阶层的货币收入转移一部分给穷人。

这些新福利经济学家认为福利经济学应当研究效率而不是研究公平，只有经济效率问题才是最大福利的内容。他们认为，帕累托的最优状态"具有高度限制性"，不利于用来为产权制度辩解。为了扩大帕累托最优条件的适用性，一些新福利经济学家致力于研究福利标准和补偿原则。他们的核心论点是，如果任何改变使一些人的福利增加而使另一些人的福利减少，那么只要增加的福利超过减少的福利，就可以认为这种改变增加了社会福利。按照这一标准，即使是富人的境况好起来，而穷人的境况坏下去，只要前者福利的增加量大于后者福利的减少量，都是增大了社会福利。

卡尔多、希克斯等人的这些福利经济理论，受到了伯格森、萨缪尔森等人的批判。伯格森于1938年发表《福利经济学某些方面的重新论述》一文，提出研究社会福利函数的"新方向"，认为卡尔多、希克斯等人的新福利经济学把实证问题和规范问题分开、把效率问题和公平问题分开的企图完全失败。阿罗本想通过大量的论证对伯格森、萨缪尔森等人的社会福利函数修残补缺，但客观上证明了不可能通过个人偏好次序得到社会偏好次序，也就是不可能得出包括社会经济所有方面的社会福利函数。阿罗的"不可能定理"更是给福利经济学以致命的打击，正是在这种背景下，怀念公共财政体制的公共选择学派才应运而生。

公共选择理论产生于西方学者的理论反思，它的产生不是偶然的，而是有其特殊的经济和政治背景的。二战后，凯恩斯国家干预理论日渐盛行，它把政府干预看成弥补市场缺陷的唯一良策。随着政府对市场干预的加强，政府干预的缺陷与日俱增。布坎南等人创立公共选择理论的目的正是在于揭示"政府失灵"，并克服政府干预的缺陷。公共选择被定义为对非市场管理的经济学研究。它把经济学的分析方法和工具用于研究集体的或非市场的政治管理过程。它以经济学的"经济人"假说为基本行为的基本前提假设，依据自由交易能使交易双方都获利的经济学原理，分析公众的公共选择和政府管理行为，以及二者之间的关系。公共选择理论包括两层含义：一是集体性，单个个人的决策不在考虑范围内，但只要有人群的地方，就必须要有集体决策。二是规则性，为使人与人之间存在的偏好差异行为能够有效地协调起来，必须进行集体决策，以制定能够满足一般人偏好的规则。公共选择理论研究的范围是：国家、政府、国防、教育、分配、环境等。公共选择理论认为，政治是一个经济学意义上的市场，供方是政府，提供公共产品；消费者是公众，购买或享受政府提供的公共产品。政治和经济领域的基本行为单位都是独立的个人。同一个人，如果在经济领域是自私自利的，就不可能在政治领域发生彻底改变，不可能仅仅因为他具有某种政治角色而变得大公无私。另外，由于其逻辑起点是"经济人"，公共选择理论认为政府机构不再是具有强烈独立倾向的集体，而是由一个个"经济人"组成的。无论是作为个体的人还是组织，都有自己的利益，都需要与他人或其他组织发生联系，尤其是利益关系，为此，要通过选择求得最大利益，通过公共选择来整合多种主体的利益。

　　公共选择理论就是把经济分析工具应用于政治研究领域，运用经济学的方法和理论去考察政治领域中集体决策的理论。根据布坎南自己的说明："公共选择实际上是经济理论在政治活动或政府选择领域中的应用和扩展。"布坎南还指出，公共选择与消费者在商品和服务市场上进行的选择很不相同。在该市场上，每人都可以依照自己的财力和爱好来选购物品，每个买者都能够在其收入的约束下得到最大的满足。而公共选择与此不一样，其再分配总会使一部分人不满意。根据他的分析，这种公共选择现在已经成为制约西方国家政府或公共部门经济行为的重要因素，因而对资本主义经济产生了不可忽视的影响。

公共选择理论从决策的角度探究政治问题，探究由不同的个体形成的社会如何进行选择从而做出社会决策。公共选择理论对社会选择的一个基本观点是，社会选择不过是个人选择的集结，只有个人才具有理性分析和思考的能力，个人是基本的分析单位，个人的有目的行动和选择是一切社会选择的起因。公共选择理论这一由个人选择入手分析社会选择的研究径路被称为"方法论上的个人主义"。布坎南重新表述了一种彻底的个人主义方法论：个体是选择和行动的唯一与最终实体，任何关于社会互动过程的理解都必须建立在对过程参与者行为分析的基础之上。一个集体或社会从来不会有真正意义上的选择行为，也不会对某种目标采取最大化努力。即使一个集体面临一组备选方案，真正的选择也只是那些参与决策过程的个人做出的。

布坎南着重指出，政治家和政府官员也是有理性的"经济人"，以追求自利为目的。他们像企业家在经济市场上追求最大利润一样，在政治市场上追求着自己的最大政治利益，而并不管这些利益是否符合公共利益。尽管他们也可能有促进公共利益的某些愿望，但这种愿望不过是许多愿望之一罢了，很容易被其他更有诱惑力的愿望压倒。布坎南强调，人们并不会因为占据了局长或部长的位置，就改变追求自利的本性。不管是在哪一级公共机构，只要有可能，官员们便会选择能为自己带来或政治上的，或经济上的，或心理上的最大利益决策。尽管大多数人自己不愿意承认，但政治家和官员们的的确确具有"经济人"的基本性质。从"经济人"假设出发，运用成本－收益分析方法，布坎南对当代西方政体下的政府行为进行了实证分析，得出了"政府失败"的结论。

但在现有的文献与政策设计中,大多数的学者在谈到公共服务均等化,以及强调其理论依据时,往往强调机会均等与公共财政;在提供建议时,却强调社会保障体系,从而使得其理论的连贯性大打折扣,其政策的理论依据自相矛盾。

有学者按照时空分布和受益范围的原则,将公共产品分为全国性公共产品和地方性公共产品。他们认为全国性公共产品时空分布均匀,受益范围为全国,可以利用直接民主制或间接民主制的政治程序确定其最佳的需求量,并在全国范围内联合供给,所以具有规模经济、无拥挤成本和无法进退的优点。而地方性公共产品时空分布不均匀,受益范围为地方政府辖区,随消费者的增加可能产生拥挤成本,降低成员的效用,从而具有消费的竞争性。这种特点的公共产品的决策机制可以利用俱乐部机制,个人按自己的意愿,从一个社区迁入另一个社区,来享受社区公共产品。这就是所谓的"用脚投票"。

按照蒂布特的定义,"用脚投票"是指人们之所以愿意聚集在某一个地方政府周围,是由于他们想在全国范围内寻找地方政府提供的服务与所征收的税收之间的一种精确、最优组合,以便使自己的效用最大化。当在某地发现这种组合符合自己效用最大化目标时,他们便会在这一区域居住下来,从事自己的工作,维护和接受当地方政府的管辖。只要有足够的社区存在,人们通过迁移流动来显示对公共产品的偏好,中间投票人定理就不再存在,投票机制的缺陷将消除。这种"用脚"实现的全体一致规则,是一种分权决策机制,类似于市场交换,具有实现地方性公共产品配置最优的内在动机,因而可以自动地实现帕累托效率。但信息的不完全性、不对称性,社区数量的有限性和社区间存在的外部效应,人口流动政策的限制,以及地方性公共产品生产具有的规模经济效应,造成"用脚投票"理论存在固有的缺陷。

## 三 公共服务均等化与社会福利制度的扩展

尽管公共服务均等化与民主财政体制对现代经济发展的不利影响是毋庸置疑的，但公共服务均等化对传统农区农民的现代化转型是必不可少的，特别是对仍然深陷城乡二元结构泥潭的黄河下游农区来说。一个城乡统一的公共服务均等化供给制度框架与社会结构仍是现代化转型的前提。当然，公共服务均等化只是表明公共财政体制的统一与无差异供给，并不意味着社会福利制度的全面推广。

关于经济发展水平与政府建立全面的社会福利制度之间关系的研究，一般的观点是经济发展水平对以社会养老保障制度为核心的社会福利制度的建立起决定作用。谈到我国的具体情况，很多人认为当前我国农村建立社会养老保险制度的条件基本成熟（卢海元，2003）。孙文基（2006）等人则认为要依据不同类型农村的经济发展水平进行分类设计和分类实施，东部及中西部个别发达地区应先建立，然后逐步推广。王舟、方锐帆（2008）提出了在区域发展非均衡的条件下采取区域类聚的逐步推进模式。总之，不管是政界还是学界，都认为我国依据经济发展水平梯次建立全面的养老保障等社会保险制度的思路是正确的。孙健夫、郭林（2008）等进一步指出社会保障制度的建立与国民经济增长水平相联系，并依据人口结构理论和柯布－道格拉斯生产函数提出适度发展及水平测定模型，在此基础上又提出了适度社会养老保障水平的测定模型。这些研究都强调，只有经济条件（特别是人均 GNP 等经济指标）达到一定程度，才能建立与之相适应的社会保障体系。

关于在城里工作的农民工的社会养老保障问题，有的主张应将进城农民工逐步纳入城市职工统一的社会保险制度（雒庆举，2011）；还有的认为农民工流动性很强，但根本还在农村，应把农民工纳入农村社会保险制度（吕洁、桂莉、邵丽，2011）。

关于我国于 2009 年 9 月开始试点的新型农村社会养老保险制度（以下简称"新农保"），很多人认识到该制度存在公共产品供给严重不足的问题。一方面，有相当一部分农村贫困人口得不到救济保障，2010 年有 5228.4 万名农村居民得到政府最低生活保障救济，占年末农村总人口的 5.89%，稍有提高。[1] 但仍有许多农村困难群众没有被纳入低保的范围。另一方面，农村低保标准目前定得很低，不能保证农民的最低生活水平。由于区域发展不平衡，各地执行的标准差异很大。全国农村低保平均标准为每人每月 82.3 元，平均补差为每人每月 49 元，再加上落后的地区贫困人口多，低保经费落实更加困难（刘玉森等，2006）。因此，目前仍有一些地区没有建立起完善的低保制度，全国农村低保覆盖人数占农村总人口的比例只有 5% 左右，许多农村贫困人口未能被纳入低保范围。[2]

更为严重的是，以户籍制度为基础的城乡二元社会结构为低保对象的确定增加了困难。农村低保制度中确定低保对象是关键，否则会出现应保未保或人情保、关系保的情况。然而，调查发现，由于农村居民年人均纯收入很难准确评定，再加上外出务工人员的社会保障需要在几乎没有经济联系的户籍所在地推行，农村低保的申请和批准中不合规现象非常严重。河南省调查结果表明，大部分低保户是由村干部确定的，人情保等不合理现象较普遍。[3]

很显然，以农村为基地来推行公共服务均等化与社会保障制度全面化不仅存在大量技术困难，而且具有经济上的不规模性。因此，我们首先要确定什么是公共服务均等化，然后再来讨论如何实现公共服务均等化，特别是讨论是否要在农村实现全面的社会福利制度。

---

[1] 根据 2010 年国民经济和社会发展统计公报数字整理。
[2] 根据 2010 年国民经济和社会发展统计公报数字整理。
[3] 根据《河南省农村社会养老保障责任主体研究》，2010。

谈到公共服务均等化，首先要明确政府提供的哪些公共服务要均等化，这需要分类讨论。公共服务有两大类：生存的公共服务和发展的公共服务，其中，发展的公共服务又可分为促进发展的公共服务和稳定发展的公共服务。如果政府提供的是发展的公共服务，即使提供的过程是均等的，穷人也很少能从中受益。政府提供了相同的市场发展条件，但不同人从中受益的程度是不同的。何况，作为公共财政体制的内涵，发展的公共服务是通过交易机制来实现的，因此由富人付费购买的公共服务既不可能由穷人消费，又不应该由穷人消费，公共服务均等化也就是没有意义的。而对于生存的公共服务的消费，实际上也不需要均等化提供，但一方面由于我们要强调的是对弱势群体的生存保护，另一方面从过程上讲我们要确保均等化的享受可能性。因此，从一般意义上讲，我们讨论的公共服务均等化就是生存保障的均等化提供与享受，而不是所有公共服务的均等化服务。换句话说，我们这里要讨论的主要是如何提供以农村居民为主要对象的弱势群体的生存保障，因此，这里虽然强调了公共服务均等化，但主要是指社会保障制度，这才是我们关注黄河下游农区居民社会福利制度全面推广的真正原因。

总之，尽管公共服务均等化是针对所有弱势群体的生存保障的，但从制度改进的层面来讲，目前公共服务均等化主要关注的对象和地区是农民和农村。因此，实现公共服务均等化，人们首先想到的是空间上的均等，然而，如果想给农民提供公共服务，为什么非要在农村提供呢？如果公共服务均等化的目标是弱势农民的生存保障，为什么不把农民接到城里让其享受公共服务呢？与城市化相联系的公共服务均等化不仅能确保原有的农村居民生存无忧，而且可以用更为有效的方式予以保证。因为公共服务具有外溢性，规模经济效应的要求使得集中提供公共服务更为有效。事实上，提到公共服务均等化，不仅要讨论公共服务提供的过程是否均等，而且要考虑享受公共服务的过程是否均等化；不仅要考虑公共服务受益的面是否均等,而且要考虑不同类公共服务之间的提供是否均等,即提供的发展与生存的公共服务之间量的平衡问题。只有背后支持"保护弱势群体"原则的经济是一个可持续的现代市场经济,全面的社会福利制度才能有持续的保证与资金来源。

总的来看,公共服务均等化有三个层面的问题:①政府提供公共服务的过程是否均等。②公共服务的结构是否合理。③空间布局是否均衡和身份是否无差异。从空间布局上看,传统农区的发展需要考虑在城市、农村各提供多少公共服务;从服务对象上看,与生存有关的保障型公共服务是为了保护弱势群体而提供的,应该与身份无关;从提供方式与地点选择上来看,要均等地、有效地提供公共服务与全面推广社会福利制度,就要把人都聚集在城市里。我们首先应该明确,黄河下游农区的"农民"只是身份的一个标签,而不是公共服务对象取舍的标志,我们不应该把这个标签贴上去,要把他们和城市人一样看待,而且要明确农民进城享受同样的公共服务是有效的,是可以节约政府成本的。因此,城市化与"聚集"式居住是解决黄河下游农区居民生存保障问题的最有效办法。

## 第三节 黄河下游农区现代化进程中的土地制度变迁与社会结构改造

### 一 已有的对土地产权制度中农民所有权缺失问题的研究

黄河下游农区的土地制度改革问题,既是一个经济学的激励机制问题,又是一个社会的基本权力结构问题,因此,学者们的争论就有了互不相同的视角与导向。很多学者注意到了现有的农区土地制度中存在严重的国家干预产权的现象。他们(温铁军,2000;蒋省三、刘守英,2003)的研究结果表明,在国家征用农村土地的过程中，征地价格普遍较低，巨大的土地增值空间被国家、各级地方政府和开发商瓜分，对农民土地补偿费的分配极为不规范，不仅严重侵犯了广大失地农民的基本权利，而且带来了土地财政的失范与地方政府官员的腐败。也有学者（党国英，2005）从地方政府与集体经济组织代理权的角度来分析农区土地产权的被侵害现象，他们的研究结果表明，在中国农地交易中，乡村"权贵阶层"拥有的各种非市场资源使他们处于非常有利的地位，甚至使他们拥有了实际土地产权的交易权与受益权，土地增值收益被地方政府与相关机构瓜分。对于这些现象的形成原因，他们意识到了地方政府的权力垄断，也有人将之归结为法律对土地所有权、承包经营权、交易收益权界定的模糊，从而给拥有实际行政权力的地方政府以谋取自身利益与小集团利益的机会。

当大多数学者在讨论国家与地方政府对土地交易的过程介入时，崔宝敏、程冬民（2011）对国家与地方政府的身份进行了分析。他们指出，国家在本质上并不是合法的农村土地产权主体，充其量只是农区经济的管理者。然而这个管理者不仅反复介入经济交易，而且在社会经济生活中拥有绝对的权威，这种绝对的权威使之有动机、有能力对土地交易进行严格的管制，从而成为实际上的土地产权所有者。国家对土地的管理主要通过农村土地利用总体规划与农村土地征收征用相关法律来实现，其中前者直接干预了农户的土地使用权，后者则剥夺了农民的土地处置权。换句话说，通过这两类方式，国家既控制了农区土地的用途，又掌握了农区土地转让的最终决定权，从而拥有实际的土地产权。更有学者从中国的法律条文中去寻找农民土地产权缺失的原因。张德元（2002）指出，由于民法没有明确认定集体的民事主体地位，所以所谓的土地集体所有制缺乏权利主体，集体所有实际上"名不正、言不顺"。

而在产权经济学家看来，稳定而独立的土地产权是市场交易的前提，是市场经济有效的基础，他们认为频繁调整的地权由于缺乏稳定性，阻碍了农地使用权市场的发育，因此，土地行政性调整的频繁就意味着农地市场流转机制根本不起作用（迟福林，1999；钱忠好，2002、2003）。姚洋（2000）通过土地调整与农业绩效关系的实证研究，认为土地均分虽然能够克服生存风险，但是残缺的土地产权以及频繁的土地调整会导致地权稳定性与产权收益性不足，这可能会严重影响农户的中长期投资。然而，刘守英（1998）的调查结论恰恰相反：大多数的农户（62%）认同现行的土地制度，即土地根据家庭人口的变动定期做出调整。田传浩、贾生华（2004）也通过计量检验结果表明，集体供给农地对农户之间的自发农地交易有替代作用，因此，土地调整对农地交易市场效率的影响并不确定。

很显然，制度经济学家关注的是土地产权确定对市场经济发展的效率激励作用，但社会学家、政治学家和政治经济学家关注的是农民的权益与农民的意愿。然而，直接进行农民意愿调查的学者实际上并没有能了解农民关于土地的真实意图。确实，生活在现行体制下的农民，不愿意放弃以定期均地权为机制的农村集体保障体制。换句话说，农民的意愿是与全面普及的社会保障制度的缺失相联系的，造成农地流转缓慢的主要障碍是农村缺乏有效的社会保障体系，农民将土地作为生存和发展的最后保障，这使农户不愿意完全脱离农村土地，土地的社会保障功能牵制了农地的流转和集中。邓大才（2001）、何静（2001）等学者意识到了农村土地肩负着沉重的农民就业功能和社会保障功能，土地的这两种功能制约了个体农户流转土地的意愿。

事实上，土地产权明晰，明确农户对土地拥有排他性的产权，不仅有利于对土地形成稳定的预期，增强土地的流动性，保证土地资源的高效配置，而且符合农民经济权利平等化的要求。在公共服务均等化与户籍制度变迁的基础上，可以资本化的土地产权必将推动黄河下游农区农民现代化改造的进程。因此，格林斯潘提出，要彻底改变中国贫富分化的问题，就必须给予农民真正的土地所有权。

持反对意见的温铁军（2000）一直用社会稳定的理由来反对我国的土地产权明晰化，认为土地产权明晰后，土地流转的凝固程度将比任何一种所有制形式高。但这样的观点在公共服务均等化与农区居民城市化改革之后，很显然就失去了意义。

正是在这样的背景下，一些学者开始探索归还农民产权的途径与方法。刘凤芹（2004）认为现有土地制度的问题出在集体代理人——村委会身上，因此，产权明晰与产权保护必须剥夺村委会的土地权利。但其建议是将名义产权收归国有，而将土地的使用权、收益权、流转权界定给农民，村委会只具有代签约权，这样可以从根本上限制村委会的寻租行为。然而，土地产权制度创新模式的好与坏，判断的依据并不仅仅在于产权制度本身的好与坏，还要看这种新的制度安排在现有制度框架下能否建立起一个长期有效的激励机制，以及该制度能否让所有人从中获益。

事实上，不少地方已经开始尝试性地对农民的土地产权予以界定与规范。2012年4月28日上午，安徽铜陵市首批56户农民领到了房产证，集体土地房屋在铜陵从此有了"合法身份"。此前，河南多地也已经在新型农村社区建设中，赋予了农村居民拥有房产证的权利。尽管由于产权的流动性还缺乏足够的法律支持，农房"房产证"含金量有待检验，但农区居民不需经过国家政府的"点金之手"就可以获得产权证书，无疑在尊重农民财产权利的道路上迈出了坚实的一步。当然，从长期来看，使目前的农房"房产证"更具法律身份，使基于集体所有制下的个人土地资产可供抵押、继承，甚至可以真正地自由流通或者买卖，的确还有很长的路要走。

## 二 农民土地产权缺失的法律依据及其变迁路径分析

国家通过对土地的划分以及限制农用地转为建设用地的制度，剥夺了农民的一部分土地所有权，侵占了农民土地产权的经济利益。《土地管理法》规定："国家编制土地利用总体规划，规定土地用途,将土地分为农用地、建设用地和未利用地。严格限制农用地转为建设用地,控制建设用地总量,对耕地实行特殊保护。""使用土地的单位和个人必须严格按照土地利用总体规划确定的用途使用土地。"特别是,《土地管理法》还明确规定:"国家为了公共利益的需要,可以依法对土地实行征收或者征用并给予补偿。国家依法实行国有土地有偿使用制度。但是,国家在法律规定的范围内划拨国有土地使用权的除外。"

因此,根据《土地管理法》,"农村村民一户只能拥有一处宅基地,且宅基地属于农民集体所有,而且法律规定房屋买卖必然导致房屋占用范围内的土地使用权的转让,故农民宅基地转让受极大程度的限制:农村和城市郊区的土地,除由法律规定属于国家所有的以外,属于农民集体所有;宅基地和自留地、自留山,属于农民集体所有","农村村民一户只能拥有一处宅基地,其宅基地的面积不得超过省、自治区、直辖市规定的标准"。

"原宅基地使用者未经依法批准通过他人出资翻建房屋,给出资者使用,并从中牟利或获取房屋产权",属于"以其他形式非法转让土地"的违法行为(国家土地管理局〔1990〕国土函字第97号《关于以其他形式非法转让土地的具体应用问题请示的答复》),而"农村村民出卖、出租住房后,再申请宅基地的,不予批准"(《土地管理法》第62条)。

尽管名义上,农村的土地归集体所有,但国家对在农村进行非农业建设的情况进行了严格限制:"农民集体所有的土地的使用权不得出让、转让或者出租用于非农业建设;但是,符合土地利用总体规划并依法取得建设用地的企业,因破产、兼并等情形致使土地使用权依法发生转移的除外。"(《土地管理法》第63条)特别是关于土地交易的垄断性,《土地管理法》规定了国家对建设用地的限制:"任何单位和个人进行建设,需要使用土地的,必须依法申请使用国有土地;但是,兴办乡镇企业和村民建设住宅经依法批准使用本集体经济组织农民集体所有的土地的,或者乡

(镇）村公共设施和公益事业建设经依法批准使用农民集体所有的土地的除外。前款所称依法申请使用的国有土地包括国家所有的土地和国家征收的原属于农民集体所有的土地。"（《土地管理法》第43条）并且强调"建设占用土地，涉及农用地转为建设用地的，应当办理农用地转用审批手续。省、自治区、直辖市人民政府批准的道路、管线工程和大型基础设施建设项目、国务院批准的建设项目占用土地，涉及农用地转为建设用地的，由国务院批准。在土地利用总体规划确定的城市和村庄、集镇建设用地规模范围内，为实施该规划而将农用地转为建设用地的，按土地利用年度计划分批次由原批准土地利用总体规划的机关批准。在已批准的农用地转用范围内，具体建设项目用地可以由市、县人民政府批准。本条第二款、第三款规定以外的建设项目占用土地，涉及农用地转为建设用地的，由省、自治区、直辖市人民政府批准"（《土地管理法》第44条）。对于和政府有利益纠纷的土地征用补偿，《土地管理法》规定，"征收土地的，按照被征收土地的原用途给予补偿。征收耕地的补偿费用包括土地补偿费、安置补助费以及地上附着物和青苗的补偿费。征收耕地的土地补偿费，为该耕地被征收前三年平均年产值的六至十倍。征收耕地的安置补助费，按照需要安置的农业人口数计算。需要安置的农业人口数，按照被征收的耕地数量除以征地前被征收单位平均每人占有耕地的数量计算。每一个需要安置的农业人口的安置补助费标准，为该耕地被征收前三年平均年产值的四至六倍。但是，每公顷被征收耕地的安置补助费，最高不得超过被征收前三年平均年产值的十五倍。征收其他土地的土地补偿费和安置补助费标准，由省、自治区、直辖市参照征收耕地的土地补偿费和安置补助费的标准规定。被征收土地上的附着物和青苗的补偿标准，由省、自治区、直辖市规定。征收城市郊区的菜地，用地单位应当按照国家有关规定缴纳新菜地开发建设基金。依照本条第二款的规定支付土地补偿费和安置补助费，尚不能使需要安置的农民保持原有生活水平的，经省、自治区、直辖市人民政府批准，可以增加安置补助费。但是，土地补偿费和安置补助费的总和不得超过土地被征收前三年平均年产值的三十倍。国务院根据社会、经济发展水平，在特殊情况下，可以提高征收耕地的土地补偿费和安置补助费的标准"（《土地管理法》第 47 条）。这以法律的形式直接剥夺了农民的土地收益权，并将之转为政府收入，形成了土地财政的恶果："自本法施行之日起，新增建设用地的土地有偿使用费，百分之三十上缴中央财政，百分之七十留给有关地方人民政府，都专项用于耕地开发"（《土地管理法》第 55 条）。

更为重要的是，以土地财政为核心的当代非正式财政收入不仅引发了地方政治的无效与腐败，而且容易使地方政府把市场经济中的企业家精英引入歧途：一方面是越来越多的实体经济发展举步维艰；另一方面是以地方政府为背景的房地产公司逐渐成了中国财富积累的主体。然而，从经济发展的角度来看，无论从土地需求方来看，还是从土地供给方来看，房地产的发展与土地财政的发展都必然是不可持续的。在政府收入和房地产经济之间产生的严重依赖关系，必然会把未来的政府带入财政发展的"死胡同"，一旦房地产崩盘，缺乏坚实现代经济支撑的地方政府也将面临崩盘的威胁。

法律规定的农民对集体土地的所有权，也因为法律的规定而丧失："农民集体所有的土地，由县级人民政府登记造册，核发证书，确认所有权。农民集体所有的土地依法用于非农业建设的，由县级人民政府登记造册，核发证书，确认建设用地使用权。"（《土地管理法》第 11 条）特别是"城市规划区内的集体所有的土地，经依法征用转为国有土地后，该幅国有土地的使用权方可有偿出让"（《城市房地产管理法》第 8 条），以及"土地使用权出让金：土地使用权出让金应当全部上缴财政，列入预算，用于城市基础设施建设和土地开发。土地使用权出让金上缴和使用的具体办法由国务院规定"（《城市房地产管理法》第 18 条）等法律规定,直接剥夺了农民的土地产权收益权。

总之,尽管农村土地的管理是以法律为依据的,但这些法律本身是缺乏经济意义和理性基础的。不仅《土地管理法》制定时的社会经济条件已经发生了翻天覆地的变化,它所服务的城乡二元公共经济体制也正在发生变化,而且这样一个单方面对政府有利的财产转移法律与《宪法》《物权法》的基本精神不相吻合。事实上,即使不参考发达国家的公共财政体制,不强调公民财产的绝对产权保护,而主张民主财政的调节功能,我们也应该清楚,在民主财政中不经过产权所有人的同意而剥夺其产权,是发达国家用来调节贫富差距的工具,而不是劫贫济富的工具。因此,尽管1978年以来,中国已经开始全面推进了市场化导向的改革,并将经济发展确立为我国的主要目标,但法律规范仍然维持了以农补工、以弱补强的体制特征,并经常以粮食安全为借口来维持对土地的管制,来补贴城市的财政,从而用弱势群体——农村居民的财产权利损害来补贴城市居民公共服务的增加。然而,如果粮食安全是公共服务,那么它就应该由已经实现了初步现代化转型的城市居民来付费,而不是以土地管制为手段用剥夺弱势群体的方式继续由农民来承担,从而使公共服务均等化的努力更加困难。

实际上,用经济发展的思维来代替国防战争的逻辑是我们改革开放成功的法宝。因此,在土地制度上,尽快放开对土地的管制,改革《土地管理法》,推进以农民的城市化为基础的工业化,才是黄河下游农区现代化转型的必由之路,换句话说,完善土地产权制度,给予农民以完全的土地所有权,是欠发达农区现代经济增长起步的真正动力。

## 三 黄河下游农区的社会结构变迁——城市化的历史必然性

近年来,随着中国经济发展阶段的升级,有关工业化与城市化协调发展的问题迅速引起了学界的热烈争论,也引发了决策层的高度关注。在中国快速工业化的过程中,中国的城市化应该如何发展?是要建少数几个大城市,还是要建大量的中小城市?中国大量的农民在两栖式漂移的过程中,是要在家乡实现小城镇式的小型社区现代化吗?现代化的城市生活是广大农民应该享受的生活状态吗?所有这些中国农区现代化进程中亟须回答的问题,同样也困扰着黄河下游农区。

确实,目前已经有越来越多的人认识到,随着东南沿海地区工业增长出现用工荒,工业化与城市化在社会隔离(户籍制度)状态下非均衡发展的模式再也无法持续下去了。而在先行发展工业的社会隔离模式下,城市居民获得的巨大政策利益也对农业地区的居民产生了巨大的政策诱导,于是黄河下游农区工业化的措施迅速升温,醒悟过来的传统农区也开始了"跑马圈地"、快速工业化。然而,以对原有社会隔离政策修正为基础的内地新兴的工业化,再次引发了城市化与工业化发展相分离的结构失衡现象,甚至导致了对我们赖以生存的种植农业的威胁性挤压。正是在这样的背景下,越来越多的人开始从工业化、城市化与农业现代化三者关系的学术机理出发,来探讨中国中西部地区"三化"协调发展的路径与政策体系。

事实上,早期的研究一方面从城市化本身入手进行探讨,另一方面从工业化本身入手进行研究。关注城市化的学者强调城市化包含两个方面:一是人口的空间移动与从事的经济活动的内涵改变;二是社会结构的变化与生活方式的变迁。也有少部分学者强调,城市化实际上就是非农化,但非农化不仅仅是产业结构与就业结构的变化,更重要的是城市文明的形成,特别是文化传播与教育方式的改变,这里实际上暗示了现代公共产品提供对城市化的依赖(周大鸣、郭正林,1996)。

从社会学的角度对城市化问题进行研究的学者以美国的沃思(L. Wirth)为代表,他强调城市化不仅是一个人口向城市集中的过程，而且是一个城市生活方式向周围扩散的过程。在扩散过程中，不仅更多的乡村变成了真正的城市，而且保留的乡村也在按城市的方式从事自己的生产生活活动。

关注工业化的学者，则更多地强调城市化为工业化提供的帮助。他们指出，与农村的孤立分散不同，城市的特点是集中。城市人口、资本、市场、信息和观念等要素的聚集与公共服务提供的规模经济，导致了城市是推动工业化发展最佳的空间载体。正如弗里德曼和弗罗里达（Feldman and Florid，1994）所说的，高度专业化的资源，比如研究机构与大学在城市的聚集，进一步刺激了工业创新能力的提高，更不用说城市聚集为工业化带来的基础设施成本与交易成本的大幅度下降，以及为工业化生产提供的广阔的市场与深化的前景（李容根，2006）。

当然，更多的研究关注的是城市化与工业化二者之间的关系，对二者关系的描述大致有三种观点：第一种观点认为工业化是因、城市化是果，工业化必然带动城市化（杨敬年，1988）；第二种观点认为工业化与城市化是互为因果、相互促进的（杜闻贞，1987）；第三种观点强调二者的关系随时间的发展而变化（"工业化与城市化协调发展研究"课题组，2002）。

在分析城市化与工业化协调发展、共同演进的过程中，托达罗强调了某些发展中国家的过度城市化问题，巴顿则研究了发达国家的协调发展过程。此外，日本学者小岛（Kojima，1996）也从动态的角度研究了发展中国家经济发展与城市化水平之间的变动趋势，他的研究表明，大多数不成功的发展中国家存在过度城市化问题，而成功实现了现代化转型的发展中国家则都在工业化与城市化之间保持了基本的协调同步发展。简新华等（1997）的研究则强调了部分发展中国家的城市化滞后现象。而中国的城市化滞后现象尤其引起了学者们的注意，中国在政府控制下的城市化滞后现象甚至被学者们称为"反城市化"（Laurence J. C. Ma，1976）。当然，也有个别学者推崇中国的工业化模式，认为中国避免了没有工业化的过度城市化问题（Edward Ebanks and Chaoze Cheng，1990）。

而在国内，学者们同样对我国的工业化与城市化之间的关系持有不同的看法。大多数学者认为中国的城市化水平显著低于工业化水平（王小鲁、樊纲，2000；叶裕民，1999），但也有学者认为中国存在隐性城市化现象，如果把这些因素加上，并不存在城市化滞后的问题（邓宇鹏，2000）。然而，这些学者所考虑的恰恰是在城市居住而没有权利享受城市提供的公共服务的现象，这恰恰表明了中国城市化的滞后。事实上，中国的问题恰恰在于人已经进了城，但城市的发展没有跟上，基础设施、公共服务的提供没有跟上，以至于大量的农民工必须回乡盖房。当然，国内也有学者指出，中国的问题不在于城市化，而在于工业化过程中的产业结构不合理，因为其未能带来足够的就业机会（郭克莎，2001）。

事实上，如果不考虑以渔猎、采集为生的蒙昧状态，人类文明的历史实际上正是从城市化、工业化与农业现代化开始的。随着近几十年来考古学的蓬勃发展，学者们不断地在华夏大地上发现了一个又一个东亚大陆早期人类活动的遗址，而这些接近文明萌芽时期的人类早期遗址都有一个共同的特点，或者说都有一个共同被认可为文明社会的标准，那就是城市的出现、农业生产的产业化。换句话说，早期的人类文明就是从居住在城市、从事农业生产开始的，尽管缺乏现代市场体系，但早期的城市化与分工体系仍然拥有较高的公共服务提供效率与生产效率。

此后，随着市场的出现，人类实际上反复尝试了工业化、城市化与市场化相结合的可能性。如何在宏观的公共服务集中提供与微观的分工分散生产之间获得平衡，一直是人类探求的目标。直到近代的西欧，以机械加工技术为基础的工业化才再次与工人聚集在一起的城市化相结合，构成了现代社会的雏形，并将大量农业用地分离出来，构成了现代农业分工生产的基础，从而实现了人类历史上的再一次工业化、城市化与农业现代化的协调同步发展。

传统的学者认为，人类社会以18世纪下半叶英国产业革命为界，明显地划分为前后两个截然不同的阶段，即以农业为主要经济活动方式的阶段和以工业为主要经济活动方式的阶段。自那时起，从前者向后者转换，即工业化，几乎成为所有国家和地区追求的目标。但从历史的视野来看，近现代首先发源于英国的工业化，其实仅仅是工业化与城市化相伴而生、共同发展而已，是工业生产与人口居住相对集中在同一个区域之内，同时把农业生产以相对独立的分工形式纳入市场交换体系的过程。

其实，即使不考虑古代人类的工业化尝试，早在中世纪晚期，欧洲就记录了人类历史上第一次大规模的工业化尝试，即毛纺业与亚麻纺织业先后在南欧的意大利北部、北欧的低地国家，以及英格兰等地进行了相对集中的空间布局。然而，由于缺乏专业化的、以居住在市区为主要生活状态的城市居民，17世纪以前的羊毛纺织业并未引发产业革命。那时的毛纺工业虽然出现了产业聚集，但工人是来自附近农村的季节性农民，尽管工业发展改善了他们的收入状况，但并没有完全改变他们的生活，一旦农业生产有了好转，或者工业生产有了衰退，大多数来自附近农村的工人会重新回到农村，缺乏真正意义上城市化进程的近代早期的工业化不仅不能持久并引发产业革命，而且可能逆转回传统的农业经济社会，中国的宋朝，以及13~15世纪的意大利就发生了这样的逆转。

英国产业革命之后，与城市化相伴的工业化进程再也没有出现逆转。事实上，无论是西方的模仿者法国、美国、德国等后起工业化国家的转型过程，还是东方的日本与亚洲"四小龙"的追赶之路，均伴随着城市化进程的工业化，不仅没有逆转，而且很快获得了成功。特别是20世纪80年代以来，不仅东南亚各国，而且墨西哥、巴西、印度与俄罗斯等国也迅速实现了同步发展的工业化、城市化。

相反，由于传统户籍制度的影响，迅速发展的中国东部沿海地区的工业化并未带来相应程度的城市化。以外向出口为导向，东部沿海地区借助中西部地区的庞大劳动力存量，迅速占领了世界制造业产品市场，构建了完备的轻工业加工体系。然而，缺乏城市化伴随的工业化很快暴露出了弱点：一方面是职工队伍的高度不稳定，工业发展并不能伴随企业体制的改进与发展；另一方面是城市居民数量缓慢增长，城市消费能力与服务产业发展严重滞后；更为重要的是，伴随着工业化而出现的公共服务集中提供的政府服务优势没有出现，劳动力结构通过劳动技能积累与子女接受城市教育而不断改善的现代化过程没有出现，劳动力从第一产业逐步向第二、第三产业转移的趋势没有形成，总之，现代化的社会结构没有形成。中国的工业化只是在同一水平上进行低水平重复，老工人回家了，他们的子女仍然带着农村的生活积累与零技能积累，重新开始低层次打工之路。

事实上，在近代的产业革命过程中，成功的工业化主要伴随的是弱势群体或缺乏农村生产资料的下层农民的进城务工。对这样的工业化与城市化来说，虽然能力的差距与资源的初始拥有量有很大不同，但一方面，城市政府提供的社会保障等公共服务因规模经济而使人均成本较低，城市政府更容易满足这些弱势群体的生存需求，社会最低阶层的生活水平不至于下降过多；另一方面，留在农村的往往是有地的"贵族"和中产农民，这些农村传统强势群体的衰落不会带来社会分层急剧分化。相反，缺乏同步城市化进程的中国工业化，一方面，为进城设置了非常高的门槛，并鼓励社会精英进城，从而把大量的老弱病残留在农村，使得弱势劳动力与弱势的产业相结合，加剧了产业竞争的不平等程度；另一方面，遵循了典型的城市集中模式，从而把最好的教育机会与社会保障给了城市居民，造成了不公平的公共服务分配格局，这样一种体制必然会造成严重的收入分配悬殊格局与不安定的社会结构。

总之,"三化"不协调主要是农村人口没有随着工业化的推进而相应减少。如何在工业化快速推进的同时加速农民工市民化,通过城乡建设用地增减挂钩将农村建设用地转化为工业与城镇建设用地,通过非农就业人口彻底城市化来推进土地规模经营、提高农业现代化水平,是中国中西部传统农区进一步发展需要解决的重大课题。因此,改变中国当前的工业化、城市化模式,尽快实现"三化"协调发展,是我国面临的最为紧迫的任务之一,当然也是黄河下游农区现代化转型的必由之路。然而,要改变中国政府长期实行城市化滞后的政策,必须建立在对传统政策深刻认识的基础上,特别是必须分析工业化优先发展、城市化相对滞后的历史背景,然后分析新的条件带来的新要求。

## 四 黄河下游农区城市化的路径与模式探讨——从村庄结构向社区结构转型的实证分析

近几十年来,发展经济学与制度经济学已经认识到产业革命的本质就是工业化,而工业化起步的条件是财政制度变迁与现代政府构建。因此,黄河下游农区的现代化取决于现代化的财政体制与社会结构的构建。为了全面推进黄河下游农区的城市化,中国首先应从以下三个方面进行黄河下游农区现代化转型与制度变迁的尝试:第一,建立真正的公共财政体制,将市场经济的发展主体与弱势群体的代表引入公共经济的决策机制,既提高市场经济发展的速度,又确保弱势群体的生存与基本社会保障的实现,减少社会不稳定因素。第二,建立真正的公民自由迁徙制度,并以居住时间来认定人们的居住身份,依据居住身份来提供公共服务,从而最大限度地发挥城市带给人们的基础设施方面的效用与社会保障方面的福利。第三,实现土地的有限自由流转,建立耕地与建设用地之间的交流通道与经济约束机制。土地交易的放开并不会导致中国的土地全部被改造成工业建设用地与城市居住用地,除了农村宅基地的集中回归外,不同土地的边际使用效用最终会达到一个均衡点，尽管这个过程同样离不开政府提供的市场运转条件。

当然，从公共服务供给过程的规模经济效应来看，很可能特大城市、大城市的发展，特别是发达地区已经有一定基础的城市吸收更多黄河下游农区的农民是符合经济学基本规律的，是有利于黄河下游农区经济的可持续发展与社会的现代化转型的。但对近期情况来说，当整个国家的政治体制、户籍制度与城乡二元结构还不可能完全改变时，以当地的条件为基础，在现有的体制内部对黄河下游农区的农民居住状况进行改造，改变公共服务供给的规模与空间布局，必将为未来的户籍制度改革与城乡一体化发展奠定坚实的基础。

在现有的条件下，探索黄河下游农区的城市化转型之路主要有两方面的尝试：一是以农民集体所有土地为基础的小产权房商业化经营的可能性；二是在不改变户籍性质的条件下将农民从村庄迁入社区居住的可能性。农村居民自建的住宅性房产的产权确认与经营尝试，严重依赖于《土地管理法》的修订，北京、河南与安徽等地进行的不完全产权的界定与租赁性经营的允许，已经是在现有制度框架下进行的很好的探索。但农民向社区聚集还存在诸多问题，下面以对河南省新乡市某地的调查为例进行分析。

新乡市是河南省推广农村社区建设的试点地区，相对而言取得了不少经验。但调查中发现，试点社区中仍存在许多与长远的城市化目标不相吻合的非经济措施，具体如下。

**1. 规模不经济带来的城市化效应无法显现**

新型农村社区是指打破原有的村庄界限，把两个或两个以上的自然村或行政村经过统一规划，按照统一要求，在一定的期限内搬迁合并，统一建设新的居民住房和服务设施，组建的新的农民生产生活共同体。新型农村社区形成了农村新的居住模式、服务管理模式和产业格局：提供了完善的基础设施，如道路、水、电、气、通信与网络、生活超市、幼儿园、学校、图书馆、文化广场、养老院、卫生室、社会治安处，以及法律咨询、就业与社会保障等，让群众不出村也能享受到较全面的公共服务。如果农村社区建设能够在这些方面实现规模化，那么城市化的基本目标就可以实现。然而在我们的调查过程中发现，部分农村社区仅仅是在原有的村庄规模基础上进行新的社区建设，并进行招商引资活动，这样的新社区建设完全违背了市场经济发展与公共经济发展所要求的规模经济规律，很显然无法实现黄河下游农区现代化转型的目标，甚至会不利于这些农区的现代化改造。

**2. 耕地置换与产业化利益的不对等导致农区居民缺乏积极性**

新型农村社区建设的推广确实可以为黄河下游农区通过耕地置换加快工业化引领的"三化"协调发展提供初始推动力。新型农村社区建设最大的好处就是可以节约土地，试点村庄因新型农村社区建设可节约60%的土地，这些节约出来的土地就可以成为工业化开发新的用地指标。因此，从全局的角度考虑，新型农村社区建设确实是黄河下游农区工业化、城市化转型的第一步，然而在执行的过程中，新型农村社区建设面临许多利益分配问题。虽然上级政府通过各种途径为新型农村社区的基础设施建设筹集了一部分资金，但建设过程中产生的住房成本主要由农民自己负担，即使不考虑过程中的承包商层层加价的可能性，巨额的建设成本也已经使得一般的农民无法承受。再加上基础设施的建设成本需要由地方政府承担，而节省的耕地带来的产业化收益可能在大中型城市显现，因此地方政府不仅没有积极性，而且可能面临严重的财政不可持续的风险。这样的城市化进一步剥夺了农民耕地转化过程中带来的收益的索取权，严重侵犯了农民的土地收益获取权。

**3. 缺乏户籍制度变迁的新型农村社区建设没能为黄河下游农区农民的现代化转型提供出路**

尽管城市化可以为公共服务的规模经济效应提供基础，但黄河下游农区农民的现代化转型仍然离不开生产方式的转型，无论是农民本身进入制造业领域，还是农业本身的现代化改造，都离不开产业化对农民的吸纳，但现在的耕地节约带来的产业化往往是在大中型城市实现的。因此，尽管现有的农区已有 2/3 的村民在城中打工，但户籍制度的不变使得失地农民和进城务工人员的社会保障与就业问题不可能在土地转化的大中型城市中实现，这极大地限制了农民参与新型农村社区建设的积极性。更何况，新型农村社区建设有"画地为牢"的嫌疑，使得农民担心新型农村社区将村民居处固定，限制了人口自由流动，并导致大量新房闲置浪费。这些都不利于城市化的长远发展，再加上当地没有大型产业支撑，就业问题自然也就无法解决。

总之，我们认为，现代经济发展首先不是工业化的过程，而是城市化的过程，因此，黄河下游农区工业化发展需要加快城市化，但因我国制度架构不完善，不可能把农村直接城市化，社区建设作为一个过渡阶段存在是必要的。然而，新型农村社区建设不仅需要提高农民的生活水平，而且需要转变农民的思想观念，加强农民培训教育，不断提高农民素质，从而促进劳动力的转移，即劳动力从农业转向工业，彻底由"农民"变为"市民"。同时，在新型农村社区建设前，需要整体规划，合理确定农民集中居住区位置，布点选址应当与产业发展和城镇建设相结合，随业而动，同时要注重村庄的合并和集聚，确定适宜的人口规模和相应的配套设施，利用规模经济效应，最大限度地发挥社区公共设施的效用。我们需要实践和探讨的是如何建立有效的土地流转机制和利益分配机制，保障农民的土地产权收益与当地政府的财政补偿，保障农村房屋自由转让流通，促进农民向城市自由转移。

**参考文献**

[1] 安体富、任强：《公共服务均等化：理论、问题与对策》，《财贸经济》2007 年第 8 期。

[2] 江明融：《公共服务均等化论略》，《中南财经政法大学学报》2006 年第 3 期。

[3] 安体富、任强:《中国公共服务均等化水平指标体系的构建——基于地区差别视角的量化分析》,《财贸经济》2008年第6期。

[4] 王伟同:《城市化进程与城乡基本公共服务均等化》,《财贸经济》2009年第2期。

[5] 陈志楣、刘澜楠:《我国公共产品供给的不均衡分析》,《北京工商大学学报(社会科学版)》2008年第2期。

[6] 〔美〕约翰·罗尔斯:《正义论》,中国社会科学出版社,1988。

[7] 江明融:《公共服务均等化问题研究》,厦门大学博士学位论文,2007。

[8] 韩淑梅:《基本公共服务均等化问题研究》,《吉林工商学院学报》2008年第1期。

[9] 吴志鹏:《城乡一体化进程中基本公共服务均等化问题研究》,上海师范大学硕士学位论文,2009。

[10] 吕炜、王伟同:《发展失衡、公共服务与政府责任——基于政府偏好和政府效率视角的分析》,《中国社会科学》2008年第4期。

[11] 张军、高远:《官员任期、异地交流与经济增长——来自省级经验的证据》,《经济研究》2007年第11期。

[12] 傅勇、张晏:《中国式分权与财政支出结构偏向:为增长而竞争的代价》,《管理世界》2007年第3期。

[13] 麻宝斌、季英伟:《中国基本公共服务均等化改革分析》,《社会科学战线》2009年第12期。

[14] 曹静晖:《基本公共服务均等化的制度障碍及实现路径》,《华中科技大学学报(社会科学版)》2011年第1期。

[15] 中国财政学会"公共服务均等化问题研究"课题组:《公共服务均等化问题研究》,《经济研究参考》2007年第58期。

[16] 金人庆:《完善公共财政制度逐步实现基本公共服务均等化》,《求是》2006年第22期。

[17] 李华:《城乡公共品供给均等化与转移支付制度的完善》,《财政研究》2005年第11期。

[18] 崔宝玉、张忠根:《效应溢出与地方公共产品供给的权限》,《技术经济》2008年第1期。

[19] 彭希哲、赵德余、郭秀云:《户籍制度改革的政治经济学思考》,《复旦学报(社会科学版)》2009年第3期。

[20] 马国贤:《基本公共服务均等化的公共财政政策研究》,《财政研究》2007年第10期。

[21] 孙开:《农村公共产品供给与相关体制安排》,《财贸经济》2005年第6期。

[22] 郭瑞萍：《人民公社缘起的制度经济学解释——从农村公共产品供给制度变迁的角度》，《西北大学学报（哲学社会科学版）》2005年第6期。

[23] 杜睿云、段伟宇：《城镇化背景下的户籍制度改革：方向、重心与路径选择》，《当代经济管理》2011年第3期。

[24] 张冬苹、刘晓芳：《从制度经济学角度谈谈中国的户籍制度改革》，《社科纵横（新理论版）》2009年第2期。

[25] 马福云：《当代中国户籍制度变迁研究》，中国社会科学院研究生院博士学位论文，2001。

[26] 王海光：《当代中国户籍制度形成与沿革的宏观分析》，《中共党史研究》2003年第4期。

[27] 赫广义：《当代中国户籍制度研究——社会影响、改革成就、现实困境及其发展路径》，《湛江师范学院学报》2007年第5期。

[28] 翁仁木：《对我国户籍制度变迁的经济学思考》，《宁夏社会科学》2005年第3期。

[29] 李勇坚、夏杰长：《户籍制度、城市化与服务业增长关系的实证分析》，《经济与管理》2008年第9期。

[30] 樊小钢：《户籍制度改革与城市化进程的关联分析》，《财经论丛》2004年第5期。

[31] 岳德松：《试论我国城乡经济统筹发展中的户籍管理制度改革》，《理论与改革》2006年第3期。

[32] 冯友兰：《三松堂全集》（第一卷），河南人民出版社，2000。

[33] 宋丙涛：《黄河农耕文明辉煌与衰落的制度性与经济性原因分析》，《黄河文明与可持续发展研究》2008年第2期。

[34] 项中新：《均等化：基础、理念与制度安排》，中国经济出版社，2000。

[35] 赵航飞：《我国户籍制度改革阻力分析——基于公共产品提供的角度》，《知识经济》2009年第8期。

[36] 陆益龙：《正义：社会学视野中的中国户籍制度》，《湖南社会科学》2004年第1期。

[37] 陈洁：《中国城市化发展与户籍制度存在问题的分析——以新兴古典经济学理论为框架》，《濮阳职业技术学院学报》2007年第3期。

[38] 许玉明：《中国二元户籍制度下不公平分配现实的批判与改革》，《重庆工商大学学报（社会科学版）》2007年第6期。

[39] 叶建亮：《公共产品歧视性分配政策与城市人口控制》，《经济研究》2006年第11期。

[40] 湛中乐：《从行政法学看中国户籍制度改革》，《人口与发展》2009

年第 6 期。
［41］杨成钢、赵小殊：《户籍制度存废刍议》，《人口与发展》2009 年第 6 期。
［42］伍先江：《当前我国户籍制度改革：认识误区与近期举措》，《人口与发展》2009 年第 6 期。
［43］葛笑如：《中国二元户籍制度的宏观分析——新制度经济学的视角》，《湖北社会科学》2003 年第 9 期。
［44］夏茂森、朱宪辰、江玲玲：《中国财政分权、户籍制度与区域经济增长——基于动态面板数据分析》，《经济研究参考》2011 年第 38 期。
［45］孙小民：《我国户籍制度改革的原则及路径选择》，《商业时代》2012 年第 7 期。
［46］李晓飞：《户籍制度与当代中国社会差别关系的实证分析》，《武汉大学学报（哲学社会科学版）》2011 年第 3 期。
［47］韩震：《户籍制度的改革取向——构建服务型政府的路径思考》，《云南大学学报（法学版）》2012 年第 1 期。
［48］黄书猛：《二元体制下的公共产品供给和财政竞争均衡》，《财贸经济》2009 年第 8 期。
［49］陈成文、孙中民：《二元还是一元：中国户籍制度改革的模式选择——国际经验及其启示》，《湖南师范大学社会科学学报》2005 年第 2 期。
［50］杨子慧、张庆五：《中国历代的人口与户籍》，天津教育出版社，1991。
［51］宋昌斌：《中国古代户籍制度史稿》，三秦出版社，1991。
［52］樊树志：《中国封建土地关系发展史》，人民出版社，1988。
［53］陆益龙：《户籍制度——控制与社会差别》，商务印书馆，2003。
［54］迟福林、王景新、唐涛：《赋予农民长期而有保障的土地使用权》，《中国农村经济》1999 年第 3 期。
［55］钱忠好：《农村土地承包经营权产权残缺与市场流转困境：理论与政策分析》，《管理世界》2002 年第 6 期。
［56］钱忠好：《农地承包经营权市场流转：理论与实证分析——基于农户层面的经济分析》，《经济研究》2003 年第 2 期。
［57］姚洋：《中国农地制度：一个分析框架》，《中国社会科学》2000 年第 2 期。
［58］龚启圣、刘守英：《农民对土地产权的意愿及其对新政策的反应》，《中国农村观察》1998 年第 2 期。
［59］田传浩、贾生华：《农地制度、地权稳定性与农地使用权市场发

育:理论与来自苏浙鲁的经验》,《经济研究》2004 年第 1 期。
[60] 邓大才:《新一轮农地制度变迁的路向选择——弱化所有权》,《财经研究》2001 年第 9 期。
[61] 何静:《农地使用权流转与相关的法律问题探讨》,《经济问题》2001 年第 7 期。
[62] 刘凤芹:《农村土地产权的归属、保护与政策建议》,《江苏社会科学》2004 年第 4 期。

图书在版编目(CIP)数据

黄河下游农区工业化与社会转型研究/耿明斋等著. —北京：社会科学文献出版社，2014.9
 (传统农区工业化与社会转型丛书)
 ISBN 978 - 7 - 5097 - 6396 - 4

Ⅰ.①黄… Ⅱ.①耿… Ⅲ.①黄河 - 下游 - 农村 - 工业化 - 研究 ②黄河 - 下游 - 农村 - 社会转型 - 研究 Ⅳ.①F320.1

中国版本图书馆 CIP 数据核字（2014）第 193792 号

·传统农区工业化与社会转型丛书·
### 黄河下游农区工业化与社会转型研究

著　　者 / 耿明斋 等

出 版 人 / 谢寿光
项目统筹 / 邓泳红　陈　帅
责任编辑 / 陈　帅

出　　版 / 社会科学文献出版社·皮书出版分社（010）59367127
　　　　　 地址：北京市北三环中路甲 29 号院华龙大厦　邮编：100029
　　　　　 网址：www.ssap.com.cn
发　　行 / 市场营销中心（010）59367081　59367090
　　　　　 读者服务中心（010）59367028
印　　装 / 三河市尚艺印装有限公司

规　　格 / 开　本：787mm × 1092mm　1/20
　　　　　 印　张：14.4　字　数：237 千字
版　　次 / 2014 年 9 月第 1 版　2014 年 9 月第 1 次印刷
书　　号 / ISBN 978 - 7 - 5097 - 6396 - 4
定　　价 / 59.00 元

本书如有破损、缺页、装订错误，请与本社读者服务中心联系更换

▲ 版权所有 翻印必究